Beaucoup de gens pensent que le succès a quelque chose à voir avec le bonheur. Une instance supérieure qui vous permet de réussir. C'est des conneries ! Le succès n'est pas basé sur la chance et certainement pas sur le hasard. C'est un travail difficile, de la discipline et de la volonté. Tout le reste n'est que des excuses boiteuses. Vous pouvez avoir autant de succès que vous le souhaitez. Tout ce que vous avez à faire, c'est d'être prêt à mettre les gaz à fond.

Bien sûr, c'est en partie très inconfortable et aussi pas très facile. Mais votre vie ne vaut-elle pas la peine de vous battre pour vos rêves et vos objectifs ? Ça n'en vaut pas la peine ? Pour vous ? Pour votre famille ? Pour tes amis ? Voulez-vous désirer ardemment le vendredi toute votre vie le lundi et avoir peur du lundi à nouveau le samedi ? Et ça jusqu'à l'âge de 70 ans ?

Oh, non ! Oh, non ! Cette vie a plus à offrir. Tu n'as qu'à prendre ce que tu veux. Et si c'est cela le succès, la liberté et l'indépendance, alors il faut être prêt à faire au moins un peu pour cela.

Si vous suivez quelques règles de base et construisez une base solide, vous obtiendrez exactement ce dont vous rêvez.

Quoi, pourquoi et par où commencer ? On va régler ça maintenant !

Note : De temps en temps, je vous demanderai de prendre quelques notes et de l'écrire dans ce livre à l'endroit prévu à cet effet. Si vous lisez ce livre électronique sur un appareil où vous ne pouvez pas prendre de notes, veuillez prendre une feuille de papier et noter les choses. Veuillez également noter le contexte dans lequel vous devez rédiger ces notes.

ORDRE DU JOUR

À PROPOS DE VOUS

- Avant de commencer 8
- Le lent démarrage à froid 9
- La condition préalable de base 13
- A propos de l'art de faire son truc 13
- Quelle personne êtes-vous ? 14
- Tu es moyenne et ça craint ! 16
- Vous êtes ce que vous faites ! 18
- Tu n'évolues pas. 19
- Sois honnête avec toi-même ! 21
- Avant que quelque chose ne change, il faut changer quelque chose ! 22
- Faites ce que vous aimez ou aimez ce que vous faites 23
- Mais si... ? 25
- La différence entre le prix et la valeur 26
- Quelle est la condition absolument la plus importante pour devenir financièrement libre ? 28
- Le facteur temps 31
- Résultats directs des processus 33
- La chance existe-t-elle ? 34
- Diligence ou talent ? Qu'est-ce qui gagne ? 38
- saisir les occasions 41
- Les problèmes sont des défis 45
- principe de Pareto 47
- Est-ce que je veux au moins réussir ? Le succès est solitaire.... 48
- Sois heureux quand tu es seul 52
- Mieux vaut décider intelligemment que conduire intelligemment 55
- Pour que vous n'échouiez plus jamais ! 56
- Comment choisir vos objectifs 57
- Alors, comment devriez-vous choisir vos objectifs ? 59
- Qu'est-ce que c'est que ces VRAIS objectifs, enfin ? 65
- Comment se programmer pour atteindre de VRAIS objectifs 67
- Reprogrammez votre subconscient 69
- Pourquoi est-il si important que vous programmiez votre subconscient vers vos objectifs ? 70
- conditionnant 73

Trouvez-vous un mentor 76

Que sont les défaites et comment y faire face ? 78

Assumer la responsabilité 79

Tenir un journal intime 83

Les habitudes de ceux qui réussissent 84

Quel est votre plus gros problème ? 91

Tout est dans la planification 92

tâches du partenaire 97

Le moment idéal 98

Une astuce pour votre succès 100

À propos de vos finances

Pourquoi l'argent vaut plus que votre temps 101

Comment obtenir de l'argent ? 102

Pourquoi tu penses que l'argent ne te rend pas heureux 103

Que peut faire l'argent pour vous ? 106

Pourquoi l'argent est mal parlé 106

Pourquoi vous gagnez mal votre argent 107

Bâtir de la richesse avec un salaire mensuel dérisoire 110

Les dettes de consommation ne sont pas des dettes honorifiques ! 111

Quelles sont les sources de revenus et lesquelles vous conviennent le mieux ? 115

Votre situation et pourquoi vous avez actuellement trop peu d'argent 117

Pas à pas vers une prise de conscience financière 117

Que vous dit cette liste ? 118

Que disent vos dépenses de vous et de votre comportement de consommateur ? 121

Qu'est-ce que ça veut dire d'être riche ? 122

Comment pouvez-vous gagner de l'argent ? 125

Pourquoi tout le monde aime ce revenu passif 132

Quelles sont les sources de revenus passives appropriées ? 134

L'argent, c'est le mal 135

Apprendre à gérer l'argent 136

Que faire de l'argent économisé ? 136

Comment gérer l'argent de façon sensée ? 137

Que pouvez-vous faire avec votre argent ? 138

Investir dans des actifs risqués 141

Que pouvez-vous faire d'autre avec vos économies ? 142

métaux précieux..143

Faites-vous un plan d'un an..144

Qu'est-ce que j'essaie de te dire ? C'est quoi tous ces tours de passe-passe ?.................147

Quel est l'intérêt de tout ça ?...149

A propos de moi personnellement

Qui je suis et pourquoi je veux te dire quelque chose 151

Je n'en ai plus envie, c'est tout. Fini cette vie moyenne. Plus de motivation pour me traîner au travail tous les jours pour gagner de l'argent qui sera de toute façon mangé par toutes mes factures. Où je veux en venir avec ça ? Où est ma famille dans cette vie ? Je n'ai plus envie de courir, de courir, de courir, de courir et de courir avec ce vélo hamster, mais je ne fais plus un pouce de progrès. Je dois changer quelque chose. Je vais changer quelque chose ! La vie a plus à m'offrir que de travailler et d'attendre chaque lundi pour le putain de vendredi. Je suis fatigué. Je suis fatigué. J'en ai marre de ma vie. Et c'est pourquoi je vais le changer maintenant. Aujourd'hui, ici et maintenant, je vais changer ma vie !

Il y a deux types de personnes dans ce monde. Certains se plaignent et d'autres oui. Tu as acheté ce livre. Est-ce que ça fait de vous un faiseur ? Pas encore, mais vous posez les fondations. La lecture de ce livre fait-elle de vous une personne d'action ? De toute évidence, si vous respectez les règles et que vous les respectez, oui, clairement. Si vous jouez le jeu, vous remarquerez déjà des changements perceptibles pendant la lecture. Certaines choses que vous pouvez et devez mettre en œuvre immédiatement, d'autres que vous devez commencer aujourd'hui pour qu'elles portent leurs fruits demain. Mon but n'est pas de vous traîner ici avec superficialité sur plus de 100 pages. Mon but est de vous donner des instructions concrètes et pratiques pour que vous puissiez changer votre vie aujourd'hui. Je vais aussi vous dire pourquoi vous devriez accepter ces conseils et ce qu'ils vous apportent, ce qu'ils signifient et où tout cela devrait mener.

Peu importe la situation dans laquelle vous vous trouvez en ce moment. Peu importe d'où vous venez, je peux et je vous aiderai. Qu'est-ce qui t'arrive ? Parce que je vais revenir à quelque chose que tout le monde est pareil. Si riche, si pauvre, si gros, si maigre, si mince. Un instrument qui vous aidera à changer votre vie est à votre disposition comme n'importe quelle autre personne dans le monde.

-Certaines personnes ont plus de quelque chose, d'autres en ont moins. Cependant, il y a une chose que nous avons tous en commun. Et c'est le moment. Tout le monde a exactement 24 heures par jour pour faire une différence. Les gens qui ont le plus de succès au monde ont 24 heures, 1440 minutes, 86 400 secondes comme vous. Ce qui compte, c'est ce que vous en faites. -

Je veux te montrer dans ce livre comment tu arrives à changer ta vie soudainement. Et dans le positif. Il faut juste comprendre pourquoi vous devez changer quelque chose. Je m'en assurerai. J'aimerais ensuite vous donner quelques conseils concrets sur la façon de le faire. Je ne veux rien de moins que de faire de toi la personne la plus heureuse du monde. Voyons si ça marche.

Ce livre est divisé en trois parties : Dans la première partie, j'aimerais vous aider à vous tailler vous-même et votre personnalité pour le succès et la prospérité et comment créer le meilleur point de départ possible pour votre succès. La deuxième partie porte sur la façon dont vous devenez financièrement libre. Avec des recommandations concrètes et une description détaillée ! Troisièmement, je vais vous dire qui je suis et pourquoi je prends la liberté de vous donner des conseils.

Alors, allons-y !

A propos de vous

Avant de commencer

Dès le début, je veux passer un marché avec vous ! Vous avez investi quelques euros dans ce livre. Vous vous attendez donc probablement, et à juste titre, à obtenir un rendement du capital investi. Tu en veux un peu. Alors, qu'est-ce que tu vas en avoir pour ton argent avec moi ?

Après avoir lu ce livre, vous aurez une stratégie claire et un plan structuré sur la façon de faire d'énormes progrès financiers et de devenir indépendant dans un court laps de temps. Et surtout heureux ! Si vous êtes toujours convaincu que beaucoup d'argent ne vous rend pas heureux, je dois vous décevoir : Ça te rend heureux. Ça te rendra beaucoup plus heureux que tu ne le penses. Qu'est-ce qui t'arrive ? Je t'expliquerai ça plus tard. En outre, je vais passer en revue avec vous certaines choses qui vous feront vraiment réussir. Pas juste un petit peu, mais vraiment. Je vais vous expliquer ce qui est important pour vous, pourquoi c'est important et, enfin, comment vous devriez l'aborder. Vous avez bien lu : Je vais vous donner des conseils concrets ! Conseils pour commencer tout de suite. J'ai même besoin que tu progresses directement.

Ça, c'est la première étape. Et deuxième étape : quand est-ce que tout cela deviendra visible ? Dans combien de temps serez-vous en mesure de voir les résultats ? Voilà le marché !

Je parie que si vous progressez de quelques pages avec ce livre, vous verrez des résultats aujourd'hui. Dans une semaine ou deux, si vous avez lu le livre d'ici là. Ensuite, vous avez déjà visualisé certaines choses, vous les avez écrites, vous les avez résumées et vous avez créé un plan. Tout est déjà créé psychologiquement et physiquement. Dans un mois, vous commencerez vos premiers projets. Il le faut, sinon vous ne respecterez pas les règles et l'accord. Et dans un an ? Vous aurez du succès dans un an ! J'attends avec impatience votre message dans une année où nous pourrons nous souvenir de ce moment et le célébrer ensemble.

C'est l'accord de mon côté. Je vais vous donner mon avis. Assez constructif et pratique. Mais aussi quelque chose de théorique. Ces histoires de mentalité.... Peut-être que tu ne peux plus l'entendre ou la lire. Je pense que ça va être différent ici. Il est appliqué d'une manière différente et traduit en connaissances pratiques et pas seulement en charabia superficiel. Alors, tu as accepté ma part du marché ? Super ! Alors commençons et ne perdons pas de temps !

Quel est votre rôle dans cette affaire ? Eh bien, vous devez coopérer. Le livre devient inconfortable, si inconfortable qu'on veut le diaboliser partiellement. Mais tu te rends compte que d'une certaine façon, c'est logique, et tu veux passer à autre chose. Continuez parce qu'il vous interpelle à propos de quelque chose dont vous êtes convaincu qu'il est vraiment juste d'en parler. Et tu continues jusqu'à ce que tu crées quelque chose. Et tu ne peux pas vraiment le combattre. Alors quoi ? Alors tu as réussi tout d'un coup ?! C'est comme ça que ça se passe ! Donc votre rôle dans cette affaire est de faire ce que je vous demande de faire. Vous avez déjà investi une fois dans ce livre, alors vous pouvez maintenant le faire correctement.

Le lent démarrage à froid

Alors maintenant, donnez à ce livre un peu de votre précieux temps et essayons. Sauf pour le temps, vous n'avez pas grand-chose à perdre. Vous risquez peut-être votre statut moyen, votre roue de hamster souvent mentionnée, vos préjugés et votre zone de confort. Que pouvez-vous gagner ? Le contentement, la prospérité, la santé et ainsi de suite.... le bonheur.

J'ai déjà mentionné que je suis convaincu que la prospérité financière est un facteur important dans la création de votre "bonheur". Pourquoi l'argent te rendrait-il heureux ? Tout simplement parce qu'il vous rend tout le reste possible d'être heureux.

Si vous aviez assez d'argent, vous n'auriez pas besoin de faire votre travail de 9 à 17 heures cinq fois, et encore moins six fois par semaine, même si vous ne voulez pas vraiment le faire. Vous aimez votre travail ? Si vous y êtes complètement absorbé et que vous pouvez y vivre tout ce qui est important pour vous, si vous pouvez vous y développer et développer votre personnalité complète, alors vous êtes une exception absolue. Alors vous avez trouvé la bonne vocation pour vous. Alors vous faites partie des 5% qui font vraiment ce qu'ils veulent. Ce livre vous donnera quelques autres points de vue. Plutôt comme un catalyseur pour encore plus de succès, de bonheur et de satisfaction. Mais vous ne comptez probablement pas comme l'une de ces personnes, comme la plupart des gens dans le monde. Comme sinon vous n'auriez guère pensé à lire ce livre, je pense que vous êtes prêt à vouloir un changement.

Vous faites donc partie des quelque 95 p. 100 de ceux qui sont pris au piège dans la roue du hamster. Cinq à six jours par semaine pour gagner son pain quotidien, pour couvrir ses dettes, pour assurer la nourriture de la famille sur la table, pour payer ses factures de téléphone portable, etc. Et peut-être partir en vacances 1 à 2 fois par an au maximum, voire pas du tout. A la dernière minute, bien sûr, car c'est là que réside le plus grand potentiel d'économies.

C'est ça, ta chance ? Est-ce que cette vie, cet état dans lequel vous vous trouvez, votre perspective des 10 prochaines années, et encore moins des 20 ou 30 prochaines années, vous rendent heureux ? Si non, veuillez lire la suite ! Si vous aviez plus d'argent, vous n'auriez pas à rester dans la roue du hamster, mais vous pourriez passer votre temps différemment. Passer du temps avec les choses qui sont vraiment importantes pour vous, des choses qui vous feront progresser, vous, votre famille et vos amis. Ou d'autres personnes. Vous auriez même le potentiel d'améliorer la situation d'autres personnes au-delà de votre propre situation. Ça te rendrait heureuse ? Ou du moins plus heureux que de financer votre séjour dans la roue du hamster ? L'argent vous rend un peu plus heureux après tout. Du moins parce que ça te donne plus de perspective.

L'argent ne s'accompagne généralement que d'un travail acharné. Le travail acharné coûte beaucoup de temps à beaucoup de gens, parfois des contacts sociaux (où l'on doit se demander si ces contacts étaient vraiment importants) et bat à la santé. Travailler tard dans la nuit et se lever tôt vous rend malade (du moins la plupart des gens le pensent). Probablement vrai aussi, mais seulement si vous allez vraiment de façon illogique et que vous suivez cette procédure pendant des mois. Pourquoi ne pas choisir une façon plus intelligente de vous faire avancer ? Au cours de ce livre, je vous dirai comment trouver ce chemin. Spécialement pour vous et parfaitement adapté. Est-ce que cela vous rend en meilleure santé si vous faites votre travail de 9 heures à 17 heures, si vous n'avez pas d'énergie pour cuisiner après le travail, si vous aspirez des trucs malsains et si vous êtes trop fatigué et déprimé pour aller au sport par exemple ? Peut-être que ça ne marche même pas parce que c'est le seul moment que tu peux passer avec ta famille que tu n'as pas vu de la journée. Peut-être que cela vous rend un peu triste quelque part, vous accable... mais vous n'avez pas non plus le temps de trouver un équilibre dans votre vie quotidienne. Ça doit aussi nuire à votre santé. Mais il y a encore le dimanche que vous pouvez utiliser pour vous détendre. Honnêtement.... Combien récupères-tu un dimanche ? Demain, c'est encore lundi, putain...

Il y a un joli dicton qui dit que je ne veux pas te cacher ici :

Lundi, ça craint pas. Soit votre travail, soit votre attitude à son égard.

Maintenant, imaginez, c'est vraiment quelque chose. Et vous voulez mieux prendre soin de vous à l'avenir. Vous décidez donc de profiter de certaines offres de dépistage médical. Malheureusement, certains services de santé coûtent aussi de l'argent. En partie pas exactement petit, n'importe où dans le monde. Avez-vous l'argent pour choisir tous les examens et les services de santé individuels qui vous feraient du bien ou que vous souhaitez ? Sinon, voici une autre raison de continuer à lire.

Autre point : Qu'en est-il de votre situation dans votre profession ? Êtes-vous un décideur ? Pouvez-vous intégrer vos idées et vos décisions dans les processus que vous souhaitez ? Ou vos mains sont-elles plus ou moins liées ? La seule chose qui vous reste à faire, c'est de vous énerver parfois au sujet des décisions des autres, mais vous ne pouvez pas les influencer vous-même ou vous ne pouvez pas les influencer suffisamment. Est-ce que c'est vrai ? Collaborateurs, patrons, clients ou employés... A quoi ressemble la coopération ? En d'autres termes : votre profession vous limite-t-elle ou pouvez-vous y réaliser votre plein potentiel ? Toutes les personnes avec lesquelles vous êtes en contact professionnel : vous soutiennent-elles dans le développement de votre personnalité et de votre développement personnel ? Qu'espérez-vous tirer de votre travail ? Et quels sont les effets de votre travail, de vos possibilités professionnelles et de vos perspectives sur votre vie privée ?

Pouvez-vous séparer travail et vie privée ? Êtes-vous équilibré et heureux après votre journée de travail et pouvez-vous vraiment profiter de votre temps libre ? Et si tu avais un travail où tu pourrais vraiment te lever, t'amuser et créer quelque chose de réel ? On dirait plutôt un conte de fées, n'est-ce pas ? Que vaudrait une telle opportunité pour vous ? Et tu travaillerais si tu n'avais pas à le faire ? Ou peut-être commenceriez-vous d'autres projets, qui prennent certainement un peu de temps et de travail, mais qui vous satisfont pleinement et apportent peut-être à d'autres personnes encore plus de valeur ajoutée que votre travail actuel ? Pensez-vous qu'il y aurait beaucoup de changements à ce moment-là ? Si oui, veuillez lire la suite....

Ce ne sont là que quelques exemples de la situation dans laquelle vous vous trouvez actuellement et des raisons pour lesquelles vous êtes lié d'une certaine façon. C'est votre travail qui vous prend beaucoup de temps et de nerfs. Et pourquoi faites-vous des choses qui vous coûtent de la force et qui ne vous rendent pas heureux et heureux ? Probablement pour l'argent. Le facteur argent est donc un point qui peut vous rendre plus heureux parce qu'il vous offre des possibilités complètement différentes. L'argent lui-même ne peut même pas vous rendre heureux et libre. Mais les choses qui peuvent être rendues possibles en échange d'argent le font. Ce ne sont pas les pièces de monnaie en papier ou en cuivre qui vous rendent heureux à leur vue, mais ce que vous voyez derrière elles, quelles possibilités se cachent derrière elles, quelles opportunités elles vous offrent. Personne ne dit qu'il faut une Lamborghini pour être heureux. Mais voyager, voir différents endroits, connaître différentes cultures, donner la sécurité à votre famille, être libre, cela peut vous rendre heureux. Ou le soutien de personnes dans le besoin vous rend heureux. Dans la plupart des cas, cela coûte aussi de l'argent.

Voyez-vous, l'argent en soi ne vous rend pas heureux. Je peux voir ça. Mais il vous permet les choses qui peuvent vous rendre heureux. J'en suis convaincu pour la raison suivante :

Je viens d'une famille très terre-à-terre. L'argent a toujours été un problème pour nous. Nous devions vendre des objets de famille, la chose la plus précieuse financièrement que nous avions dans nos quatre murs, pour financer notre nourriture quotidienne. Les nouveaux vêtements, les voyages de classe, les manuels scolaires, etc. nous ont toujours présenté de nouveaux défis. Nous ne pourrions jamais penser au luxe parce que nous ne pourrions même pas assurer les nécessités de survie pendant un certain temps. Nous avons appris ce qu'est une période difficile sur le plan financier. Nous n'étions pas heureux, mais nous nous sommes adaptés et nous avons pu vivre avec. Dès mon plus jeune âge, j'ai été confronté au fait que l'argent était toujours le facteur limitant pour être vraiment heureux, disons, insouciant.

Maintenant ? Maintenant ? Maintenant ? Maintenant, je suis plus loin. Je suis reconnaissante d'avoir tous les moyens financiers pour pouvoir me permettre ce qui me rend vraiment heureuse. Et c'est ce que je transfère à ma famille. C'est ce que j'appelle de la chance. Non pas parce que c'est arrivé par hasard, mais parce qu'il a été travaillé dur. Difficile en ce sens qu'il n'est pas venu tout seul et que vous avez dû prendre des décisions inconfortables. Difficile, parce que j'ai dû faire face à moi-même, à mon environnement et à ma décision. C'est dur, parce que ce n'est pas le cas de tout le monde, et on ne se laisse pas entraîner comme ça. Je ne comprends pas pourquoi c'est si contaminé. Pour moi, la forme courte d'une déclaration est difficile à faire : H-a-r-t = difficile, mais juste à faire.

Pour moi, ça ne signifie rien de plus : Parfois mal à l'aise, mais en fin de compte, c'est exactement la meilleure solution pour moi. Par conséquent, ces décisions inconfortables valent la peine d'être prises. Pensez aux situations dans lesquelles vous devez faire face à des défis, aux décisions qui sont difficiles. Qu'est-ce que ce sera ?

Si nous adoptons une vision plus distanciée de l'ensemble du concept de réussite, nous pouvons le voir : Il y a beaucoup de gens qui sont bien mieux lotis que vous. Beaucoup se sont battus avec acharnement pour leur destin, beaucoup ont été rendus un peu plus faciles. Mais il y a aussi beaucoup de gens qui sont dans une situation bien pire que la vôtre. Je pense que nous devrions en être conscients. Mais ce n'est pas une raison pour laquelle nous ne devrions pas nous efforcer d'atteindre nos objectifs. Ce n'est pas une raison pour donner son potentiel et laisser passer notre vie. La plus grande chose qui vous fait apprécier votre situation et qui devrait vous donner le besoin de faire plus de votre vie est la gratitude. Reconnaissante pour les opportunités que vous avez. La gratitude vous fait apprécier votre vie et vous motive à en faire plus, même pour ceux qui sont dans le besoin. Faites en sorte que ce soit votre affaire de leur donner une vie meilleure.

En outre, la souffrance ne doit jamais être compensée par d'autres souffrances. Ce n'est pas non plus le sujet de ce livre. Je veux que tu sois reconnaissant pour ce que tu as. Mais je suis plus intéressé par les opportunités que vous avez de faire plus de votre vie. Personne ne dit qu'avec votre fortune, vous ne devriez posséder que des montres de luxe et des voitures de sport. Vous pouvez faire de si grandes choses avec de l'argent et aider tant de gens dans ce monde. La seule chose importante est d'être ouvert à cela et de ne pas se fermer. Avec le succès et la prospérité, vous pouvez accomplir de grandes choses, que cela vous soit dit.

Je vais être très franc et honnête avec vous à partir de maintenant. Partiellement provocateur pour obtenir certaines choses de vous et essayer de les visualiser. Je veux que nous en parlions ouvertement, même si c'est désagréable, même si c'est douloureux : ça ne sert à rien, sinon vous ne serez jamais prêts à changer quoi que ce soit. Jusqu'ici, tu n'as rien changé. Par conséquent, vous devriez prendre cela comme une motivation pour faire le premier pas. Et c'est ce que vous devriez faire, ici et maintenant.

La condition préalable de base

La première et la plus importante chose dont nous devons parler est votre conscience. Il est extrêmement important pour vous de créer une conscience pour vous-même ou d'aiguiser davantage votre présent. Une conscience pour les choses que vous faites et pour celles que vous ne faites pas non plus. Tu es d'accord avec moi que tu ne peux rien changer si tu ne sais pas quoi changer ? Nous répondons d'abord à la question "quoi", puis "pourquoi" et ensuite "comment".

Vous devez créer une conscience d'où vous êtes et où vous voulez aller. Vous devez être conscient des choses que vous faites qui vous font avancer et de celles qui vous font reculer. Vous devez également faire prendre conscience de ce que vous devez faire et de la façon dont vous devez le faire pour aller de l'avant. Il s'agit de créer ce genre de prise de conscience. Et il n'est pas facile de développer cette conscience, parce qu'au cours de votre vie vous en avez déjà acquis une, ce qui malheureusement vous a seulement aidé à vous mettre dans votre situation actuelle. C'est bien, mais maintenant, nous devons veiller à ce que vous créiez une nouvelle conscience ou que vous affûtiez davantage votre conscience antérieure. Qu'est-ce qui t'arrive ? Pour que vous reconnaissiez les opportunités, où vous n'avez vu que des risques auparavant, pour que vous considériez des possibilités que vous n'aviez jamais vues auparavant, et pour que vous acceptiez des défis, où vous avez des problèmes auparavant.

Certaines des choses dont nous allons parler peuvent vous sembler étranges, d'autres peuvent même vous sembler abstraites. Votre nouvelle conscience est ouverte. Ne vous coupez donc pas d'eux une fois qu'ils vous semblent inconfortables ou incompréhensibles. Ils le semblent parce qu'ils vous donnent de nouvelles perspectives. Et c'est ce dont vous avez besoin pour vraiment faire une différence.

Ainsi, votre conscience voit beaucoup plus de chances dans l'avenir que vous ne l'avez fait jusqu'à présent. Quel est l'intérêt ? Cela vous aidera à faire de réels progrès dans votre vie. Une chance est le tremplin vers une nouvelle hauteur, vers laquelle vous pouvez vous déplacer. La nouvelle altitude, à son tour, vous offre de nouvelles opportunités, vous donnant l'opportunité de faire de grands progrès. Et avec chaque nouvelle hauteur vient une vie meilleure et plus heureuse.

A propos de l'art de faire son truc

Tu peux dire que tu fais ton truc ? Êtes-vous convaincu d'être exactement la version de vous-même que vous voulez être ? J'en doute, du moins en ce moment. Qu'est-ce qui t'arrive ?

Parce que tu es probablement trop accro pour ça. Si vous dépendez d'autres personnes, que ce soit votre employeur, même votre partenaire, ou toute autre hiérarchie ou structure, alors vous ne faites certainement pas votre travail. Ça ne veut pas dire que c'est mauvais ou que tu fais une erreur fatale. Je pense, cependant, que dans certains domaines, vous pourriez obtenir plus de vous-même. Je ne pense pas que tu sois la meilleure version de toi-même en ce moment. Et c'est exactement ce que j'essaie de changer avec ce livre. Et je suis sûr que je peux le faire aussi.

Avoir du succès dans la vie signifie quelque chose de différent pour chacun. "L'affirmation la plus inflationniste, qui est aussi spécifique qu'un arbre dans la forêt, est " réussir ". Qu'est-ce que la réussite signifie pour vous ? Nous pouvons certainement philosopher à ce sujet ici maintenant, et je vous aiderai plus tard à trouver une définition pour vous, mais tout d'abord, cela signifie ce qui suit : Réussir, c'est l'art de faire ce qu'on veut. Est-ce que c'est vrai ? Faire ce qui vous remplit, ce qui vous rend heureux. Pour faire ce que tu veux de la vie. Et il est important de faire ce qui vous inspire et ce pour quoi vous vivez. Et il y a toujours des moyens d'y parvenir. Ce n'est certainement pas facile parce que c'est aussi un processus. Un processus qui garde encore partiellement ses résultats sous clé jusqu'à ce qu'il révèle toute sa splendeur à la fin. Cela exige de la discipline et de l'endurance. Cependant, je n'ai encore rencontré personne qui ait dit que la discipline, la volonté, la persévérance et l'enthousiasme n'ont pas payé. C'est pour ça que je veux t'approcher et t'aider à faire ton truc. Et tu vas y arriver. Je te le promets.

Fais ce que tu veux, fais ce que tu veux. Cela profitera aussi à d'autres personnes, parce qu'elles en profiteront toujours lorsqu'une personne est absorbée par ce qu'elle est en train de faire. Elle générera tellement d'énergie et de valeur ajoutée qu'elle pourra faire fuir d'autres personnes. Je ne pense pas que nous ayons besoin de parler de savoir si vous voulez le faire, mais plutôt comment vous pouvez y parvenir. Et c'est exactement ma motivation. Pour t'aider à faire ton truc. C'est la motivation pour écrire ce livre. Ne pas recevoir les 1,50 euros qui me reviennent quand j'achète ce livre. Je vais m'acheter un paquet de flocons d'avoine. J'ai trouvé l'art de faire mon truc. Et mon truc, c'est de la chercher avec toi pour que tu puisses faire ton truc. Réussir, c'est s'épanouir. Répondre à vos besoins, à vos désirs. Qu'est-ce que tu aimes ?

Quelle personne êtes-vous ?

Vous connaissez le dicton : "Celui qui se bat peut perdre. Si vous ne vous battez pas, vous avez déjà perdu". Je ne pense pas qu'il soit possible que vous ne connaissiez pas le sort. Et peut-être qu'il en a déjà marre de toi. Mais pensez-vous que c'est vrai ? J'ai un aveu à vous faire : Peu importe ce que tu penses, ce sort est vrai ! Si vous participez à un concours et ne vous présentez pas le jour du concours, vous avez automatiquement perdu. Ce n'est pas seulement le cas lors des compétitions, mais un peu partout dans le monde dans presque tous les domaines. Mais nous ne voulons pas transférer ce fait à la vie. C'est trop abstrait. Cette déclaration ne compte pas ici. Oui, c'est vrai !

Cette déclaration compte aussi ici ! Et bien plus encore ! Et si tu ne te bats pas ? Rien ! Il ne se passe rien. Votre vie changera zéro-commande zéro. Ça reste comme ça à 100%. Vous ne ferez pas d'autres expériences, n'aurez pas de nouvelles chances, ne rencontrerez pas de personnes enrichissantes. Il change purement GARNICHTS !

Que se passe-t-il quand vous commencez à vous battre après tout ? Ou même commencer ? Quelle est la pire chose qui puisse arriver ? Très simple : dans le pire des cas, rien ne change non plus. Dans le pire des cas, vous êtes de retour là où vous êtes. Vous avez peut-être noué des contacts précieux, acquis une expérience élémentaire ou saisi de nouvelles opportunités. Mais le pire scénario, lorsque vous commencez à négocier, c'est celui où vous ne faites rien au mieux : C'est votre point de départ.

Et ne commencez pas à dire : dans le pire des cas, vous serez bloqué sur les contrats, les coûts ou autres. Cette époque est révolue. A l'ère de l'information, où l'on peut accéder et construire tout ce qu'il y a dans le monde grâce à Internet et à la technologie, on n'a pas de frais que l'on doit dépenser au départ pour gagner quelques euros. Si vous en doutez intuitivement, je vous demande si vous en avez déjà beaucoup parlé et sur quoi repose votre intuition. Si vous êtes vraiment intelligent, vous verrez que vous pouvez créer votre propre site Web, des courriels, des entretiens avec vos clients, etc. complètement gratuitement : Si ce n'est pas le cas, c'est que vous avez fait un mauvais travail de recherche ou que vous vous êtes enlisé. D'accord, peut-être que ça te coûtera 10 euros. C'est pour de vrai.

Un bon conseil que j'aimerais vous donner ici est une façon de penser que j'ai fait mon attitude à la vie :

"Fais toujours ce que tu conseillerais à tes meilleurs amis de faire."

Qu'est-ce qui t'arrive ? Parce que tu es convaincu que c'est bien, sinon tu le dirais à tes meilleures amies, n'est-ce pas ? Un ami a reçu une offre pour profiter d'une grande opportunité à l'étranger, mais il a peur de renoncer à sa vie en Allemagne. Que lui conseillez-vous ? Bien sûr, il/elle devrait bien considérer l'ensemble, mais à la fin... ? Et si c'était une grande chance ? Si c'est exactement ce qui le rend heureux ? Vous diriez : "Faites-le ! Tu dois le faire ! Fais ce qui te rend heureux." Vous poursuivriez probablement une sagesse intelligente : "On ne regrette jamais ce qui, dans la vie, n'a pas fonctionné de façon optimale. Tu regrettes les risques que tu n'as pas pris." Peut-être que tu sauteras cette ligne aussi. Mais vous réagiriez d'une façon ou d'une autre, n'est-ce pas ?

Mais prendriez-vous ce risque, vous aussi ? Le percevriez-vous même s'il était inconfortable pour vous ? Les exemples sont innombrables, mais une seule solution ! Feriez-vous vous-même ce que vous recommandez à vos meilleurs amis ? Je ne pense pas que ce soit mal de recommander et d'affirmer les décisions, je pense que c'est mal de ne pas les remarquer !

Dans toute situation où vous êtes confronté à une décision, pensez à ce que vous recommanderiez à votre meilleur ami et faites de même ! Sinon, tu n'es pas fidèle à toi-même. Faites ce que vous pensez être juste, aussi !

Tu es moyenne et ça craint !

Beaucoup d'entre nous vivent selon le principe BNA : n'attire pas l'attention ! Quoi qu'on fasse, on ne veut pas attirer l'attention. Ne pas s'écarter ni positivement ni négativement. Nage dans l'eau, c'est tout. L'expérience la plus flagrante que j'ai vécue à cet égard, c'est bien celle que j'ai vécue au cours de ma période de formation, que j'ai vécue au cours de ma double formation. Mes collègues étaient fiers de ne pas attirer l'attention. C'était son conseil le plus chaud pour moi dans ma carrière. Sans trop connaître le monde du travail, j'ai compris ce qu'ils voulaient me dire, et j'en ai tiré une conclusion : "Ils n'auront sûrement pas raison ! Je ne l'ai pas dit à voix haute, mais ça m'a sauté à l'esprit quand j'ai reçu ces conseils pour ne pas attirer l'attention ! Pourquoi ne voudrais-je pas me démarquer et me faire remarquer ? Déviation négative ? Bien sûr, c'est gênant. Alors tu ferais mieux de ne pas te démarquer. Déviation positive ? Qu'est-ce qu'il y a de mal à ça ? Pour moi, il n'y a qu'une chose : l'envie et la haine d'autres collègues qui ne veulent pas cela. Pourquoi ne le font-ils pas ? Parce que cela leur donne l'occasion de ne pas attirer l'attention avec le minimum de travail qu'ils font, parce que tout le monde s'implique dans cette ornière. Dès qu'un ou quelques uns commencent à faire plus de travail dans le même temps ou à créer un meilleur travail dans le même temps, ils commencent à attirer l'attention, et cela plutôt de manière négative. Ils voulaient garder la moyenne pour que l'image soit égale et que personne ne se démarque des autres qui travaillaient avec tiédeur, faisaient peu de travail, étaient insatisfaits... Donc ils pouvaient toujours rester dans leur confort et n'étaient pas approchés à ce sujet. Et c'est à peu près la pire chose qui puisse t'arriver : Trouver des moyens de s'en sortir, trouver des excuses, laisser le confort déterminer votre vie. Et si même quelqu'un ose vous en parler ou vous faire ressentir le tout....

La devise est donc la suivante : si tout le monde le fait de cette façon, cela n'attirera pas l'attention. Tout le monde peut donc rester dans sa zone de confort et espérer que c'est bientôt le week-end.

Cette attitude me puait incroyablement. Je voulais me démarquer. Non pas parce que je suis super géniale ou parce que j'ai un trouble évident, mais parce que je ne voulais pas vivre l'attitude et la vie que mes collègues ont vécues. Donc je savais que je devais faire quelque chose de différent,

doit faire quelque chose de mieux dans le meilleur des cas, ou doit simplement faire plus pour se démarquer. Et c'est là que j'ai réalisé une chose : Tu n'as pas besoin d'être le meilleur en tout. Vous devez juste dévier d'une manière positive minimale. C'est assez. C'est assez. Et cela peut être réalisé avec relativement peu d'efforts, car la moyenne est relativement faible.

C'était donc clair : une heure de travail de plus, une expérience de plus en laboratoire, une évaluation plus précise... C'est suffisant pour faire une impression positive.

Ce ne sont pas les gens qui se démarquent positivement qui sont stupides. Ce sont les opinions que la moyenne se forme à ce sujet. La moyenne se sent trahie quand quelqu'un en fait plus ou montre plus d'engagement. Mais la moyenne vit aussi la vie moyenne dont tout le monde se plaint. La personne moyenne se torture pour travailler le lundi et pleure de joie quand c'est le vendredi, puis elle a de nouveau peur du lundi. Le citoyen moyen travaille toute sa vie pour acheter des choses, pour lesquelles il doit ensuite travailler toute sa vie. La moyenne est incroyablement bien ancrée dans cette roue de hamster. La moyenne n'aime pas les écarts. La moyenne ne vous aime pas. Pas de problème, tu ne l'aimes pas non plus ! En plus, tu ne veux pas d'une vie moyenne. En fin de compte, vous devriez toujours faire exactement le contraire de ce que fait la moyenne.

J'ai aussi donné plus que la moyenne à l'époque. J'étais conscient que c'était la seule raison pour laquelle je suis venu à ce poste. Avec une demande d'admission moyenne, une entrevue moyenne et un test d'évaluation moyenne, je n'aurais probablement pas été accepté dans le programme d'études double, même à ce moment-là. J'ai été récompensé pour m'être écarté de la moyenne. Donc ça m'a semblé être une bonne chose pour moi.

Jusqu'à ce jour, je n'ai jamais regretté d'avoir été un peu au-dessus de la moyenne. Montrez juste un peu plus d'initiative, un peu plus de volonté, un peu plus de volonté, un peu plus de volonté. Il suffit d'investir un peu plus pour être récompensé significativement plus. J'ai moi-même eu cette expérience, et tous ceux qui étaient prêts à en faire un peu plus que la moyenne l'ont également confirmée.

Le fait est que si vous voulez plus que la moyenne obtient, alors vous devez également être prêt à donner plus que la moyenne. Alors tu seras prêt à les offenser aussi. Vous voulez plus que la réussite moyenne dans votre vie, alors vous devez être prêt à surmonter cet obstacle et à continuer. Il y aura toujours des situations où vous rencontrerez des personnes et des processus qui ne sont pas du tout moyens et vous accompagnerez sur ce chemin. Mais il faut d'abord passer par le sable chaud pour arriver à la mer froide. Alors vous aurez aussi des amis au-dessus de la moyenne, un succès au-dessus de la moyenne et une chance au-dessus de la moyenne.

Vous êtes ce que vous faites !

Très peu de gens ont accompli de grandes choses en ne faisant rien. Certains ont réussi quelque chose en ayant quelque chose dans la tête. Les scientifiques et les chercheurs y parviennent. Néanmoins, le résultat compte habituellement. La pointe de l'iceberg, quand tout le dur labeur et votre diligence restent cachés sous la surface, montre votre résultat, et c'est ce que les autres perçoivent. Ce n'est peut-être pas aussi dur que ça. Mais peut-être qu'il s'agit plus de réaliser des choses, de vraiment faire quelque chose. Si vous voulez aider les malades, cela n'aide malheureusement pas beaucoup de nourrir la pensée, mais de ne pas devenir actif. Si vous voulez vraiment aider les malades, il faut faire quelque chose. C'est l'action qui fait ici la différence décisive. Et c'est vraiment une différence dramatique. L'action distingue le bavard de l'industrieux, l'infructueux de l'infructueux. Ce n'est qu'en agissant seul que l'on peut faire toute la différence. Et vous avez certainement fait l'expérience de cette différence dans votre vie. Parce que peu importe ce que vous pensiez avant, peu importe ce que vous avez prévu, si vous êtes toujours au même endroit qu'avant, alors vous n'aurez pas tant fait. Vous pouvez penser et savoir beaucoup de choses, sans application et faire cela vous apporte malheureusement très peu.

Vous ne pouvez changer quelque chose que si vous faites vraiment quelque chose. Si vous êtes un acteur, vous faites aussi la différence. La différence qui vous permet d'aller de l'avant. Combien j'ai détesté cette déclaration quand j'ai été confronté à elle. Pour moi, c'était le summum de la superficialité. Comment suis-je censé faire quoi que ce soit si je ne sais pas ce que je suis censé faire. J'ai toujours lu : "Peu importe, commencez" ! Mais avec quoi ? Je n'en ai aucune idée !

Mais alors, à un moment donné, je viens juste de commencer. J'ai juste commencé à poursuivre un but. Quelle que soit la cible. J'ai d'abord voulu devenir coach fitness, puis trader, puis consultant en management, puis manager de start-up. J'ai juste commencé avec beaucoup de choses différentes. Et ce but a ensuite apporté suffisamment de facettes, ce dont j'ai dû m'occuper par la suite. Ce "juste début" permet alors d'avoir des perspectives complètement différentes. Peu importe ce que c'est, tout ce que tu as à faire, c'est d'avoir un but. Et le but peut être aussi polyvalent que vous pouvez l'imaginer. C'est assez pour commencer. Quelque chose, l'essentiel, ça a quelque chose à voir avec ton but d'une certaine façon. Commencez à vous informer sur quelque chose. Commencez à demander l'opinion des gens. Commencez à faire de la publicité. Commencez quelque part ! Si tu ranges ta chambre, tu devras commencer quelque part. C'est la même chose ici.

Mon but premier était de faire de l'argent avec quelque chose que je connaissais. Comme beaucoup de mes connaissances m'ont posé des questions sur mon régime alimentaire pour obtenir des conseils en matière de nutrition, j'ai pensé que je pourrais commencer à rédiger des plans d'entraînement. Alors j'ai commencé à écrire des plans d'entraînement parce que je pensais : Pourquoi pas ? Pourquoi pas ? Je peux certainement faire des plans de formation et les donner à d'autres personnes, les vendre, les offrir en échange, etc. Et quand j'ai commencé, j'en ai finalement pris conscience. Et puis il y avait d'autres choses qui s'y rapportaient. Ensuite, j'ai dû m'occuper de la façon d'obtenir les parties intéressées. Cela est associé au marketing, à l'acquisition, etc. Ensuite, je devais voir à quel prix je pouvais offrir les plans. J'ai donc dû faire face au marché et à mes concurrents. Tout ce que je n'avais pas vraiment sur mon écran au début, mais c'est arrivé parce que j'ai simplement commencé à faire quelque chose. Et avec les connaissances que j'ai acquises à l'époque, je peux maintenant construire sur une base complètement différente. Aujourd'hui, je peux en profiter. Peu importe où je vais maintenant : J'ai déjà eu des expériences qui ne peuvent que m'amener plus loin. Si je n'avais pas commencé, je n'aurais pas eu ces expériences aujourd'hui. Maintenant, je comprends ce que c'est que de ne faire que commencer. Est-ce que vous comprenez ?

Si vous le comprenez plus tôt que moi, vous pourrez célébrer le succès encore plus rapidement. Alors vous avez déjà pris un petit avantage et la première leçon clé importante de ce livre avec vous. C'est aussi simple que ça. Derrière cela : "Fais-le, c'est tout ! Etre un acteur", c'est bien plus que ce que l'on pourrait comprendre au premier coup d'œil. Si vous voyez cela et comprenez pourquoi il est logique de simplement commencer, même si la direction et l'objectif n'est pas encore certain et fixé à cent pour cent, alors vous voyez aussi pourquoi il est logique de simplement commencer. Les expériences sont souvent plus importantes que de s'inquiéter des choses pendant des semaines, pour ensuite avoir à acquérir une expérience pratique.

Tu n'évolues pas.

Tu resteras toujours où tu es parce que tu fais toujours ce que tu peux déjà faire. Cette phrase vous est connue depuis longtemps. Il décrit un phénomène que vous rencontrez encore et encore, chaque jour. Il s'agit du problème central de votre vie quotidienne. Vous êtes à l'aise, vous faites ce que vous pouvez déjà, parce que vous savez comment cela fonctionne et quel résultat vous pouvez attendre. Le problème maintenant, c'est que ces choses vous ont mis dans votre situation actuelle et vous ont empêché d'avancer. Alors, comment sortir de là ?

Plus facile à dire qu'à faire, mais : En faisant les choses différemment de ce que vous avez fait auparavant. Différent ne signifie pas nécessairement meilleur. Tu ne sais pas si ça ira mieux si tu le fais différemment. Mais tu sais qu'il faut que ce soit différent pour que ça aille mieux. Des moyens en langage clair : Changez votre quotidien ! Ce n'est pas si mal ce que tu fais en ce moment. Cela ne semble pas suffisant pour faire de réels progrès. Faites plus, faites mieux, faites plus souvent. Exemple simple : Si vous voulez perdre du poids et que chaque régime a échoué jusqu'à présent, vous devez changer quelque chose à ce sujet. Faites un peu plus de sport, faites du sport plus intensif, prenez l'escalier au lieu de l'ascenseur. Vous devez changer quelque chose pour obtenir d'autres résultats également.

C'est l'un des principaux obstacles à notre succès : nous faisons la même chose tous les jours, mais nous attendons des résultats différents. C'est comme si tu comptais sur une autorité supérieure. Comme s'il y avait quelque chose entre toi et ton destin. Nous savons tous les deux à quel point c'est réaliste. Pour cette raison, il n'y a aucun moyen de faire les choses différemment qu'avant. Pas seulement tout ce qui est différent. Cela n'aboutit pas à un résultat significatif. Nous avons appelé cette méthode "DOE - Design of Experiments" dans le domaine de la gestion de la qualité en chimie et elle peut également être utilisée à merveille dans la vie quotidienne.

L'EOD décrit un processus qui dépend de plusieurs paramètres. Par exemple, une réaction chimique qui dépend de la pression, de la température et de la quantité de la substance. Si les conditions de réaction que nous avons sélectionnées précédemment ne conduisent pas au résultat souhaité, il est possible d'ajuster et de modifier ces paramètres pour obtenir leur influence sur le résultat de la réaction. Supposons que nous changions tout, c'est-à-dire les trois paramètres de réaction (pression, température, quantité de substance). Maintenant la réaction fonctionne ! Nous recevons le résultat souhaité. C'est très réjouissant sur le premier point, mais pas nécessairement sur le second. Parce qu'il est possible que nous ayons choisi une quantité de matériau beaucoup trop élevée et une température beaucoup trop élevée par rapport à ce qui serait réellement nécessaire. Peut-être que 80°C est suffisant au lieu des 140°C utilisés actuellement. Le problème, c'est que la différence de température que nous avons trop réchauffée nous coûte de l'argent. Pour un petit mélange réactionnel peut-être encore négligeable, pour un grand appareil d'un volume de mille mètres cubes déjà des centaines à des milliers d'euros. Cela signifie qu'une entreprise chimique peut économiser beaucoup plus d'énergie si elle avait su que les 80°C seraient déjà suffisants pour conduire la réaction respective au résultat souhaité. Peut-être que la température n'avait même pas besoin d'être réglée aussi haut, peut-être que seule la quantité de substance était décisive. Nous ne pouvons plus le découvrir aussi facilement par la suite, car nous avons immédiatement vissé tous les paramètres du processus.

Le plan d'expériences décrit maintenant que dans un processus qui dépend de plusieurs variables ou paramètres, vous changez successivement les uns après les autres et considérez l'effet sur le résultat. Cela nous donne une image beaucoup plus précise et nous dit de quoi le résultat dépend le plus. Nous ne modifions donc qu'un seul paramètre étape par étape pour voir quel résultat nous obtenons. Nous économisons ainsi de l'énergie qu'il nous faudrait dépenser inutilement pour modifier tous les autres paramètres en même temps (probablement inutilement) et nous obtenons un principe de cause à effet clair comme du cristal.

Qu'est-ce que cela signifie concrètement pour votre vie ? Si vous voulez des résultats différents, vous devriez faire quelque chose de différent. Mais tout n'est pas différent maintenant. Parce que cela conduit aussi à une perte de temps et d'énergie de votre part. Alors peut-être que vous changez des choses dans votre vie quotidienne qui étaient importantes quelque part pour vous, pour votre état mental, pour votre motivation. Vous changez trop de choses, et les désagréments qui en résultent entraînent une très grande dépense de temps et d'énergie. D'une part, cela signifie que vous auriez pu atteindre votre objectif plus facilement, que vous auriez pu arrêter et changer des processus déjà existants et couronnés de succès, et que vous ressentez maintenant un manque de motivation dû à la perte inutile de force. Puisque le fait de quitter le confort vous a déjà coûté si cher, vous avez maintenant peu de motivation et d'énergie pour continuer.

Exactement ce phénomène est à l'origine de l'affirmation : pas à pas ! Déjà entendu dire que quand quelqu'un vous enseigne quelque chose, il vous dit "pas à pas" ? D'abord l'un, puis l'autre ? Un pied devant l'autre ? Apprendre à se tenir debout et à marcher avant de commencer à courir ? C'est la psychologie derrière tout ça. Ne faites pas de grands pas, commencez petit, mais ensuite commencez vraiment ! Sinon, vous prendrez le relais, vous perdrez force et motivation, ce qui peut augmenter l'élan d'abandon pour vous.

Fais quelque chose de différent de ce que tu as déjà fait. D'abord une chose, puis l'autre, et ainsi de suite. Cela vous amène à vous rendre compte des changements que cela apportera dans votre vie, vous pouvez estimer s'il s'agit de changements positifs ou négatifs et, si nécessaire, optimiser les processus ou, si vous réalisez qu'ils sont mauvais pour vous, les ramener à leur état initial ou les laisser de côté.

Et que signifie concrètement faire la différence ? Il suffit de faire quelques petites choses un peu plus, d'investir un peu plus de temps, de réfléchir un peu plus intensément, d'informer un peu plus.

Sois honnête avec toi-même !

Qu'attendez-vous de la vie, que voulez-vous réaliser pour vous-même, votre famille, vos amis ? Tu veux continuer à vivre ta vie comme tu le fais maintenant ? Vos mots, ce que vous voulez avoir, ce que vous voulez réaliser, ce que vous êtes capable de faire, all´ qui part en fumée parce que vous n'êtes tout simplement pas prêt à quitter le confort et enfin faire quelque chose de votre vie ! Vous critiquez les autres, vous vous plaignez de la politique, de la société, vous osez prendre position, vous osez critiquer les autres et leurs objectifs. Mais pourquoi tu fais ça ? Parce que tu te vois dans une meilleure situation ? Je ne crois pas, non. Parce que vous avez eu de l'expérience et que vous en avez tiré profit ? Je ne pense pas...

Vous êtes actuellement trop pris au piège dans votre cosmos et vous attendez toujours un cadeau du ciel pour vous réveiller riche et en bonne santé demain. Réveillez-vous ! Maintenant. Vous pouvez vous réveiller avec la même probabilité demain aussi gravement malade et amèrement pauvre. J'espère qu'aucune de ces choses n'arrivera. Pour l'un, vous pouvez faire quelque chose, pour l'autre, vous devez absolument faire quelque chose ! Là où tu es maintenant, tu es seulement parce que tu as fait ce que tu faisais avant. Peu importe ce que vous avez réalisé jusqu'à présent ou ce que vous n'avez pas réalisé. Les deux ne sont que le produit de cela. Sois honnête avec toi-même : Vous rêvez de vacances, d'un travail qui vous comble, d'une maison qui vous donne sécurité et sécurité, d'une famille qui vous donne l'amour, et que faites-vous spécifiquement pour cela ? Sois honnête avec toi-même ! Qu'est-ce que tu fais exactement pour ça ? Vous espérez un avenir meilleur sans rien faire aujourd'hui. Vous espérez une heureuse coïncidence. Tu sais ce que je pense de ça. S'il n'est pas encore venu, pourquoi viendrait-il demain ou après-demain ? Le moment qui vous rend soudain riche et heureux ? D'autres personnes qui, selon vous, ont une bonne vie ont-elles de la chance ? Est-ce que tout ce qu'ils ont construit sur le bonheur ? Quelle est la probabilité qu'après un moment de bonheur, vous recevrez un autre moment de bonheur si vous avez attendu en vain le premier moment de bonheur pendant plus de 10, 15 ou même 20 ans. Si c'est votre plan pour attendre des moments aléatoires de bonheur, alors vous pouvez éprouver cinq, six ou sept moments de bonheur dans votre vie entière. C'est ça, c'est ça ! Vous ne vivrez pas beaucoup plus de moments de bonheur parce que vous ne les reconnaîtrez pas en premier lieu. Et parce que tu ne le mérites pas. Plutôt bourré quand on a toute sa vie à bricoler, hein ? Attendre une vie entière pour un maximum de sept moments de bonheur. Cela nous rappelle la situation dans la roue du hamster : six jours par semaine en attendant le septième jour à venir, quand vous pouvez faire ce qui vous rend heureux. Ce n'est pas de la discipline, c'est de la folie. Sois honnête avec toi-même ! Sois honnête avec toi-même pour une fois ! Qu'est-ce qui vous motive vraiment ? Qu'est-ce qui te rend heureux ? Pourquoi tu te lèves le matin ? Que souhaiteriez-vous si vous aviez trois vœux ? Ecrivez ces trois voeux !

1

2

3

Qu'avez-vous fait efficacement jusqu'à présent et qu'est-ce que vous faites aujourd'hui pour que vous puissiez vivre ce souhait demain ? Vous ne remarquez rien ? Exactement ! Et c'est pourquoi nous allons tout changer aujourd'hui. Vous commencerez aujourd'hui à déterminer votre avenir, à vivre après-demain comme vous l'imaginez.

Avant que quelque chose ne change, il faut changer quelque chose !

Là où vous en êtes, vous y êtes arrivé en faisant ce que vous avez fait jusqu'à présent. Cela signifie que votre avenir est toujours le produit de ce que vous faites aujourd'hui. Vous avez un emploi aujourd'hui parce que vous avez terminé un apprentissage ou un diplôme hier. Vous vivez là où vous avez signé le bail hier. Notre aujourd'hui est toujours, sans aucun doute, le produit de ce que nous avons fait hier. Si vous avez fait la lessive hier, vous pouvez porter des t-shirts fraîchement lavés aujourd'hui. Donc, si vous ne repassez pas votre linge aujourd'hui, vous ne pourrez pas mettre une chemise repassée demain. Tu repasses aujourd'hui ? Sinon, vous n'avez aucun moyen d'en profiter demain. Vous pouvez faire repasser vos vêtements, mais vous devrez en payer le prix. Le repassage, c'est comme la vie. Ce que vous n'êtes pas prêt à faire aujourd'hui, vous ne pourrez pas en profiter demain. Ce que vous n'étiez pas prêt à faire hier, vous ne pouvez pas le savourer aujourd'hui. Est-ce que cela a du sens ? Pourquoi cela a-t-il un sens pour vous, mais dans votre vie, vous la regardez complètement différemment ? Pourquoi êtes-vous mécontent de ce que vous avez aujourd'hui alors qu'hier vous n'étiez pas prêt à en faire plus pour cela ? Et pourquoi souhaiteriez-vous que demain soit mieux si vous n'êtes pas prêt à changer quoi que ce soit aujourd'hui ? Il y a une grossière erreur de logique. Tu ne peux pas faire ça. Mais ne vivez-vous pas votre vie exactement de telle sorte que vous pensez que demain sera meilleur sans que vous ne fassiez rien de concret pour elle aujourd'hui ? Vous vivez au jour le jour, vous vivez le même quotidien, encore et encore, encore et encore, et vous pensez que demain quelque chose va changer, comme par magie. Les lois de la nature vous promettent haut et fort que cela ne fonctionnera pas. Et à quand le moment où vous comprendrez cela ? Combien d'années faudra-t-il encore pour te le montrer ? Vous vous rendez vite compte qu'un feu est chaud. Que tu ne seras pas riche demain si tu ne fais rien, pas avant aujourd'hui. La seule façon de changer quelque chose, c'est si tu changes quelque chose. On ne peut avoir une vie meilleure que si on s'améliore soi-même. Comment vas-tu mieux ? En arrêtant de faire ce que tu fais toujours, mais tu n'arrives à rien. Cela ne veut pas dire que vous n'avez plus de temps libre ou que vous ne célébrez plus de succès. Ils sont importants pour que vous puissiez profiter de ce que vous avez accompli. Mais arrêtez de faire des choses qui ne vous rendent pas heureux ou qui ne vous donnent pas satisfaction à court terme, mais qui ne vous rendent pas plus heureux à long terme. Ce sont les analgésiques que vous devriez consommer le moins possible.

Votre réflexion jusqu'à présent vous a mené là où vous en êtes maintenant. Ça ne changera plus grand-chose. Il n'est donc que trop logique que vous deviez aussi changer votre façon de penser, vos actions, vos idées, si vous voulez avoir une autre vie. Un beau proverbe dit :

Je ne sais pas si c'est mieux quand c'est différent. Mais je sais qu'il faut que ce soit différent pour que ça aille mieux.

Peu importe ce que vous pensez de ce genre de citations. Aucune phrase ne décrit ce phénomène aussi bien que celle-ci. Ecrivez cette phrase, lisez-la tous les matins et tous les soirs. Dis-le à voix haute. Et vous verrez que votre façon de penser change.

Faites ce que vous aimez ou aimez ce que vous faites

Je n'ai pas besoin de mâcher quelque chose que tu sais déjà. Vous savez par vous-même que vous êtes souvent très bon dans ce que vous aimez vraiment faire. Tout simplement parce que vous avez ici beaucoup d'amour pour le détail et que vous vous efforcez de le faire bien. Tout simplement parce que vous l'appréciez. C'est évident aussi. Ce n'est plus un secret et même prouvé scientifiquement que la performance et les résultats des gens qui font ce qu'ils aiment sont en moyenne meilleurs que ceux qui font quelque chose comme un moyen d'arriver à une fin. C'est ce que l'on sait. Et logique, aussi.

Mais quel est l'intérêt ? Beaucoup vous recommandent encore et encore : Faites ce que vous aimez ! Et si tu le fais, tu trouveras toujours un moyen de gagner ta vie. Je pense que c'est en partie vrai, mais je ne suis pas complètement convaincu. Il y a deux choses qui me dérangent : vous pouvez sûrement gagner de l'argent agréable avec presque n'importe quelle idée, mais il faut plus qu'une simple passion. Cela nécessite une idée d'entreprise correspondante, l'opportunité et l'environnement pour gagner de l'argent avec elle. Certes, c'est possible, mais ce n'est pas aussi simple qu'on le suggère. Je pense cependant que le lecteur attentif le sait déjà.

Le deuxième point est le suivant : Qu'est-ce que tu aimes faire de toute façon ? Tu es au courant au moins de ça ? Tu sais ce que tu rends vraiment passionné ? A part dormir, manger et faire la fête ? Certes, il y a ici des possibilités de générer un revenu mensuel, mais les idées doivent devenir plus abstraites. Je suis convaincu que nous ne sommes souvent pas conscients de tout ce que nous aimons faire. Je pense que cela se produit souvent inconsciemment parce que c'est devenu une routine quelque part. Si ce n'est pas le cas avec vous, tant mieux, alors vous pouvez écrire les choses que vous aimez faire ici :

-

-

-

Si ce n'est pas le cas, alors vous devriez penser, du mieux que vous le pouvez, aux quatre dernières semaines dans votre esprit et considérer ce que vous avez fait encore et encore pendant ces quatre semaines. Parce que souvent vous faites ce que vous aimez, même entre les deux, sans les apprécier consciemment. Mais vous l'associez à une sorte de compensation, c'est bon pour vous. Et c'est pourquoi cette occupation se produit encore et encore. Et maintenant, se souvenir du passé est censé vous aider à retrouver ces processus. Et non, dormir ne compte pas.

-

-

-

C'était maintenant la variante simple. Il y a aussi des choses que vous aimez faire, mais qui n'arrivent pas souvent ou qui ne peuvent pas toujours être faites directement à la seconde, par exemple skier, jouer au football, nager, etc.

Occupez-vous des choses que vous aimez faire, parce que ce sont aussi des activités que vous pouvez très bien faire. Bien sûr, cela vous aide énormément à créer une réelle valeur ajoutée. Pour vous, ou pour les autres. Déjà vos réflexions recueillies ici vous aident à vous consacrer à vos passions.

Une autre façon est d'aimer ce que vous faites. Tu fais assez de choses, jour après jour. Même si vous ne le percevez pas consciemment, ou si vous le faites juste sur le côté. On fait toujours quelque chose, même quand on ne fait rien, on fait quelque chose. Rien ! Cette autre approche exige que vous développiez une passion pour les choses que vous faites déjà. Que ce soit en repassant ton haut. C'est peut-être un travail que tu n'aimes pas du tout. Cependant, vous pouvez essayer d'inclure des facettes qui rendent cette tâche plus intéressante pour vous. Vous pouvez essayer d'en faire votre propre défi en repassant plus facilement ou plus rapidement de jour en jour. Ou, vous associez cette activité à quelque chose d'autre qui vous donne des sentiments positifs. Par exemple, écouter de la musique, chanter, danser, regarder une série, enregistrer des podcasts, écrire des messages vocaux, utiliser des applications voix-texte pour écrire vos pensées créatives. Ici aussi, les possibilités sont suffisamment abstraites. Mais aussi divers que vous pouvez en avoir besoin. Pensez donc à ce que vous pouvez associer aux tâches pour les rendre plus belles. Peut-être que cela vous amènera à vous réjouir de cette activité maintenant, afin que vous ayez le temps de vous adonner à un de vos passe-temps ou que vous puissiez simplement prendre ce temps pour vous. C'est juste une façon de voir les choses et une habitude.

Faites ce que vous aimez, ou aimez ce que vous faites. Vous avez le choix entre les deux !

Mais si... ?

...certaines choses sont incroyablement difficiles pour vous, vous avez vraiment peur de quelque chose, vous n'en avez pas envie, vous ne pouvez pas le faire ou ou ou.....

Alors faites-le en premier ! Faites-le directement. Pas de pensée, pas de discussion. Si c'est faisable, faites-le directement. Même si ce n'est peut-être pas la décision la plus sensée pour mener à bien ce processus directement et le préférer à d'autres, c'est quand même la bonne décision. Pour la simple raison que ce processus est par ailleurs trop lourd et trop paralysant. La raison psychologique ici est la raison vraiment décisive ! D'une part, vous retardez inutilement ce processus, ce qui retarde vos progrès. D'un autre côté, la pensée de choses désagréables vous accablera probablement beaucoup plus qu'il ne vous en coûterait la force de le faire directement. C'est un phénomène très courant : les choses que vous n'aimez pas faire, vous les remettez à plus tard. Mais si cela doit être fait, ou devrait être fait, parce que c'est bénéfique, alors encore une fois, ce n'est qu'un soulagement temporaire que de remettre ces choses devant vous. L'idée qu'il faut le faire vous accable probablement beaucoup plus que si vous vous contentez de vous y attaquer. En termes de temps, il vous faudra probablement encore moins de temps pour l'implémenter directement, au lieu de le retarder davantage. Et : Le résultat est devant vous. Vous en avez donc profité doublement. C'est tout, alors.

C'est pourquoi un conseil très important de ma part est : ne mettez pas sur la table des choses qui sont désagréables pour vous, mais faites-les directement, immédiatement, immédiatement ! A la première heure ! Si cela ne brise pas tout votre concept, faites-le maintenant ! Vous en bénéficierez plus que si vous envisagiez toute autre solution. Faites-en votre maxime de faire les choses qui vous dérangent le plus en ce moment ! Grâce à cette approche, vous réaliserez très rapidement qu'il n'y aura bientôt plus de difficultés pour vous ou que vous reporterez quelque chose parce que c'est inconfortable parce que vous regardez maintenant tous les processus de la même façon. Ils obtiennent tous la priorité appropriée et ne sont pas retardés par des désagréments. Ai-je mentionné que c'est ce point de cette approche qui vous profite ? Toutes les tâches reçoivent la priorité que vous leur accordez. Il n'y aura donc pas d'incohérences dans votre emploi du temps.

La différence entre le prix et la valeur

Un prix est toujours quelque chose que vous devez payer. Une valeur est toujours quelque chose que vous recevez. Le prix et la valeur sont relatifs et dépendent toujours du spectateur.

Le prix est souvent la barrière à l'entrée. Un obstacle qu'il faut surmonter. Si vous voulez acheter un produit ou un service, vous devez en payer le prix. Si vous ne payez pas le prix, vous ne recevrez pas le produit ou le service. Vous mettez toujours le prix en relation avec la valeur que le produit ou le service vous apporte. La question : "Est-ce que ça en vaut la peine pour moi ?" décrit exactement ce phénomène. Le prix est-il approprié à la valeur qu'il a pour vous ? Nous nous sentons bien et nous sommes plus disposés à accepter cet échange si la valeur pour nous semble plus élevée que le prix que nous avons à payer pour cela. Un échange de rang égal ne s'accompagne généralement que d'une grande considération. Si le prix est supérieur à la valeur que nous imaginons, la transaction éclate généralement pour nous.

Tout dans la vie a un prix. Pour certaines choses, vous devez renoncer à quelque chose, pour d'autres, vous devez dépenser quelque chose, pour d'autres, vous devez surmonter quelque chose. Si vous voulez réaliser quelque chose, vous devez en payer le prix. Le prix à payer peut être aussi différent que vous pouvez l'imaginer, une fois que le prix peut vraiment être de l'argent comptant, parfois c'est surmonter la peur ou la paresse, parfois c'est l'inconvénient d'abandonner des choses auxquelles on s'est habitué. Payer un prix ne signifie pas seulement dépenser de l'argent. Et avant de payer un prix, nous évaluons la valeur que le résultat de notre transaction nous apporte. Pour nous, la valeur est le seul facteur décisif. Cependant, essayez de vous rendre compte qu'il y a une différence significative entre le prix et la valeur. Il est important que la valeur de quelque chose passe toujours par le spectateur et non par le processus de création ou la chaîne de valeur d'un bien. La valeur de quelque chose réside uniquement dans la valeur (ajoutée) pour l'individu. Essayez de voir la valeur des choses avant de regarder le prix.

En voici un exemple simple : Quelle est la valeur de l'eau ? Et à quel prix l'eau est-elle vendue ? La valeur n'est pas déterminée par la distance à laquelle l'eau doit s'écouler dans les conduites, par les vallées et les montagnes qu'elle traverse ou par la source d'où elle provient. Toutefois, le prix fixé pour le grand public est déterminé précisément par ces facteurs. Cependant, la valeur de l'eau varie complètement d'une personne à l'autre et d'une situation à l'autre.

En voici un exemple simple :

Un randonneur part à la découverte de l'immensité infinie du désert. Cependant, ses réserves d'eau sont déjà épuisées dès les premiers jours, de sorte qu'il souffre d'une forte soif dans les jours à venir et ne trouve aucune possibilité de boire. Soudain, une deuxième randonneuse arrive qui est sur le chemin du retour et qui a encore des dizaines de litres d'eau dans ses bagages. Elle s'est mal jugée et a pris beaucoup trop avec elle. Donc maintenant elle doit tout ramener en arrière.

Lorsque ces deux randonneurs se sont rencontrés, le randonneur assoiffé a remarqué les grandes réserves d'eau du randonneur. Il lui demande ce qu'elle veut pour un litre d'eau. Le vagabond peut maintenant demander n'importe quel prix qu'il est prêt à payer, car l'eau a une valeur inestimable pour lui en ce moment. Pour le randonneur, l'eau n'est plus trop précieuse, car il est déjà en ville depuis quelques jours et n'a plus besoin d'eau. Au contraire : pour vous, l'eau est un fardeau que vous devez encore porter dans la ville. La même eau que le randonneur possède et que le randonneur assoiffé veut a donc beaucoup de valeur en même temps et ne vaut pas grand-chose. Le prix ? Cela dépend des compétences, de la bonne volonté, mais aussi des capacités de négociation du randonneur.

Vous voyez que le prix et la valeur sont toujours relatifs. Ils dépendent également de la situation dans laquelle vous vous trouvez actuellement. Il est important que vous considériez la valeur pour vous des choses que vous rencontrez ou que vous rencontrerez chaque jour. Tout aura son prix. Payez le prix si la valeur est plus élevée pour vous. Alors peu importe le prix. Si la valeur est plus élevée, il s'agira toujours d'une transaction rentable pour vous.

Réfléchissez bien à ce que les choses valent pour vous. Mais alors, soyez prêt à renoncer à certaines choses ou, si elles ont vraiment du sens pour vous et vos progrès, payez le prix, même si c'est élevé. Si vous trouvez ce prix approprié dans cette situation, payez-le.

Quelle est la condition absolument la plus importante pour devenir financièrement libre ?

Il est important que vous, en plus de all' ces questions pourquoi, également obtenir les questions comment répondre. Et un facteur est aussi l'argent, qui est lié à l'atteinte de votre objectif. Je suis convaincu que même si vous ne voulez pas faire beaucoup d'argent, vous devriez tout de même viser la liberté financière, parce qu'elle peut rendre tout le reste possible pour vous dans ce monde. L'argent est et demeure la ressource financière la plus liquide en tant qu'objet d'échange de biens et de services. Cela signifie quels que soient vos objectifs : L'argent jouera certainement son rôle dans certains domaines. C'est pourquoi nous devrions voir comment nous pouvons vous stabiliser financièrement.

Alors, quelle est l'exigence la plus importante ? Pas de l'argent. Ce serait un peu trop facile. L'argent qu'on reçoit et l'argent qu'on reçoit quand on est riche. Il y a un dicton qui dit : "Celui qui a de l'argent aura de l'argent". Et il y a une raison simple à cela. Parce que si vous avez réussi à construire une certaine prospérité, cela montre que vous pouvez gérer l'argent. Pour cette raison, il sera plus facile pour les riches de faire de l'argent. Ils disent : "Enlevez les millions d'un millionnaire, et dans peu de temps, il redeviendra millionnaire". La manipulation de l'argent est le seul facteur décisif.

L'argent est donc important pour être et devenir riche. Le plus important, cependant, est de savoir comment y faire face. Comment gérez-vous l'argent ? L'élément le plus important à cet égard est en effet votre état d'esprit et la gestion de l'argent qui y est associée. L'argent est comme un pommier. Ils doivent d'abord s'occuper des graines et ensuite de la première croissance. Plus tard, vous pourrez cueillir vos pommes dans l'arbre sans avoir à faire grand-chose pour elles. Mais vous devez planter l'arbre et le faire pousser vous-même.

Pourquoi est-ce encore plus important que de simplement faire de l'argent d'une façon ou d'une autre ? La réponse est évidente : Parce que votre état d'esprit vous fait faire des choses qui vous rendent riche. Votre état d'esprit est responsable de la recherche d'opportunités, de la recherche d'opportunités, de la prise de recul, de la maximisation et de la célébration du succès.

C'est le fait le plus gênant de tout ce que nous pouvons imaginer. Parce que c'est quelque chose d'intangible, quelque chose que vous ne pouvez pas acheter, emprunter ou simplement trouver quelque part. Cet état d'esprit est plutôt une chose très abstraite que nous rencontrons lorsque nous nous en occupons abondamment. Il faut trouver une solution. Cela semble très irréaliste, parfois même superficiel et peu productif. Si vous pensez que ce n'est rien d'autre qu'un bavardage, alors je peux très bien vous comprendre. Et si vous ne le pensez pas, alors je vous comprends très bien. Parce que j'ai en effet fait l'expérience des deux côtés, afin de pouvoir me faire ma propre impression à la fin. Et vous devriez en faire autant.

Cet état d'esprit qui vous aide à devenir riche est très important pour la raison que vous êtes très ouvert à votre environnement. La plupart du temps, cela n'aide pas si vous passez des nuits à réfléchir sur quel produit inventer, créer un best-seller, et gagner des millions. Habituellement, ce sont les petites choses qui vous arrivent où vous pensez que vous pouvez faire quelque chose plus rapidement, plus facilement ou même mieux que quelqu'un d'autre. C'est ainsi que naît la première idée.

Outre l'idée de fonder, de créer ou de réaliser quelque chose, vous êtes ouvert à de nouvelles idées. De nouvelles idées, de nouvelles personnes, de nouvelles opportunités. Tout cela n'arrive que si vous avez une visière ouverte. Qui sait si le prochain contact que vous prendrez ne vous transformera pas en une entreprise géante ? Peut-être cette personne cherche-t-elle quelqu'un avec qui elle peut réaliser un grand projet ? Soyez toujours ouvert à de nouvelles choses, reconnaissant pour chaque opportunité, cela pourrait changer votre vie.

Le point le plus important dans votre état d'esprit est le suivant : En train de faire ! Ce fait est présent dans toute votre vie. Faites-le ! Fais-le, c'est tout ! Quelle que soit votre idée : S'il n'est pas complètement éteint, il a un très grand potentiel. Il y a certainement d'innombrables personnes qui seraient intéressées par ce que vous faites. Jetez un coup d'œil à la diversité de nos cultures, de nos produits, de nos aliments. Pourquoi existe-t-il des millions de variantes différentes d'un même produit ? Il y aura toujours des gens qui valorisent l'extravagance, qui soutiennent des idées folles ou qui attendent votre idée. Mais la chose la plus importante à faire pour votre succès est de le faire ! Tu dois le faire. Il faut commencer et aller jusqu'au bout. Il m'a fallu trois tentatives pour écrire ce livre jusqu'à ce que je sache vraiment que je devais le faire parce que je veux aider les gens qui ont perdu leur courage ou qui ne veulent simplement pas vivre leur vie normale. Fais-le, c'est tout. En attendant, il ne se passera rien. Rien du tout ! Zéro ! Ça ne va pas changer. Personne ne viendra demain pour bâtir votre entreprise et vous la donner. Vous vous réveillez demain comme vous vous êtes réveillé aujourd'hui et vous allez vous coucher la semaine prochaine comme vous le faites aujourd'hui. Rien ne change du tout. C'est ce que vous n'avez peut-être pas compris avant. Rien ne change tout seul. Tu ne deviens pas musclé tout seul, tu ne t'enrichis pas, tu ne t'améliores pas. Tu dois faire quelque chose. Et parce que c'est inconfortable, vous résistez et vous vous fâchez plutôt que de finalement changer quelque chose. Le moment où vous êtes ennuyé par vous-même, déprimé, insatisfait et même malheureux, cette fois.... prenez-en 50%, et vous pourriez déjà avoir construit tout ce qui vous aurait amené à votre but maintenant. Au lieu de vous lamenter pendant cinq heures à quel point les autres sont bons et à quel point vous êtes mauvais, prenez seulement deux heures avec moi et faites quelque chose de très productif. Alors il te reste encore trois heures pour faire des trucs bizarres.

Vous voulez toujours changer quelque chose ou avoir dit quelque chose a changé, mais vous ne faites rien pour cela. Alors comment quelque chose peut changer ? Saint cadeau ? De la magie ? Foutaises !

La vie que vous vivez maintenant est le produit de ce que vous avez fait jusqu'ici. Alors comment demain peut-il changer alors que vous faites la même chose aujourd'hui qu'hier ? Vous achetez du riz aujourd'hui et vous voulez manger des lasagnes demain. Ça ne marche pas comme ça ! Les années précédentes n'étaient-elles pas assez probantes pour vous montrer que vous ne pouvez pas aller de l'avant avec ce genre de pensée et ce genre de commerce ?

Tu parles toujours de commencer demain. Demain, j'aurai... tort !!! Commencez maintenant ! Pas seulement aujourd'hui, maintenant ! Notez trois choses que vous voulez changer à partir de maintenant !

1

2

3

Notez les changements que cela pourrait apporter pour vous et ce que vous voudrez probablement en retirer. Vous voulez arrêter de fumer ? Écrivez-le ici immédiatement et réfléchissez à ce que vous pouvez faire avec cet argent économisé mensuellement. En cas de doute : Economisez ! Un paquet de cigarettes par semaine peut vous coûter 6 euros. Ça fait 24 euros par mois. Ça fait 288 euros par an. C'est 2880 euros en 10 ans. Pensez à ce que vous auriez pu tirer de cet argent grâce à l'effet des intérêts composés. N'oubliez pas que chaque euro économisé a un impact plus important sur le résultat final des intérêts composés.

Alors, tu as rempli la liste maintenant ? Que voulez-vous changer maintenant et comment cela changerait-il votre vie ? Écrivez-le brièvement et de façon concise, mais de façon à avoir une image claire devant les yeux au premier coup d'œil. Envoyez-moi cette liste par courriel. Dans un mois et dans un an, nous tirerons une conclusion. Tu l'as vraiment changé tout de suite ? Avez-vous fait ce qui était possible ? Sinon, vos objectifs étaient irréalistes, ou vous étiez un fainéant et vous n'avez pas recommencé. Alors tu n'as rien appris de nouveau. Vous trouverez mon courriel à la fin de ce livre.

Avez-vous atteint votre objectif ? Ou presque atteint ? Bon sang, tu as enfin compris et tu as vu comment ça marche. Les choses n'arrivent pas du jour au lendemain. Un succès partiel est aussi un succès. Ils vous rapprochent de votre objectif. Plus près que vous n'avez jamais été capable de passer à travers votre vie de tous les jours perturbée. C'est comme ça que ça marche ! Il n'y a pas de différence ! Vous ne verrez pas vos succès tout de suite demain, mais la semaine prochaine. Et le mois prochain, ils seront encore plus clairs. Et l'année prochaine, il portera ses fruits. Et dans cinq ans, vous verrez que c'était la meilleure décision de votre vie.

Tu dois appuyer sur le bouton. Si vous voulez changer quelque chose, vous devez changer quelque chose. Rien ne se passe tout seul, si ce n'est que la roue du hamster continue de tourner pour vous et que vous mourez un jour ou l'autre. Rien d'autre n'arrive tout seul. C'est très inconfortable, surtout quand on a l'habitude de faire les choses comme on les a faites. Mais tu en veux plus. Vous voulez passer au niveau suivant. Alors vous devez faire ce qui est nécessaire.

Le facteur temps

Combien de fois ai-je entendu dire que les gens n'ont tout simplement pas le temps de faire des choses, de construire quelque chose, de créer quelque chose. Vous avez le temps ? Tu as assez de temps pour faire quelque chose ?

Jeff Bezos, fondateur d'Amazon, l'homme le plus riche du monde... A-t-il plus de temps que vous ? A-t-il 26 heures par jour et vous n'en avez que 24 ? C'est absurde, n'est-ce pas ! Mais alors pourquoi agis-tu comme si c'était le cas ? Combien de temps avez-vous pour créer quelque chose comme Jeff Bezos ? Exactement autant d'heures par jour que lui. Pas une milliseconde de plus ou de moins. Exactement au même moment ! Cela dépend juste de deux petites choses : Ce que vous faites de votre temps et comment vous le gérez. Rien d'autre. L'une concerne l'établissement des priorités, l'autre l'organisation.

L'établissement de priorités signifie que vous accomplissez les tâches et les choses dans un certain ordre. Il existe de nombreux livres utiles sur la façon d'établir des priorités. Un bref résumé de ma part : Commencez par le plus important et le plus urgent et mettez le reste à l'arrière. L'ensemble a deux effets : Tout d'abord, vous ne ferez plus certaines choses qui n'ont que peu d'importance pour vous. Soit y renoncer complètement et oublier qu'ils existaient sans ressentir d'incision dans votre vie, soit simplement les faire plus tard si vous avez pris soin de tout ce qui était important auparavant. Cela vous fait réaliser à quel point cette activité était absurde et combien elle vous a fait perdre votre temps sans ajouter de valeur. Parfois, vous remarquez même que vous en profitez si vous le laissez de côté. Deuxièmement, vous obtenez vraiment les choses vraiment importantes quand vous pouvez obtenir la meilleure performance pour que les choses importantes soient vraiment bien faites. Ce sont des choses qui doivent apporter une grande valeur ajoutée, que ce soit pour vous ou pour les autres.

Comment savoir quelles tâches sont importantes pour vous ou pour les personnes qui vous entourent ? Posez-vous simplement les questions suivantes :

Pourquoi est-ce que je fais ça ?
Qu'est-ce que ça me servira ?
Quels sont les avantages pour les autres personnes qui sont importantes pour moi ?

Combien de temps cela me coûte-t-il ?

Combien d'argent cela me coûtera-t-il et qu'est-ce que je suis prêt à investir ?
Combien de temps et d'argent cela me rapporte-t-il ?
Comment cela m'aide-t-il à atteindre mes objectifs globaux ?

Que se passe-t-il si je laisse cette activité de côté ?
Que puis-je faire de plus à la place ?

En vous posant ces questions, vous tracez mentalement le processus et réfléchissez réellement aux avantages de cette activité. Vous attachez ainsi déjà une certaine importance à chaque activité : Soit plus, soit moins. Et quand c'est moins important, vous l'interrogez automatiquement et pensez à ce que vous pouvez faire à la place. Ainsi, vous appelez tous les processus autant que possible devant votre œil mental et vous les expérimentez consciemment. Le temps que vous investissez dans ces considérations vous fera encore gagner beaucoup de temps. Le potentiel de gagner du temps en classant les tâches par ordre de priorité est énorme.

Commencez à consacrer une grande partie de votre temps à des choses qui vous font avancer, ou du moins qui vous rendent heureux, plutôt que de le gaspiller à des choses qui vous rendent "heureux" pour une courte période. 80% de votre temps devrait le faire. Rien de moins. Les 20 % restants peuvent être utilisés pour d'autres tâches. Pour ceux que vous aimez, même s'ils ne vous mènent nulle part. Cependant, ces temps doivent toujours être vécus consciemment. Conscient de savoir si elles sont bonnes pour vous ou plus susceptibles de brouiller votre vision. En y regardant de plus près, cependant, il s'avère qu'ils ne font souvent que vous tromper en vous faisant croire quelque chose. Assurez-vous qu'il ne s'agit pas de choses si superficielles qu'en vérité, vous n'en tirez aucun bénéfice personnel, objectif ou émotionnel et que vous n'en soyez pas aussi insatisfait qu'avant. Tu t'engourdis juste temporairement pour te distraire de ton vrai plan. Tu n'aimes pas te leurrer, n'est-ce pas ?

C'est maintenant à vous de vous occuper des activités que vous faites pendant la journée et de déterminer le type d'activité que vous faites et la quantité dont vous en avez besoin.

Résultats directs des processus

Et maintenant, malheureusement, j'ai de très mauvaises nouvelles pour vous : et oui, c'est un leurre pour attirer votre attention sur ce qui s'en vient. Alors, toute l'attention et lisez ce que j'écris ici maintenant.

La mauvaise nouvelle pour vous, c'est que malheureusement, tout dans votre vie est soumis à un processus. Et c'est vraiment un problème, du moins c'est ce qu'il semble. C'est un gros problème pour vous. Cela signifie que vous ne pouvez souvent pas changer les choses du jour au lendemain ou que vous ne voyez pas les résultats directement : les habitudes de reprogrammation prennent des jours, voire des semaines, de sorte qu'elles passent facilement par la main et deviennent alors routinières et vous apportent un soulagement. Changer les choses dans votre vie prend des semaines, voire des mois, voire des années. Apprendre à connaître votre partenaire pour la vie prend habituellement des mois ou des années. De plus, le temps qui s'écoule entre la première rencontre et la relation fixe est habituellement un processus plus long. Perdre du poids, prendre du poids, s'entraîner pour un marathon, préparer un repas complexe. Rien ne se passe d'une seconde à l'autre. Mais c'est une bonne chose, car cela nous donne le temps de réfléchir à certaines choses, de les améliorer et, finalement, d'obtenir un excellent résultat. Ce processus fait la distinction entre les faiseurs et les perdants. Les perdants échouent en chemin, non pas parce qu'ils ne peuvent ou ne veulent pas y arriver, mais parce qu'ils sont trop paresseux, trop indisciplinés ou simplement trop démotivés. Et cela, à son tour, est une bonne chose. Parce que l'argent qu'ils ne gagnent pas est celui que nous pouvons gagner encore plus facilement. Les risques qu'ils ne prennent pas sont ceux que vous pouvez prendre maintenant en plus. Et la vie qu'ils ne peuvent pas vivre est la vie que tu peux vivre maintenant. Avant ce livre, vous avez peut-être été l'un de ces perdants qui ont toujours abandonné. Au moins quand il s'agissait des grands projets de la vie. Mais maintenant, vous avez décidé d'être l'un de ceux qui font bouger les choses. Maintenant tu veux changer quelque chose. Maintenant tu vas changer quelque chose !

Les processus sont souvent peu pratiques parce qu'ils ne fournissent pas de rétroaction directe, du moins pas la plupart du temps. L'être humain est habitué par les possibilités techniques entre-temps, directement l'information à recevoir pour recevoir ses ordres le jour même pour obtenir immédiatement des résultats de machine de recherche présentés. Vous n'avez tout simplement plus l'habitude d'élaborer des processus et de recevoir le résultat plus tard. Cependant, nous ne pouvons pas changer certaines choses. Certaines choses, comme les habitudes, l'obésité, l'examen de conduite, ils ne vont pas du jour au lendemain. Vous devez être prêt à travailler pour des choses dont les résultats et les succès ne deviendront visibles que dans un avenir proche. Ce n'est pas confortable, comme rien ici sur cette lecture, parce que vous ne voyez pas directement pour quoi vous faites quelque chose, parce que vous ne sentez pas comment quelque chose change immédiatement. Et c'est pourquoi votre état d'esprit est si important. Parce que vous restez motivé et continuez parce que vous savez que quelque chose va changer. Parce que vous avez confiance en vous-même, dans le processus et les lois de la nature, qu'il y a toujours un principe de cause à effet. C'est la clé qui vous permet d'aller de l'avant, qui vous motive, qui vous permet de garder le ballon, et c'est le facteur qui vous fait réussir.

Sur 82.000.000.000 de personnes en Allemagne, il y a 1.000.000 de millionnaires. Pas parce qu'ils sont particulièrement talentueux ou particulièrement chanceux, non. Mais parce qu'ils ont compris que les choses sont soumises à des processus et que ces processus sont les facteurs décisifs. Ils ont compris qu'aujourd'hui, il faut faire quelque chose pour vivre dans la prospérité dans cinq ans. Ils comprennent qu'ils travaillent pour quelque chose qui ne sera pas terminé demain, mais que dans cinq ans, cela rendra possible une vie dont ils rêvent maintenant, et que cela durera jusqu'à la fin de leurs jours.

Certaines choses dans ce livre peuvent sembler un peu abstraites. Et si vous en parlez à d'autres personnes, il se peut que ces personnes n'en aient pas la moindre idée, qu'elles considèrent cela comme superficiel et qu'elles s'en moquent peut-être. Je pense que vous devriez leur recommander quelque chose au sujet de leur vie ou peut-être lire ce livre s'il vous a aidé. Parce qu'il y a une raison pour laquelle seulement 1 million de personnes sur 82 millions en Allemagne sont millionnaires, et non l'inverse. Cela montre que pour 82 personnes, il n'y a qu'une personne qui pense comme vous. Alors, qui es-tu censé écouter ? Le grand public, la majorité ? Je suis sûr que non !

Vous avez déjà fait l'expérience que beaucoup de gens pensent comme vous avez pensé et beaucoup de gens vivent comme vous avez vécu. Mais comme tu ne veux pas vivre comme tu l'as fait, tu dois changer quelque chose. Même si c'est inconfortable, même si ça semble parfois trop lourd pour vous. Rappelez-vous : 1 de 82, si vous ne voulez pas appartenir au 81, mais vous y avez appartenu avec votre façon de penser jusqu'à présent, alors essayez de considérer si le 1 de 82 a peut-être fait quelque chose de différent, considérez s'il n'a peut-être pas eu les mêmes pensées que vous, et puis simplement fait quelque chose de différent qu'hier, afin de changer son lendemain. Pensez à ce que vous pouvez changer pour ne pas être l'une des 81 personnes, mais différente de 81 personnes.

Vois ça comme un jardin : Vous arrosez les racines tous les jours parce que vous savez que leurs bulbes ou bourgeons finiront par devenir de belles fleurs. Parce que vous avez déjà vu qu'ils existent et parce que vous comptez sur la nature des choses. Le principe de causalité. Même si vous ne voyez toujours rien aujourd'hui, vous arrosez ces racines jour après jour, de sorte que dans quelques semaines, une belle prairie fleurie en sortira. Alors arrosez vous, tous les jours, afin qu'une personne heureuse puisse émerger de vous dans un court laps de temps.

La chance existe-t-elle ?

Ouais, la chance existe. Mais non, ce n'est pas ce que les paresseux veulent dire par là. Qu'est-ce que les paresseux comprennent par là ? Ils imaginent que le bonheur est quelque chose comme le destin. Une puissance supérieure, une circonstance qui vous arrive simplement (mais surtout à l'autre personne) et qui rend les autres heureux et réussit. Comme par magie, par une puissance supérieure. Destiny. Il semble que vous n'ayez aucun contrôle sur lui. Donc ça arriverait comme ça. C'est une pure coïncidence. Et si la coïncidence est positive, alors c'est la chance ! Pas seulement la chance, le destin. Et le mauvais côté de ce destin heureux, c'est qu'il n'arrive qu'à l'autre. Jamais à toi-même ! Tu n'as jamais de chance. Toujours les autres ! Les autres ont des parents riches, de meilleures conditions de vie, un meilleur patron, un salaire plus généreux. C'est généralement une question de chance. Associez-vous ces choses en partie au bonheur ? Si c'est le cas, vous avez dans votre tête une erreur de pensée d'une telle ampleur, que nous devons tout d'abord corriger de toute urgence. Et c'est très important, alors parlons franchement.

L'adjectif au bonheur est heureux. Tu sais ce que c'est d'être heureux. Quelque part vers satisfait, comblé. Donc, vous avez si chanceux si tu as de la chance. Tu es jaloux quand tu as de la jalousie. N'est-ce pas ? C'est vrai, c'est vrai. Eh bien, nous avons déjà la solution. Le bonheur n'est pas ce qui nous arrive, le bonheur est ce que nous ressentons, ce qui se passe en nous. Ainsi, les circonstances extérieures ne peuvent jamais être le bonheur, le bonheur ne peut être ressenti qu'en nous. Ça a l'air très spirituel, mais ça ne l'est pas du tout. Le bonheur est un concept émotionnel, pas un processus externe.

Votre petite amie a reçu l'offre de son patron la semaine dernière d'aller en Thaïlande. Elle a de la chance qu'on lui offre ça. Votre collègue n'a malheureusement qu'une peur incroyable de l'avion et pense qu'elle ne peut pas annuler ce vol, car sa réputation ou même son emploi en dépendent. Elle a toujours de la chance ? Elle est toujours dans un endroit heureux ? Voyez-vous, tout est une question d'interprétation. Le bonheur est donc aussi une question d'interprétation. Les paresseux décrivent les choses comme le bonheur, pour lequel le travailleur s'est battu avec acharnement par un travail constant. La personne paresseuse voit le bonheur dans les choses que les autres ont qu'elle veut faire elle-même, mais qu'elle n'est pas prête à faire ou même à abandonner. Le prix est trop élevé pour lui pour ce "bonheur". L'homme paresseux ne voit pas quel travail l'homme travailleur met dans sa vie, tandis que d'autres ne regardent pas. Le paresseux voit la pointe de l'iceberg, tandis que le travailleur nage vers le fond.

Ce que vous voyez comme du bonheur n'est rien de plus qu'une excuse pour passer sous silence votre situation afin de mal juger vos objectifs réels et d'engourdir les malaises qui y sont associés. Le bonheur n'est presque pas un mot. Il juge mal le travail des braves et des travailleurs. Il insulte les fabricants. Le bonheur devrait être retiré de notre vocabulaire. Le bonheur est la seule chose qui peut être utilisée. Ou devrait être utilisé.

Qu'est-ce qui t'arrive ? Parce que le bonheur semble signifier quelque chose de différent pour différentes personnes. Nous sommes certainement d'accord sur certaines choses parce que nous pourrions avoir des objectifs ou des motivations similaires. Cela signifie aussi que nous pourrions parfois rechercher le même état de bonheur. Mais si on y regarde de plus près, alors le bonheur signifie quelque chose de différent pour toi que pour moi. Et c'est scientifiquement prouvé ! Le bonheur n'est toujours que du bonheur dans l'œil, car on ne sait jamais ce qu'il y a dans les désirs de son homologue, ce qui l'inquiète, ce qu'on appelle le bonheur, et ce qui se passe dans sa tête. Puisque chaque personne pense et est différente, le bonheur est toujours défini différemment.

Le bonheur est donc plutôt l'attitude intérieure. Et cela se transformera probablement en un état heureux si vous regardez les choses d'une telle manière qu'elles peuvent signifier le bonheur pour vous. Il se peut donc que vous ayez eu la chance de rater ce train parce que vous y avez peut-être fait la connaissance d'une personne très désagréable qui vous dérangeait. Il se peut que vous ayez de la chance de ne pas avoir obtenu le poste parce que vous avez trouvé une toute nouvelle annonce d'emploi qui vous emmène beaucoup plus là où vous voulez aller. Votre concept du bonheur devrait aussi pouvoir se réorienter. Le bonheur, c'est donc aussi s'adapter à l'évolution des circonstances.

Cela signifie aussi que notre attitude intérieure à l'égard du bonheur influence le nombre de moments heureux que vous vivez. C'est logique, n'est-ce pas ? Le bonheur peut être une prophétie auto-réalisatrice, le bonheur dépend de votre attitude envers le bonheur. Êtes-vous d'accord avec moi ? Alors j'ai de la chance que tu sois d'accord avec moi. Parce que je suis heureux quand je peux te donner ce que le bonheur signifie vraiment.

Le bonheur n'est pas non plus le destin, surtout pas la coïncidence. Comme vous venez de le voir, c'est toujours un produit de votre attitude intérieure. De même, vous avez certainement compris que le bonheur ne signifie pas la même chose pour tous. Alors comment le bonheur peut-il être le destin ? Ou une coïncidence ?

Alors vous supposez qu'une autorité supérieure gouverne votre vie. Cette façon de penser n'est justifiable que si vous êtes croyant. Que tu le sois ou non, ça n'a pas d'importance en ce moment. Mais peu importe si vos croyances se contredisent. Le bonheur est purement déterminé par votre attitude intérieure. Et est-ce que quelqu'un d'autre contrôle ton attitude à part toi ? Est-ce que cela détermine aussi une instance supérieure ? Si oui, alors vous êtes un croyant très strict. Si vous pensez que c'est seulement vous qui décidez, et que cette attitude intérieure détermine à son tour le bonheur et le malheur, alors vous décidez finalement si vous êtes chanceux ou non. Est-ce que c'est vrai ?

Le bonheur n'est donc que le produit d'une attitude intérieure, et l'attitude intérieure est le produit de vous-même. Quelque chose sur lequel vous seul avez de l'influence et que vous pouvez déterminer librement. Cela signifie que vous pouvez prendre le contrôle de votre bonheur en toute autonomie. Veuillez m'écrire un mail, si j'ai inséré une erreur mentale ou logique ici. Mais en fait, les liens de causalité sont clairs. Et la dérivation de celui-ci aussi harmonieuse. Où est le défaut dans la matrice ? Alors pourquoi n'es-tu pas heureux, alors que tu peux décider par toi-même ?

Le défaut dans la matrice est, et maintenant ça va être dur, 100% sur toi ! Parce que le problème principal est que vos idées et vos attentes ne correspondent pas à votre motivation et à votre volonté. Et cela vous rend malheureux ou ne vous permet pas d'avoir de la chance ou beaucoup plus "sentir". Comment pouvez-vous être chanceux si votre attitude intérieure ne cherche pas le bonheur ? Est-il possible que vous ne considériez pas certaines choses comme porte-bonheur ? Peut-être que le bonheur se ferme à vous parce que vous n'y êtes pas ouvert. Puisque tu ne sais même pas ce que le bonheur signifie pour toi. Avez-vous déjà pensé à ce qu'est le bonheur pour vous ? Dans quelles situations souhaiteriez-vous être heureux ?

Veuillez résumer brièvement ce que le bonheur signifie pour vous. Écris-le ici, comme tu as de la chance. Assurez-vous de décrire des choses pratiques, des situations ou des états concrets.

Maintenant, répondez vous-même aux questions suivantes :

Que faites-vous pour trouver ce bonheur ? Qu'avez-vous été jusqu'ici ou êtes-vous prêt à faire aujourd'hui pour vivre ce bonheur ? Veuillez noter trois choses que vous avez déjà faites pour cela. Ces choses devraient être concrètes. Non : je veux devenir riche - et j'ai joué à la loterie toute ma vie pour cela....

Jouer à la loterie n'est pas non plus de la "chance" pure. Jouer à la loterie, c'est jouer à la probabilité. Vous parlez ici de statistiques. Vous êtes prêt à prendre une chance sur 14 millions de gagner. Que faites-vous actuellement pour avoir de la chance demain ? Ou même aujourd'hui ? Quand et où aimeriez-vous avoir de la chance ? Et est-ce que tu réalises au moins ton bonheur alors ? Percevez-vous chaque moment de bonheur que vous vivez chaque jour ? Ne pensez-vous pas que votre vie quotidienne est un pur bonheur pour d'autres personnes qui ne vont pas bien ? Chaque personne voit quelque chose de différent dans le bonheur parce qu'elle vient de circonstances différentes, a vécu des situations différentes. Et c'est pourquoi seul chacun peut déterminer pour lui-même ce que le bonheur signifie pour lui ou elle. Où est ta chance aujourd'hui ?

L'important pour vous est de savoir ce que vous considérez comme le bonheur et où vous souhaitez-vous être heureux ? Qu'est-ce que tu fais vraiment pour ça ? Combien de fois avez-vous fait quelque chose pour ça ? Si tout ce que vous ne faites pas pour le bonheur, vous le faites à l'inverse pour la non-satisfaction, quel côté l'emporte alors ? Je sais que vous réfléchissez, c'est une question d'interprétation. Si vous réfléchissez, je suis tout à fait d'accord avec vous. Oui, c'est une question d'interprétation. Mais c'est exactement pour cela que vous devriez être capable d'interpréter le bonheur par vous-même.

Le bonheur est une question d'attitude. Le bonheur est votre attitude ! Quelque chose qui n'est réservé à personne. Le bonheur est quelque chose qui vous hante quand vous l'attrapez. La chance n'a rien à voir avec le hasard, elle a quelque chose à voir avec l'effort. L'effort vous apportera le bonheur quand tout le reste aura une pause. Le bonheur est un profit que l'on peut gagner. Et cette victoire n'est pas refusée à ceux qui ont de la chance. Le bonheur est le prix que vous obtenez quand vous mettez votre dur labeur dans quelque chose quand personne ne vous regarde le faire.

Il faut juste un moment pour décider que vous avez de la chance. Un instant, c'est tout ce qu'il faut pour prendre une décision, avoir de la chance. Il suffit d'un moment pour être fort, un moment où vous pouvez vous distinguer des autres. Tu as de la chance, quoi qu'il en coûte. Le bonheur n'est qu'une question d'attitude.

Le bonheur, c'est ce qui se passe au plus profond de vous quand vous en avez assez du malheur. Quand tu en as marre de ne pas avoir de chance. Le bonheur, c'est quand votre désir de victoire, de bonheur, de prospérité, est plus grand que votre plus grande excuse, votre plus grande peur, votre pire habitude. Tu mérites de la chance ! Le bonheur est à toi ! Prends ce qui est à toi !

Diligence ou talent ? Qu'est-ce qui gagne ?

Diligence gagne. Comme ça, on pourra finir le chapitre. La déclaration principale a été faite. Néanmoins, je voudrais m'attarder sur ce fait afin de l'ancrer dans votre tête et de l'intégrer dans votre vie.

Souvent, nous disons que les autres ont de bien meilleures conditions pour tout. L'un a d'ailleurs plus d'argent, a hérité richement ou a des parents riches. L'autre est très jolie par nature, a déjà été mise au berceau. L'autre est le vendeur né. Si on cherche des excuses, on les trouvera. des excuses pour que d'autres personnes aient la vie si facile et toi si difficile. Le mot le plus empoisonné dans ce contexte est le mot talent. Combien de fois ai-je entendu dire que quelqu'un d'autre a du talent pour quelque chose, et qu'il/elle trouve tout cela plus facile. Combien de fois ai-je entendu dire qu'elle ou lui a de la chance, et en plus, du talent. C'est une combinaison, j'aimerais bénir le temporel tout de suite. Qu'est-ce qui vous apporte du talent ?

Le talent signifie que vous pouvez automatiquement faire quelque chose de mieux que les autres sans avoir à faire quoi que ce soit. J'admets, je pense aussi que le talent existe. Mais seulement si c'est congénital. Un talent de chanteur, je peux encore vivre avec ça. Spontanément, je ne vois pas d'autres talents que je pourrais accepter aussi facilement que celui-ci. Il n'y a pas de commerciaux, tout est formé ! Le talent fait-il de vous une meilleure personne ? Le talent vous aide-t-il à payer vos factures ? Avez-vous besoin de talent pour bâtir une entreprise ? Avez-vous déjà entendu parler d'un talent pour démarrer et vendre une entreprise ? Ou avez-vous entendu dire plus souvent qu'il y a des gens travailleurs, motivés et engagés qui réussissent de telles choses ?

Le talent existe peut-être. Et certaines personnes peuvent trouver plus facile de faire ce que vous trouvez plus difficile à faire. Mais il ne peut pas être qu'ils puissent faire mieux automatiquement. Nous avons parlé du fait que le briquet n'est pas toujours meilleur. Même le talent ne t'aide pas à te déchirer le cul tous les jours pour atteindre tes objectifs. Si vous avez un talent pour la couture, mais qu'il existe maintenant des machines à coudre ou des imprimantes 3D qui fabriquent vos vêtements, comment le talent peut-il vous aider ?

Le talent ne vous aide que jusqu'à une certaine limite. Après ça, le talent ne suffit plus.

Avez-vous parfois l'impression que certaines personnes n'ont que le succès ? Même à l'école, il y en avait qui n'avaient jamais eu à étudier pour leurs examens, et pourtant ils écrivaient toujours de bonnes notes alors que vous travailliez dur pour des notes moyennes ? C'était toujours injuste.

Avez-vous l'impression que quelqu'un fait exactement le même travail que vous de temps en temps et qu'il en tire quand même des bénéfices ? Au travail, par exemple ? Votre collègue fait exactement la même chose que vous, sauf qu'elle obtient l'augmentation ou la promotion ? Ou au moins des éloges ? Et vous repartez les mains vides.

Savez-vous que les autres peuvent faire quelque chose de mieux automatiquement ? Êtes-vous très performant sans avoir à investir beaucoup d'argent ? Au travail, dans le sport, dans les relations amoureuses... Certaines personnes trouvent tout plus facile, alors que vous devez lutter pour chaque résultat. Est-ce que c'est juste ?

On parle souvent de ce foutu talent. Le talent est apparemment vraiment une capacité innée qui vous rend très bon à quelque chose sans avoir à former beaucoup ou à investir beaucoup. Le talent est souvent diabolisé par des gens qui prétendent n'avoir aucun talent. Ils n'ont pas été si bénis par Dieu avec de si grandes capacités. Pour elle, tout est travail dur. Ils ne progressent que par la diligence. Et pour suivre le rythme, le talent manquant doit être compensé par une diligence supplémentaire.

Et souvent, la diligence et l'effort sont si grands que nous n'essayons même pas, mais laissons simplement les gens talentueux s'en charger. Tu as une bien meilleure position de départ de toute façon. Supposons qu'un homme talentueux rivalise avec un homme qui travaille dur. Tant dans le domaine où le talent a son talent. S'ils se battent pour obtenir un meilleur résultat, qui a le dessus, d'après vous ?

C'est difficile à dire, n'est-ce pas ? Vous êtes probablement déchiré. Bien sûr, cet homme talentueux a une très bonne position de départ. Mais avoir un talent ne signifie pas immédiatement obtenir un très bon résultat.

De plus, il ne faut pas sous-estimer l'homme qui travaille dur : Il n'est pas doué d'un talent naturel, mais qui sait combien d'entraînement il a suivi, combien de temps et de sueur il a investi pour faire de grands progrès. L'homme talentueux, qui investit modérément dans son progrès, fait face à l'homme qui travaille dur, qui brûle pour lui et qui donne tout pour avancer. Qui gagne, d'après vous ?

Je suis convaincu que celui qui travaille dur gagne. Qu'est-ce qui t'arrive ? C'est simple ! Parce que les travailleurs ont faim, plus faim que les talentueux ne pourront jamais l'être. L'homme qui travaille dur a déjà tant investi dans son progrès. Vous ne pensez pas qu'il laisserait Victory l'emporter maintenant, n'est-ce pas ? Pensez-vous que celui qui travaille dur est venu de si loin pour être le deuxième à quitter la place ? Je ne crois pas, non.

Qu'en est-il de la capacité de charge ? La personne talentueuse a l'habitude d'utiliser sa capacité à maîtriser les défis quotidiens. C'est ça. C'est ça. C'est ça. L'homme qui travaille dur a l'habitude de se battre pour son progrès. S'il y a un plus grand défi pour les deux, la personne talentueuse peut être submergée parce qu'elle n'a pas l'habitude d'avoir à faire un tel travail. Cela lui posera probablement un très grand défi.

Les travailleurs, par contre, ont l'habitude de se battre pour quelque chose. Même les plus grands défis ne lui posent aucun problème. Selon vous, qui relèvera le défi avec plus d'ambition ?

Je pense que vous comprenez ce que j'essaie de vous dire. Le talent est bon et beau et peut vous aider à avoir une situation de départ un peu plus facile si vous voulez progresser. Cependant, peu importe la quantité et le talent que vous avez. Tu perds toujours face aux travailleurs. Il/elle brûle plus, il/elle est plus ambitieux, il/elle a plus faim. Cela conduit à la lutte diligente plus de combat, parce que la victoire signifie plus. Et cela conduit encore une fois au fait que celui qui travaille dur gagnera aussi le combat.

Le travail acharné l'emporte toujours sur le talent. Elle l'a toujours été et le sera toujours. Parce que c'est ta tête qui te fait gagner, pas un talent. Le talent ne vous permet pas de vous lever plus tôt le matin et d'aller au lit plus tard le soir pour travailler à vos objectifs. C'est un dur labeur et de la discipline. Rien d'autre. Rien d'autre ne vous motivera autant que votre propre succès, le dur labeur que vous mettez dans quelque chose. Et les fruits que vous récolterez sont beaucoup plus sucrés que ceux que vous obtenez de quelque chose comme le talent ou la chance.

La discipline et la diligence vous donnent un effet de plus en plus durable, une base sur laquelle vous pouvez bâtir. Le talent vous fige, ne vous donne pas envie de mordre. Il n'y a presque rien au monde qu'on ne puisse pas apprendre. C'est toujours une question de diligence et de discipline. Et ça te rend meilleur que n'importe qui au monde. Tu dois juste avoir plus faim que n'importe quel homme au monde.

saisir les occasions

C'est probablement l'un des chapitres les plus difficiles dont nous parlons ici. Saisissez les opportunités, laissez les opportunités derrière vous, voyez les opportunités, travaillez sur elles, rendez-les possibles. C'est un sujet avec lequel on peut certainement remplir des livres sur les livres. Cependant, nous devrions faire quelque chose à ce sujet, car il s'agit vraiment d'une partie importante de votre projet. Le projet pour améliorer votre vie.

Nous n'avons pas besoin de discuter ici de la signification philosophique d'une opportunité. Je pense que nous pouvons convenir qu'une chance que l'interprétation positive est une possibilité, ce qui vous donne dans le résultat un résultat correspondant rentable. Le mot chance n'est pratiquement jamais utilisé négativement (je ne sais pas où), mais il implique toujours que le résultat peut et doit devenir positif. C'est pourquoi nous ne l'associons toujours qu'à de très bonnes opportunités pour nous. Nous nous considérons en mesure de préserver de grandes opportunités et d'en tirer le meilleur parti.

Vous vous efforcez probablement aussi d'avoir des chances. Des opportunités qui vous donnent de l'avance, qui vous font du bien, qui font bouger les choses pour vous. Néanmoins, votre volonté de saisir les opportunités est limitée. N'est-ce pas vrai ? Parce que vous évaluez toujours à l'avance à quel point cette opportunité est bonne, si elle vaut la peine d'être prise et quels sont les risques ou, disons, les inconvénients auxquels elle est associée. La chance la plus commode est certainement d'obtenir le rendement maximum avec un effort minimum et un risque minimum. Ça vous va, n'est-ce pas ?

Je suis d'accord avec vous. Pourquoi compliquer quand cela peut se faire facilement ? Si vous pouvez atteindre votre but sans vraiment avoir à faire beaucoup pour lui, alors il est certainement (et je suis convaincu qu'il est) beaucoup mieux que s'il est très inconfortable ou si vous avez à sacrifier beaucoup pour lui. Pourquoi le ferais-je si tu n'as pas à le faire ? Je pense que c'est logique jusqu'à présent.

Nous avons donc ici des types d'opportunités fondamentalement différents qui ne pourraient pas être plus différents. Soit nous devons trouver de très bonnes occasions, soit nous devons nous voir offrir des occasions où nous prenons très peu de risques et obtenons un rendement élevé, soit nous devons trouver des occasions qui sont plus petites, mais qui comportent aussi peu de risques. Ou nous pouvons trouver ceux qui sont plus risqués, mais qui offrent aussi un bon rendement, et essayer de réduire ou d'éliminer le risque autant que possible. Je pense que nous pouvons limiter le choix à deux chances. Les grands coffres-forts et les petits coffres-forts. Si nous avons le choix entre un faible risque et un risque élevé, nous prendrons certainement le faible risque si le rendement est le même.

Si vous devez maintenant choisir entre ces deux options : êtes-vous à la recherche de grandes chances, sûres ou de petites chances, sûres ? Peu importe ce que vous avez cherché et ce qui semble plus utile et confortable pour vous. Bref, lequel de ces cas est le plus fréquent ? Les grandes chances, qui sont sûres, ou les petites chances, qui sont également bien faisables, peut-être, cependant, peut-être aussi un peu plus inconfortables pourraient être ? Pensez à toutes les chances que vous avez eues jusqu'à présent.

Le pluriel est probablement représenté par la petite cote, n'est-ce pas ? Qu'est-ce que cela signifie pour vous ? Il y a beaucoup plus d'opportunités plus petites qui sont souvent à faible risque, mais parfois aussi très peu pratiques, que d'opportunités plus grandes qui n'exigent pratiquement aucun risque. Je suis sûr qu'il ne s'agit pas seulement d'un phénomène auquel vous êtes confronté, mais d'un phénomène que tout le monde connaît. Ce qui compte maintenant, c'est ce que nous extrayons de cette information.

Devriez-vous plutôt attendre ces grandes chances ou essayer d'utiliser les plus petites du mieux que vous le pouvez ? Le libellé de la question vous dit où je veux en venir. Je veux que vous preniez les petites chances et que vous les transformiez en grandes chances. Avant de ranger ce livre, faites-moi confiance et donnez-moi encore quelques minutes de votre temps pour que je puisse vous en parler. Je vous promets que ce sera le meilleur et le plus concret conseil que je puisse vous donner et que cela changera votre vie. J'en suis certain.

Nous sommes donc d'accord pour dire que les petites chances sont beaucoup plus fréquentes que les grandes chances. Et les chances les plus risquées sont plus inconfortables pour vous que les chances sûres. N'est-ce pas ? Eh bien, nous avons déjà parlé dans un autre contexte du fait que plus de risque s'accompagne généralement d'un plus grand profit. Maintenant, bien sûr, la question est de savoir comment vous pouvez tirer le meilleur parti de cette situation. Il est donc plus logique de se concentrer sur les petites opportunités, puisqu'elles se présentent simplement dans la multitude et déclenchent probablement un plus grand effet dans les masses que les grandes opportunités individuelles, peu nombreuses. Tout simplement parce que vous avez aussi une plus grande possibilité de profit grâce à l'effet de masse, surtout si elles peuvent s'influencer mutuellement si nécessaire. Si vous profitez déjà d'une opportunité et que vous vous améliorez, que vous avez plus d'argent ou que vous êtes plus riche d'une expérience, cela ouvre la porte à d'autres opportunités. Les anciennes opportunités qui se présenteraient à vous demeurent parce que vous conservez la structure de base et qu'elles étaient déjà possibles auparavant. Mais en ayant une longueur d'avance et en étant capable de créer de la valeur ajoutée pour vous-même à partir d'une opportunité, quelle qu'elle soit, elle créera aussi de nouvelles opportunités pour vous. Donc ils se favorisent l'un l'autre. C'est ce que j'appelle l'effet d'intérêt composé des opportunités. Plus vous avez de chances et plus vous vous transformez, plus vous aurez de chances et plus vous aurez de chances. Et plus vous avez de chances en général, plus grande est la probabilité que vous obtiendrez la grande chance à faible risque, n'est-ce pas ? Grâce à votre nouvelle expérience, grâce à votre argent plus élevé, grâce à vos compétences, vous serez en mesure d'être ouvert à de toutes nouvelles opportunités et de les chercher là où vous n'en auriez pas reconnu auparavant. Et cela, bien sûr, révèle, purement selon les lois mathématiques de la statistique, une chance beaucoup plus grande d'obtenir l'occasion vraiment parfaite grande.

En outre : La possibilité d'échouer à une occasion est toujours donnée. Cela signifie aussi que sans avoir vraiment abordé le sujet, vous risquez de rater une grosse occasion à faible risque. Celui que tu attendais peut-être depuis des années. Ce serait doublement ennuyeux, bien sûr. Vous pouvez donc préférer utiliser quelques petites opportunités pour faire vos preuves, et même les utiliser avec succès pour mettre à profit les ressources et les expériences que vous avez rassemblées afin de tirer profit des nouvelles opportunités, peut-être plus grandes, et rendre plus probable un résultat final positif.

Vois ça comme du football : Préférez-vous avoir une grande chance contre l'équipe adverse ou plusieurs petites chances ? La grande chance peut aussi être donnée. Après ça, c'est tout. Si votre adversaire marque un but, c'est une défaite certaine pour vous. Avec beaucoup de petites chances, le danger de ne pas marquer un but peut être encore plus grand, mais vous avez encore une chance de marquer un but après quelques occasions. D'autant plus que l'on peut gagner un match nul ou même une défaite. Et vous pouvez toujours tirer le meilleur parti de vos nombreuses petites chances, de sorte que vous puissiez aussi vous entraîner à tirer le meilleur parti de vos chances les plus minces. Comprenez-vous l'image qui se cache derrière ?

Avec une seule grande chance, cela dépend de la façon dont vous prenez cette décision à cet endroit à ce moment-là. Si vous ne les frappez pas de façon optimale, le risque est écarté. Et vous attendez des années ou des décennies pour une autre chance comme ça. De quoi ça a l'air quand tu cherches une petite chance ? Essayez de les retourner. Qu'elle réussisse ou non, la prochaine petite chance ne tardera pas à se présenter.

Les chances sont réciproques parce que vous passez de l'un à l'autre. Et qui a dit que vous ne pouviez pas prendre un petit risque parfaitement ? Comme dans le football, vous avez la possibilité de faire un bon coup et de faire une attaque dangereuse à chaque petite occasion. Vous pouvez toujours améliorer votre attaque, de sorte que même les petites chances deviennent de grandes chances. Et quand vous êtes prêt à être très confiant et que vous avez transformé chaque petite opportunité en une grande opportunité, alors, oui, vous êtes prêt à transformer également les grandes opportunités. Parce que tu fais de chaque petit une grande chance !

Qu'est-ce que tout ça est censé te dire ? Concrètement, ne perdez pas votre vie à attendre : Attendre la bonne décision, attendre la bonne chance. Tu ne la trouveras pas parce que tu ne la chercheras pas si tu attends. Et même si elle vient, vous ne la reconnaîtrez pas. Votre système de détection de chance est complètement endormi, même atrophié, si vous ne continuez pas à chercher des chances. Même la plus grande chance s'évanouit sans que tu t'en rendes compte. Quand vous le cherchez, vous trouverez toujours de petites choses qui peuvent vous catapulter vers le haut.

Si vous cherchez le bonheur, si vous cherchez le trèfle à quatre feuilles, alors vous devez commencer à chercher comme condition de base. Et de cette façon, vous trouverez sûrement de plus belles fleurs qui vous mèneront à d'autres champs de fleurs. Et vous trouverez ces fleurs si belles que vous trouverez des plantes encore plus intéressantes dans les nouveaux champs. Et vous cherchez leurs racines et ils vous mènent à un champ où il y a beaucoup de fleurs parfaites. Et tu es contente de les avoir trouvées parce que tu t'es impliquée et que tu étais ouverte à ces nouvelles fleurs. Et puis tu veux en choisir un et l'emporter à la maison. Et vous vous penchez vers le bas, poussez doucement le style floral sur le côté et soudain, au fond, vous trouvez le trèfle à quatre feuilles.

L'un est la grande chance, l'autre les nombreuses petites. Beaucoup de petits peuvent vous donner une grande chance. Et ensuite, il vous sera prouvé que vous les reconnaissez et les transformez. Vous devez chercher, parce que seul celui qui cherche trouve. Alors qu'est-ce que tu es censé faire concrètement ? Cherchez ! Alors quoi ? Vous devriez vous perfectionner pour transformer même les petites chances. Vous obtiendrez ainsi l'effet d'opportunité/de taux d'intérêt désiré et vous réduirez également le risque dont nous avons parlé au début. Tu as presque oublié que ce genre de chose existe, n'est-ce pas ? Exactement ! Et c'est là le problème. Si, à un moment donné, vous êtes si brillant dans ce domaine et que vous avez perfectionné le processus de transformation des opportunités, vous ne remarquerez plus les risques parce qu'ils ne vous sont plus visibles. Et savez-vous comment s'appelle ce phénomène ? Ça s'appelle la routine ! Une action que l'on peut réaliser sans vraiment avoir à y penser beaucoup pour produire des résultats réalisables. Si ces résultats sont le produit d'opportunités qui vous font avancer, et si vous avez l'expérience de les réaliser avec succès... Où cela vous mènerait-il ?

Non, sérieusement, où ça t'emmènerait ? Écris-le ici, s'il te plaît. Maximum 5 phrases....

Vous voyez où tout cela peut vous mener, et vous sentez le pouvoir qui sommeille en vous. Et maintenant vous savez au plus tard pourquoi il est important d'utiliser aussi les petites chances : Parce qu'elle a plus de chances d'avoir la grosse cote.

Les problèmes sont des défis

Les mots ne disent que ce que tu veux être. Vous pouvez dire qui vous êtes par ce que vous faites.

Réfléchissez aux problèmes et notez trois problèmes typiques que vous rencontrez encore et encore, que vous avez déjà rencontrés ou que vous pourriez rencontrer :

Notez ensuite trois défis auxquels vous avez dû, avez dû ou pourriez avoir à faire face régulièrement :

Le mot problème déclenche une cascade de sentiments négatifs chez les humains. Même si nous ne le remarquons pas, ce mot forme un cadre d'association si négatif dans notre subconscient, de sorte que nous "sursaturons" toujours quelque chose intérieurement avec ce mot. Pourquoi est-ce que c'est comme ça ?

Tout simplement : Parce qu'un problème nous pose toujours un défi et que les problèmes sont généralement désagréables. Il n'y a guère d'exemple où un problème puisse être considéré comme à mi-chemin du positif. Les problèmes sont toujours stressants, accablants, inesthétiques. Et c'est ce que notre cerveau a compris. Par conséquent, dès que nous entendons ce mot, nous passons toujours directement à la confrontation, au rejet ou à d'autres mécanismes de défense à notre disposition.

C'est une pensée qui ne nous mènera nulle part. Non seulement qu'elle ne nous permet plus de penser clairement et de trouver des solutions, mais aussi qu'elle nous démotive pour passer à l'étape suivante. Les problèmes sont toujours pénibles.

La situation est différente lorsque les problèmes ne sont plus perçus comme tels. Et le mot clé est déjà tombé. Il devient plus intéressant pour vous lorsque les problèmes deviennent des défis. Tu te dis :"C'est juste un autre mot pour ça." En gros, vous avez tout à fait raison ! Malgré cela, vous devez admettre que le mot défi vous fait vous sentir complètement différent du mot problème, n'est-ce pas ? Même si cela se produit inconsciemment pour la plupart, une petite partie de cela clignote dans votre conscience et vous donne une association complètement différente.

Sur quoi avez-vous écrit pour chaque mot ? En quoi diffèrent-ils ? Je ne peux pas savoir ce que vous avez écrit ici, mais je sais que vous regardez ces deux groupes différemment. Vous vous êtes peut-être facilité la tâche et avez rempli les deux esquisses de la même façon. Mais vous avez peut-être remarqué la différence.

Les problèmes sont vraiment stressants, lourds, ils créent un sentiment désagréable en vous. Ils pèsent lourdement sur vous ou sur votre situation. Si vous le pouviez, vous seriez à côté de la plaque. Les défis, par contre, sont exigeants. Bien sûr, ils ont besoin de ressources, mais vous pensez qu'ils sont vraiment créatifs. Et tu es presque sûr que tu vas le maîtriser aussi, n'est-ce pas ? Les défis ne sont pas si difficiles, psychologiquement parlant, ils ne sont pas si stressants, parce que nous associons toujours un défi à la possibilité de triompher. Cela nous donne une meilleure idée de l'ensemble de l'approche.

En cas de problèmes, nous doutons de l'issue et du résultat. Nous espérons le meilleur pour nous, mais nous n'en sommes pas si sûrs. C'est différent avec les défis. Nous sommes plus que jamais convaincus que nous y arriverons. Il y a encore un peu d'air.

Et maintenant, l'astuce : si nous avons dit plus haut que les problèmes nous posent des défis, alors les défis ne sont rien d'autre que le résultat des problèmes. Pour nous, cela signifie donc que chaque problème mène à un défi, mais pas chaque défi mène à un problème. Alors que pouvez-vous apprendre concrètement de cela ? C'est simple ! A partir de maintenant, il n'y aura plus d'ennuis pour toi. Parce qu'ils n'ont plus l'autorité d'exister. C'est un mot inutile, un fait trompeur, quand chaque problème se termine par un défi. Grâce à cette approche, que chaque problème n'est qu'un défi, vous serez en mesure de percevoir le monde avec des yeux complètement différents.

Les défis nous interpellent, ils nous chatouillent, mais nous sommes prêts à les relever parce que nous sommes déterminés à en sortir victorieux. Nous savons que nous pouvons relever presque tous les défis : C'est un concours, un concours avec et sur nous-mêmes. Et l'homme aime la compétition parce qu'il aime se comparer. Il aime aussi être mis au défi et en sortir de mieux en mieux.

Que se passe-t-il si vous voyez maintenant tous vos problèmes comme des défis ? Tout d'abord, vous êtes prêts à les relever et à vous battre pour relever ce défi. Deuxièmement, vous cherchez des solutions parce que vous pouvez et voulez relever ce défi.

Vous ne vous demandez plus pourquoi vous faites face à ce défi et si vous pouvez le relever, mais vous vous demandez comment vous pouvez le relever. Il suffit de toujours échanger le mot "si" contre le mot "comment". Le "comment" présuppose que vous le faites, il n'est pas clair de quelle manière. Le mot "si" permet aussi l'échec. Et l'échec n'est pas une option dont vous devriez être satisfait. Soyez donc prudent de ne demander que comment vous faites quelque chose, pas si vous faites quelque chose.

principe de Pareto

Le principe de Pareto dit que l'on peut atteindre 80% du résultat avec 20% d'effort. Pour les 20% restants du résultat, vous avez besoin de 80% de votre effort.

Ce principe n'est pas choisi au hasard, mais c'est un phénomène que l'on observe encore et encore. En principe, il nous enseigne deux choses : des choses qui sont 100% axées sur les résultats et d'une pertinence extraordinaire exigent 100% d'efforts. Étant donné qu'elles exigent également beaucoup de ressources, ces activités doivent toujours valoir la peine d'être menées à bien.

Quelles sont vos activités pour lesquelles vous devez donner 100% ?

Écris-le ici :

Dans quelles activités pensez-vous que 80 % d'atteinte de l'objectif est suffisant ? Il s'agit de tâches qui peuvent être exécutées de façon routinière ou qui sont très appropriées à ces exigences en termes de portée et d'exigences. Un exemple de prudence : un devoir qui n'est pas évalué et qui représente une tâche de présence pure peut être traité selon le principe de Pareto. Ça vous épargnera beaucoup de temps et de nerfs. Un Master-Thèse devrait obtenir les 100%. Ce n'est pas une recommandation de travailler sur des tâches ménagères qui ne sont pas évaluées avec peu d'effort. Il s'agit beaucoup plus d'une question de relation entre les différentes priorités.

Quel est l'intérêt ? Et pourquoi le principe de Pareto peut-il vous apporter beaucoup ? Souvent, vous êtes trop occupé avec des choses sans importance, qui ne vous concernent pas du tout, ne vous rendent pas heureux ou ne vous font pas avancer. Souvent, vous vous perdez trop dans les détails pour quelque chose qui n'est pas important pour vous ou qui n'affecte pas votre vie et la vôtre ou celle des autres. Et ces choses ne font que gaspiller du temps, de l'argent et des nerfs inutilement, qui manquent alors dans les choses vraiment importantes.

Pour cette raison, il est utile de noter certaines choses qui ne nécessitent que 20 % de votre effort, et dont les 80 % restants ont encore besoin.

Réfléchissez à ce qui peut être fait après 80/20 (80% des résultats avec 20% d'effort) et notez-les ici :

De plus, réfléchissez à ce qui, parmi vos écrits, vous aidera vraiment.

Vous avez maintenant une vue d'ensemble des processus qui sont importants pour vous et de ceux qui le sont moins. En réfléchissant consciemment à vos activités, vous prenez conscience de ce qui vous fait vraiment avancer, de ce qui est important pour vous et de ce qui n'est qu'une perte de temps. Parce qu'un résultat de 80% ne signifie pas que vous laissez quelque chose d'incomplet ou que vous faites quelque chose de négligent, cela signifie que vous ne devez pas vous perdre dans les détails et que le temps que vous gagnez est investi dans quelque chose de vraiment important et significatif pour vous.

Est-ce que je veux au moins réussir ? Le succès est solitaire....

...ou il sélectionne les gens de votre vie qui ne vous soutiennent pas. Comme tant d'autres dans le monde, tout est une question d'opinion, de pure interprétation. L'envie de se réaliser soi-même si souvent diabolisée, le dévouement total au succès et le travail constant, tout cela mène au fait qu'à un moment donné vous n'avez plus d'amis et que vous êtes laissé à vous-même. C'est ce que tu penses ? Admets-le. Tu l'as peut-être pensé, ou peut-être pas. Le fait est que ces préjugés sont incroyablement inutiles et, comme c'est souvent le cas, qu'ils sont perçus par des gens qui ne veulent pas se battre pour leurs objectifs et préfèrent dire du mal des choses et se moquer d'elles plutôt que de faire face eux-mêmes à la réalité.

Soyons honnêtes : êtes-vous vraiment convaincu que vous perdrez vos amis si vous vous donnez maintenant à fond pour atteindre vos objectifs ? Vont-ils se retourner contre vous et vous trouver stupide si vous voulez vous réaliser et vous battre pour vos objectifs ? Tu penses que c'est stupide en soi ? Ou préféreraient-ils qu'il soit enviable, discipliné, courageux et non seulement qu'il respecte votre travail, mais aussi qu'il le valorise ? Peu importe ce que vos amis font de ces choses, que voulez-vous qu'ils fassent ? Voulez-vous qu'ils vous enlèvent votre travail et dénigrent votre succès ? Ou espérez-vous obtenir du soutien, des paroles motivantes, du respect et, au besoin, de la reconnaissance pour ce que vous avez accompli ?

Il y aura toujours des gens qui ne voudront pas quitter leur zone de confort et dire qu'ils ne le peuvent pas. Conneries, parce que tu es l'exemple vivant de la façon dont ça marche en ce moment. Il y aura toujours des gens qui diront du mal des autres pour qu'ils se sentent mieux eux-mêmes. Parce que si vous êtes seul en bas, ça devient froid et solitaire. Vous essayez donc de faire en sorte que tous ceux que vous pouvez influencer restent en bas pour que vous soyez dans la société et que vous puissiez blanchir la négativité et la tristesse par le biais de cette société. Il y aura toujours des gens qui seront insatisfaits de leur vie, mais qui préféreront vous rendre insatisfaits aussi, afin qu'ils ne se sentent pas seuls. Comme une solution auto-créée, au lieu de changer quelque chose vous-même.

Mais il y aura toujours des gens qui apprécieront votre travail. Il y a des gens qui vous respectent, qui vous acceptent, qui vous admirent. Il y a des gens qui vous encouragent, vous motivent, vous accompagnent, peu importe où ils se trouvent.

Et il y a des gens qui se moquent de la valeur ajoutée que vous apportez aux autres, de ce que vous créez et du travail que vous faites. Il s'agit de savoir sur quel point on peut compter sur vous et à quel point votre relation est étroite.

Avec qui veux-tu t'entourer ? Sans être un clairvoyant, je soupçonne que vous voulez vous entourer des deuxième et troisième types de personnes. Mais vous le faites déjà ? C'est méchant, parfois blessant, mais jamais injuste, de s'inquiéter du genre de personnes avec qui on s'entoure. C'est pourquoi vous devriez réfléchir aux personnes qui vous sont proches et dont vous voulez vous entourer. Et voyez à quel point ces deux-là forment une intersection commune.

Selon vous, quel type de personne représente les deuxième et troisième groupes ? Des gens qui sont insatisfaits de leur vie, qui ne se ressaisissent pas, qui sont paresseux et ne font pas preuve d'initiative ? C'est peut-être en partie des personnes que l'on retrouve dans le troisième groupe. Mais dans quelle mesure pensez-vous que ces personnes sont motivées à vous aider si elles ne font pas elles-mêmes des progrès ? Cela devient plutôt méchant maintenant, mais dans quelle mesure pensez-vous que ces personnes peuvent vous motiver et vous aider à atteindre vos objectifs ? J'imagine qu'elle sera, dans une certaine mesure, limitée quant à l'efficacité de ses actions. Et avant de recevoir de nombreuses plaintes maintenant, j'aimerais confirmer que les amitiés portent toujours sur la valeur de l'amitié et non sur la valeur que vous pouvez en retirer pour vous-même. Heureusement, je suis d'accord. Mais selon le caractère de vos amitiés, vous devriez distinguer avec qui vous discutez des choses et des relations dont vous devriez tirer plus de valeur et dont vous devriez tirer moins de valeur en termes de votre soif de réussite.

En langage simple signifie : si vous avez des gens dans un environnement qui sont paresseux et non impliqués eux-mêmes, vous ne devriez pas leur parler de votre chemin vers le succès. Vous pouvez essayer, mais vous n'aurez que de la négativité et de la critique. Ces gens ne vous donneront que destruction et mécontentement dans ce domaine. Ils ne le font pas intentionnellement (mais surtout pas), mais leur cosmos ne permet aucune autre opinion. C'est fatal, mais malheureusement l'attitude de beaucoup de gens là-bas. Avec ces personnes, vous pouvez vous amuser et prendre soin d'autres choses dans ce monde. Mais pas quand il s'agit de penser succès. Vous pouvez vous amuser avec eux dans d'autres domaines de la vie. C'est génial. C'est génial. Mais vous devez au moins avoir identifié ces personnes une fois pour savoir ce que vous pouvez et ne pouvez pas apprécier à leur sujet.

D'autres ont eux-mêmes faim de succès. Ils s'efforcent eux-mêmes de se développer et cherchent des opportunités et des défis. Non seulement ils vous comprennent très bien, mais ils veulent aussi vous emmener plus loin. Ils connaissent la loi de l'attraction : Celui qui fait le bien fera le bien à nouveau. Ils se soucient beaucoup de vous et de votre réalisation de soi parce qu'ils savent que cela fera de vous une personne heureuse. Et parce qu'ils ont eu ou veulent avoir cette expérience eux-mêmes, il est logique qu'ils soient aussi prêts à vous soutenir. Pensez-vous que vous pouvez ou même que vous devriez mieux parler de votre développement avec ce genre de personnes ? Si votre réponse était maintenant intuitivement OUI, alors vous avez tout à fait raison ! Avec ce genre de personnes, vous pouvez construire une relation très inspirante et créatrice de valeur. Elle te donnera de l'avance parce que tu lui en donneras aussi. Ça s'appelle donner et recevoir. Je n'ai plus besoin d'expliquer ici le principe qui sous-tend tout cela. Bien sûr, ce type de personnes sera capable de mieux motiver, d'inspirer plus et surtout de mieux soutenir quand il s'agit de réussir. Ce ne sont pas les meilleures personnes en soi, mais simplement le type de personne qui peut vous aider dans ce domaine.

D'autres personnes peuvent être en mesure de vous compléter dans d'autres domaines et vous appréciez leurs qualités dans ces domaines, mais lorsqu'il s'agit de créer de la valeur pour votre succès, le choix est différent.

Ne vous méprenez pas : vous devez avoir tous les types de personnes comme amis avec qui vous aimez passer du temps et qui vous fait du bien, mais vous devez clairement différencier quelle personne pourrait et devrait vous donner des conseils dans quel domaine. Et alors vous ne devriez chercher l'échange dans le domaine respectif qu'avec les personnes dont vous êtes convaincu qu'elles vous mèneront plus loin, soit par un bon sentiment, soit par une influence positive, soit par un bénéfice direct et créateur de valeur. Peu importe le type de relation que vous avez avec vos amis, vous avez juste besoin de savoir ce que vous avez d'eux et de le vivre.

Car il n'y a rien de pire dans ce monde que d'avoir des gens autour de vous qui veulent vous voir échouer. L'échec, parce qu'ils ne sont pas capables de sortir de leur zone de confort et de reprendre le contrôle de leur vie. Echec parce qu'ils ne veulent pas être seuls en bas pendant que vous montez. Ils veulent te voir échouer parce que c'est tellement plus facile que de grimper soi-même. Mais ils resteront toujours là où ils sont et n'apprendront jamais ce que cela signifie vraiment d'être heureux, ne feront jamais l'expérience de ce que la vie leur reste vraiment ouverte. Il n'y a aucune raison d'écouter ces gens, aucune raison de vivre selon leurs principes. Le chemin sur lequel vous vous trouvez est plein de défis et d'opportunités pour lesquels vous pouvez mettre votre force à profit. Ne laisse pas les gens te voler ta force dans la vie. Ne laissez pas les gens vous entraîner dans votre vie. Pas des gens qui veulent te détruire.

Oui, le succès peut rendre solitaire. Il vous sépare des gens qui ne veulent rien de bon pour vous. Il ne fait que les sélectionner. Vous resterez (pourrez rester) en contact avec trop de personnes lorsque vous réaliserez que tout le reste autour de vous est juste avec cette relation, mais pas avec l'idée du succès. Ce n'est pas grave, mais elle ou il ne sera pas votre compagnon sur le chemin que vous avez choisi. Le succès vous rend seul, parce que seuls quelques-uns sont prêts à quitter leur confort. Ils essaieront de te garder petit, d'éteindre la flamme qui brille en toi. Ils ne veulent pas que vous réussissiez, même si c'est "inconsciemment", parce que c'est inconfortable pour eux d'y être confrontés, parce qu'ils se sentent seuls et parce que cela leur donne le sentiment d'être seuls. Plus personne ne sera là pour chercher des excuses avec eux, pour peindre le monde en noir et pour se baigner dans l'insatisfaction. Et pour "se sentir bien" soi-disant là. Le succès vous rend seul parce que vous êtes prêt à marcher sur l'accélérateur, à aller de l'avant et à vivre la vie qu'il a à vous offrir. Pas d'emploi de 9 à 55 ans, pas besoin de courir après les factures mensuellement et d'aller travailler pour devoir s'acquitter de ces obligations pour la vie. C'est pourquoi le succès est solitaire. Es-tu prêt à accepter cette solitude ?

OUI, C'EST VRAI, ALORS. LE SUCCÈS TE REND SEUL. MAIS PAS VOUS, MAIS LES GENS QUI NE SONT PAS PRÊTS À FAIRE QUELQUE CHOSE DE LEUR VIE.

Ils se sentent seuls parce qu'ils ont choisi leur chemin pour y rester.

Tu es un loup. Et cette expression dit que vous avez faim, que vous êtes prêt à vous battre à tout prix. Un loup est un gagnant. Mais un loup est aussi un animal de meute. Et si vous êtes un loup, vous trouverez votre meute de loups. Votre troupeau qui vous protège, qui vous fait avancer, qui vous aide à tirer le meilleur parti de vous-même. Et le meilleur, c'est que tu choisis ton troupeau. Il y aura toujours des gens dans votre vie qui vous soutiendront, qui vous apprécieront et qui vous mèneront incroyablement plus loin. Mais il y aura toujours des gens qui ne vous aideront pas, qui veulent vous voir échouer, qui vous retiennent. Montre-leur qu'ils ont tort !

C'est vous qui décidez des gens dont vous vous entourez. C'est vous qui décidez avec qui vous échangez. Mais vous ne pouvez pas influencer directement le genre de personnes qui entrent dans votre vie. Apprenez donc à identifier ces personnes et apprenez à décider quelle personne doit vous accompagner sur votre chemin.

Le succès vous rend seul parce que beaucoup de gens ne comprennent pas ce que cela signifie de vous épanouir. Le succès est solitaire parce que beaucoup de gens ne réalisent pas ce que la vie leur réserve. Le succès est solitaire parce que beaucoup de gens ne sont pas prêts à se battre pour quelque chose comme vous. Le succès vous rend seul parce qu'ils ne comprendront pas pourquoi vous travaillez au lieu de regarder la télévision ou pourquoi vous faites du sport au lieu de faire des fêtes à forfait. Ils ne comprendront pas pourquoi vous voulez réussir. Mais croyez-moi, ils veulent une part du gâteau quand vous y serez.

Le succès est solitaire, il sélectionne les personnes qui veulent vous mener à l'échec. Le succès et toutes ses facettes, qu'il apporte avec lui, assurent automatiquement que les personnes qui vous font du mal vous quitteront automatiquement. A quel point êtes-vous triste de cette perte ?

A quel type de personne voulez-vous parler ? Quel genre de personne aimeriez-vous avoir avec vous ? C'est vous qui décidez !

Sois heureux quand tu es seul

Vous avez probablement déjà entendu dire qu'il faut être heureux et content de soi pour pouvoir aimer les autres d'une manière qui compte vraiment. Que pensez-vous de cette déclaration ? Tu es convaincu que c'est vrai, ou tu crois que c'est des conneries ? Veuillez d'abord répondre aux questions suivantes avant de commencer.

Es-tu heureux quand tu es seul ?

Vous sentez-vous seul quand vous êtes seul ?

Etes-vous aussi fort seul que dans un groupe ?

Tu peux passer du temps avec toi-même ?

Pouvez-vous profiter de votre temps seul ?

Vous préférez le travail en groupe au travail individuel ?

Que faites-vous de votre temps quand vous êtes seul ?

L'homme est un animal de troupeau. Nous sommes nous-mêmes de cet avis ou nous sommes fréquemment confrontés à cette affirmation. Cela signifie que dans des circonstances naturelles, nous préférons toujours être dans un troupeau, c'est-à-dire entourés d'autres personnes, plutôt que d'être seuls. Et cela se vit aussi activement dans notre société. La capacité à travailler en équipe, dont nous avons besoin sur le terrain, va de pair avec la diversification souhaitée de tous les groupes d'âge, religions, origines, professions et visions. "Ensemble, nous sommes forts", telle est la devise. Mais est-ce vraiment le cas ?

Je pense, franchement et honnêtement, que c'est vrai et que c'est exactement comme ça. Je pense que grâce à la diversité et au travail d'équipe, nous pouvons souvent faire beaucoup plus que si nous sommes tous en harmonie avec nous-mêmes. Parce que dans une équipe, de nombreuses forces peuvent être combinées entre elles, ce qui signifie que les faiblesses éventuelles d'une personne peuvent être compensées par les forces de l'autre. Ça a l'air génial au début. Ça l'est. Mais cela ne veut tout simplement pas dire que vous n'êtes fort qu'en équipe ou que vous ne devriez être heureux que lorsque vous êtes dans votre troupeau. Le dicton "Aimez-vous avant d'aimer les autres" prend un tout nouveau sens lorsque vous commencez à en découvrir les bienfaits pour vous-même et pour les autres.

Avez-vous déjà eu une relation, un partenariat ou toute autre forme de coopération dans laquelle vous ou votre partenaire étiez totalement malheureux et la relation était équilibrée et heureuse ? Je pense que même si vous n'avez pas encore eu cette expérience, vous pouvez imaginer que ça ne marchera pas, du moins pas à long terme ou pas très bien. Les raisons en sont suffisantes : avant de pouvoir travailler de manière proactive sur les chantiers de construction de la relation, vous devez d'abord gérer vous-même vos difficultés. Les deux manquent de force et/ou d'endurance. Ce sont des relations qui se terminent par les mots : "Ce n'est pas à vous de décider. C'est à moi de décider." Avant de pouvoir être heureux dans une relation ou une coopération, vous devez d'abord être heureux et satisfait de vous-même. Est-ce que cela a un sens pour vous ? Êtes-vous du même avis que vous devez être en paix avec vous-même pour avoir la possibilité d'investir davantage dans une relation ?

Ce n'est pas différent pour votre succès. Il est difficile de s'engager de manière productive dans la coopération si l'on ne peut pas vraiment se fixer ses propres objectifs. Tu ne peux pas cuisiner pour une famille élargie si tu n'aimes pas ta propre nourriture. Bien sûr que tu peux, mais tu ferais mieux de ne pas le faire. Les équipes et la dynamique des groupes fonctionnent très bien et offrent une incroyable valeur ajoutée, mais seulement si l'individu est satisfait de lui-même. Fidèle à la devise :"Sois heureux quand tu es seul."

En montant, vous ne trouverez pas toujours beaucoup de compagnons. Les vrais compagnons, partenaires loyaux, ne vous rencontreront pas en grand nombre. Et c'est une bonne chose. Parce qu'alors vous pouvez vous concentrer pleinement sur vos VRAIS objectifs et marcher droit vers eux. Tôt ou tard, vous trouverez aussi de très bons compagnons, avec qui vous profiterez tous les deux de la symbiose. Cependant, vous devez apprendre à être heureux quand vous êtes seul. Parce qu'être seul ne veut pas dire être seul. Être seul, c'est être différent de la plupart des gens. Et puisque vous voulez une vie différente de celle de la plupart des gens, cela signifie pour vous qu'être seul est un indicateur que vous faites quelque chose de différent. Et c'est certainement un bon signe en premier lieu. Pour obtenir d'autres résultats, il faut d'abord agir différemment, que ce soit bien ou mal, l'essentiel étant différent. Quand vous êtes seul, cela vous montre que vous êtes prêt à faire des choses que les autres ne font pas. Cela vous donne une chance de vous démarquer. Etre seul, c'est être extraordinaire. Pour cela, vous recevrez la reconnaissance, l'envie, l'humilité, toutes sortes de confirmation. Même si c'est une critique, c'est la confirmation que vous êtes différent. Et quand on est différent, on est souvent seul. Parce que tu le fais différemment. Parce que tu en fais plus. Parce que tu en veux plus. C'est génial d'être différent. Seul, c'est génial. Car être seul ne signifie pas être seul, cela signifie être différent, être indépendant.

Comprenez-vous pourquoi il peut être bon d'être seul ? Tu vois pourquoi tu devrais être heureuse quand tu es seule ? Si vous tenez compte de ce fait et que vous êtes heureux seul, votre force n'est pas définie par un groupe ou un troupeau, mais est forte seule, vous aurez un potentiel incroyable pour garder votre flamme allumée dans un groupe aussi.

Apprenez à être heureux. C'est ton heure. Il est temps pour vous de vous polir, de vous concentrer et d'adopter une nouvelle approche. Apprenez à donner un sens à votre temps, car vous n'êtes pas toujours entouré de gens qui veulent, peuvent ou devraient vous emmener plus loin. Le chemin du succès, vous irez en partie seul, soyez heureux de lui. Mais soyez aussi heureux et reconnaissants quand vous trouvez la loyauté, quand vous trouvez des gens qui continuent à allumer votre feu. Si vous êtes heureux seul, vous serez également heureux si un compagnon se présente. C'est la clé. On ne sait jamais quand et pourquoi d'autres personnes quitteront sa vie. Volontairement ou involontairement. Mais vous pouvez savoir quand arrêter ou quand tout donner.

Sois heureux quand tu es seul. Sois reconnaissant quand tu es dans l'équipe. L'un et l'autre bénéficieront l'un de l'autre.

Mieux vaut décider intelligemment que conduire intelligemment

C'est vrai, le titre est la chose la plus horrible que j'aie pu trouver. Et pourtant, je pense qu'elle comprend bien ce que je veux dire. Essayons donc de voir si vous êtes d'accord avec moi.

Tout d'abord : Cette rubrique n'a qu'un sens symbolique. Les Smarts sont d'excellentes voitures économiques pour la circulation urbaine et je ne veux faire aucune évaluation de ce véhicule en aucune circonstance.

Alors, qu'est-ce que cette phrase est censée te dire ? Qu'est-ce qu'une décision intelligente ? Smart est aujourd'hui très utilisé en allemand dans le cadre de décisions intelligentes et bien pensées. Les décisions intelligentes sont donc celles qui vous donnent un avantage. Ce sont donc les "meilleures" décisions. Comment déterminer si une décision est ou était meilleure ou pire ? Très simple : regardez le résultat. Examinez le lien immédiat entre votre décision et votre résultat. Quel est le résultat de votre décision ? Si c'est un résultat immédiat, vous avez déjà la réponse ici. Si le résultat (pour vous !) est bon, alors la décision était intelligente. Si le résultat n'est pas bon, alors la décision n'était pas intelligente, mais aussi pas mauvaise. Pourquoi ne pas se tromper ? Parce que, comme nous l'avons déjà dit, vous pouvez tirer votre expérience de n'importe quelle situation. Et cette expérience vous aide à faire face aux situations à venir. Cela signifie que même les erreurs ne sont pas de mauvaises décisions, mais des décisions pires ou pas intelligentes. Et cela signifie aussi que nous devons prendre de temps en temps des décisions non intelligentes afin d'acquérir de l'expérience et de devenir meilleurs. Oh croyez-moi, vous les rencontrerez encore et encore, vous n'avez vraiment pas à vous inquiéter pour ça. Ne regrettez donc aucune décision que vous avez prise, surtout si vous avez supposé au moment où vous l'avez prise que c'était la bonne. Que vous soyez intelligent ou non, le résultat est bon ou l'expérience est importante.

Cependant, si vous n'obtenez pas un résultat immédiat de votre décision, mais qu'un processus en découle, alors le progrès de ce processus décrit si vous avez pris une décision intelligente ou non. Peu importe que le processus qui en résulte soit simple, lourd, long ou court, coûteux ou peu coûteux. Ce qui est important ici, c'est ce que vous apprenez directement de lui et ce que vous produisez avec lui. Et même là, des erreurs peuvent se produire. Mais comme vous le savez sûrement : l'imbécile n'est pas celui qui fait une erreur, mais celui qui fait une erreur la deuxième fois. C'est pourquoi évaluez toujours les processus de suivi sur la base de la qualité qu'ils fournissent pour vous dans ce qui suit. Même un processus long et coûteux peut s'avérer idéal pour vous.

Jusqu'ici, tout va bien ! Quels sont donc les choix intelligents aujourd'hui ? Les décisions intelligentes sont celles qui soit vous donnent immédiatement un résultat positif pour vous, soit mènent à un processus qui vous donnera un résultat positif pour vous. Un résultat positif vous permet d'en profiter directement, à quelque titre que ce soit. Une erreur peut aussi être un résultat positif, parce que c'est juste une question de considération et si c'est la première erreur de ce genre. Si c'est la deuxième, ce n'était pas vraiment une bonne décision.

Qu'est-ce que tout cela a à voir avec une Smart ? Eh bien, d'une part, un jeu de mots était possible, même s'il était très mauvais, et d'autre part, cette image devrait vous montrer clairement que par des décisions intelligentes, vous avez un très grand levier pour produire un résultat si nécessaire, ce qui vous amène plus loin et vous permet de ne pas avoir à conduire une Smart si vous ne le souhaitez pas. C'est tout ce qu'il y avait à faire.

Bien sûr, il est important pour vous que vous fassiez des choix intelligents. Le deuil, mais pas les décisions non intelligentes par la suite. Vous en tirerez des leçons et vous ne commettrez pas cette erreur une deuxième fois. La prochaine fois, dans la même situation, vous prendrez une décision intelligente. Ces derniers vous feront à leur tour profiter plus rapidement, plus clairement, plus efficacement ou plus efficacement.

Des décisions intelligentes mènent à une valeur ajoutée immédiate ou à un processus qui vous apportera cette valeur ajoutée. Alors : Prenez conscience de la nature de vos décisions. Quand et dans quelles situations avez-vous déjà pris des décisions judicieuses ? Et lesquelles rencontrerez-vous dans les situations appropriées ? Quelles décisions non intelligentes pouvez-vous transformer en expérience afin d'augmenter votre taux de succès intelligent ? Remettez en question chaque décision, qu'elle s'avère intelligente ou non, car elle vous donne une bonne impression de la façon dont vous pouvez réagir intelligemment dans la prochaine situation. C'est aussi simple que ça !

Pour que vous n'échouiez plus jamais !

L'art de gérer à la fois les succès et les échecs est un facteur important sur le chemin du succès. Peut-être pensez-vous jusqu'à présent que les gens qui réussissent n'ont plus d'échecs et que tout fonctionne comme sur des roulettes. Si tel est le cas, alors je dois maintenant vous révéler l'amère réalité : Les gens qui réussissent ont beaucoup plus d'échecs que de succès. Et encore plus d'échecs qu'ils n'ont de gens qui n'ont pas réussi. Ce n'est pas très agréable, bien sûr, si vous venez d'être pêché et que vous avez le goût du succès. Mais c'est un fait dont vous ne devriez pas être privé. Les gens qui réussissent échouent beaucoup plus souvent que ceux qui échouent ! Et c'est une bonne chose aussi ! Sans eux, les gens qui réussissent n'auraient pas du tout de succès ? Ça a l'air bizarre ? Je vais vous éclairer !

Les personnes qui réussissent cherchent des opportunités là où d'autres personnes voient des risques. Les personnes qui réussissent voient des défis là où d'autres personnes voient des problèmes. Les personnes qui réussissent sont celles qui agissent en étant prêtes à faire des choses dont les autres ne parlent que d'elles.

Les personnes qui réussissent diffèrent de celles qui ne réussissent pas, surtout lorsqu'il s'agit de faire les choses, de faire les choses, de commencer par quelque chose. Les personnes qui réussissent cherchent activement des opportunités. Ils le font là où les autres ne font que regarder. Par conséquent, les personnes qui réussissent voient, développent et utilisent beaucoup plus d'occasions de faire quelque chose. Et quand ils auront trouvé 100 façons, ils le feront 100 fois ! Et c'est 100 possibilités de plus que l'homme qui n'a pas réussi. Il est presque certain que les 100 possibilités ne fonctionnent pas toutes à merveille et n'apportent pas de bénéfices immédiats. Mais même si seulement cinq des 100 choses fonctionnent, ce sont là cinq occasions de plus de réussir que ne l'auraient fait ceux qui n'auraient pas réussi. Et comme la personne qui réussit traite beaucoup de ces possibilités, cela ne lui fera pas de mal d'avoir abordé les 95 possibilités qui n'ont pas fonctionné. Il sait qu'il en profite parce qu'il peut toujours limiter ses "dommages" et les réduire au minimum et qu'il peut acquérir une incroyable richesse d'expérience grâce à ces 95 possibilités. Des cinq possibilités qu'il a, il peut en transformer une si bien qu'à elle seule, elle lui rapporte beaucoup plus de profits que les 95 tentatives ratées ne lui en ont coûté. Il en profite donc quand les choses vont bien, mais aussi quand les choses ne vont pas si bien. Il est donc crucial de rechercher les opportunités et de les saisir. Et, enfin, comment tu gères ça. Vous gagnez de l'expérience, apprenez constamment de nouvelles choses et appliquez vos connaissances encore et encore. Qu'est-ce que tu crois qu'il va lui arriver ? C'est ce que je pense ! Vous réussirez. Alors ce n'est qu'une question de temps !

Comment choisir vos objectifs

Les objectifs sont importants. Les objectifs sont si importants que vous ne devriez rien faire sans avoir un objectif. Elles sont si importantes que nous en avons déjà parlé et je vous ai demandé d'écrire quelques objectifs pour vous immédiatement. Le moment est venu de vous réprimander si vous ne l'avez pas encore fait, mais aussi de vous donner l'occasion de le faire maintenant. Et c'est définitivement la dernière chance de le faire. Je vous implore donc, pour vous, pour vous, pour votre vie, d'écrire vos objectifs maintenant, au moins trois en nombre.

Le processus d'écriture est très important. Alors je vous demande de le refaire tout de suite !

.

.

.

Si vous l'avez fait maintenant, c'est très bien, mais pas excellent, parce que vous n'aviez pas la discipline et la volonté de l'écrire ailleurs. Demandez-vous si votre vie, vos objectifs ou si vous n'en valez pas la peine. Mais passons à autre chose.

Vous avez peut-être déjà écrit vos objectifs auparavant. Alors je voudrais profiter de l'occasion pour vous féliciter. Et si vous les avez écrits de nouveau ici maintenant, alors vous devriez voir si vous avez aussi écrit les mêmes objectifs. C'est aussi important, bien sûr. Si ce n'est pas le cas, vous devriez profiter de l'occasion pour vous demander à nouveau quels sont vos objectifs les plus importants et les plus importants.

Pourquoi les objectifs sont-ils si importants ? Tout simplement parce qu'ils déterminent le chemin que nous devons prendre pour les atteindre. C'est comme un système de navigation dans nos vies : Si nous ne savons pas où nous voulons aller, nous allons faire des allers-retours inutiles, complètement désordonnés, consommer nos ressources, user nos moyens de transport et perdre notre temps complètement. Vous n'irez jamais en voiture ou en train sans savoir où vous allez. Sauf si vous aimez conduire et profiter du temps. C'est une exception raisonnable. Sinon, vous n'arriverez probablement jamais à destination si vous ne savez pas où aller. Et cela conduit bien sûr à un voyage catastrophique.

Si c'est le cas avec votre locomotion, alors pourquoi ne le faites-vous pas de la même façon dans la vie ? Pensez-vous que la vie est structurée pour vous donner des objectifs en soi ? Ou pensez-vous qu'il n'y a pas de routes et de chemins dans votre projet de vie, pour que tout cela arrive par hasard ? Ne pensez-vous pas que pour atteindre un certain état ou une certaine situation, il y a des chemins plus courts, plus rapides, plus beaux ou peut-être des détours, des chemins plus longs, des chemins plus raides et ainsi de suite ? Je pense que nous sommes d'accord là-dessus. Bien sûr, nous relions souvent l'itinéraire et la destination avec le transport. Mais c'est l'image exactement identique qui peut se refléter sur votre vie. Les buts sont des buts, les moyens sont des moyens, et les moyens mènent aux buts. Les chemins peuvent être différents, tout comme les objectifs. Mais il est indéniable qu'il y a des différences dramatiques entre ces deux types, ce qui peut être bénéfique ou plus difficile pour vous. N'est-ce pas ?

Les objectifs sont également importants, car sinon vous ne savez pas quand vous êtes arrivé. Vous avez donc entrepris un voyage complètement désordonné qui ne s'arrêtera jamais pour vous parce que vous ne savez pas où se trouve votre destination. Et la mauvaise nouvelle, c'est qu'on ne peut pas repartir quand on est perdu et qu'on ne connaît pas le chemin. Chaque seconde de votre vie a un effet sur l'avenir, tout ce que vous faites, pensez, espérez... Il détermine vos actions, il consomme de l'oxygène pour respirer et du temps pour vivre. Vous ne récupérerez jamais le temps que vous perdez : chaque seconde est unique dans votre vie !

Ainsi, votre voyage imprévu dans la vie est en fin de compte beaucoup plus dramatique qu'un voyage non planifié en voiture. Les deux avec la même entrée, mais une sortie différente.

Un objectif vous indique quel itinéraire prendre et quand arriver. Les pierres angulaires les plus importantes d'un voyage. Alors pourquoi pensez-vous que vous ne devriez pas considérer cela ? Peut-être pouvez-vous penser à d'autres parallèles dont il faut tenir compte. Mais les deux plus importantes doivent être présentées ici. La consommation, les déchets, l'usure, etc. ne sont pas du tout mentionnés ici, mais ce sont d'autres facteurs très importants.

Alors, comment devriez-vous choisir vos objectifs ?

Il y a deux points de vue différents à ce sujet : Une partie affirme qu'il faut se fixer de petits objectifs pour que l'on ressente aussi régulièrement des moments de succès et que l'on soit ainsi motivé à continuer. De plus, vous pouvez très bien voir les progrès réalisés. D'autres encore affirment : voyez grand ! Voyez grand ! Pensez surdimensionné. Seuls les grands esprits peuvent créer de grandes visions et les réaliser. Deux vues qui ne pourraient pas être plus différentes. Lequel des deux a du sens ? Il est clair qu'il y a un juste milieu ici, et il ressemble à ceci :

Fixez-vous de grands objectifs ! Fixe-toi de grands objectifs ! Réalistes, mais de grands objectifs ! Tu devrais être SMART. Des cibles intelligentes, des décisions intelligentes.

S - spécifique = vous devez vous référer spécifiquement à une condition ou à une situation souhaitée.

M - mesurable = vous devriez être en mesure de mesurer votre objectif (combien de personnes ai-je aidé, combien de capital ai-je gagné, etc.)

A - ambitieux = vous ne devez pas vous fixer des objectifs trop petits, ils doivent vous mettre au défi.

R - réaliste = ils doivent être réalistes et réalisables. Tout ce que les autres ont accompli, vous pouvez l'accomplir, encore plus.

T - programmé = fixer une date fixe. Cela vous aide à vérifier si vous avez atteint votre objectif et si vous êtes à l'heure.

Pourquoi vos objectifs devraient-ils être SMART et réalistes ? Exemple très simple :

C'est votre cible.

Votre but n'est pas, sans avoir une vraie relation, pas super énorme, mais aussi pas minuscule. Si vous voyez les choses de cette façon, vous diriez probablement que c'est relativement petit.

À chaque voyage, aussi bien planifié et bien pensé qu'on l'aborde, il y aura toujours des défis à relever. Plus grand, plus petit... Peu importe. C'est certainement le cas. Les plus petits défis ne sont pas super dramatiques et peuvent généralement être relevés relativement rapidement. Il s'agit d'un défi mineur :

•

Si vous êtes confronté à un petit défi, vous ne perdrez pas de vue une cible relativement petite, même alors, voir ici (les mêmes tailles de forme sont utilisées) :

Mais que se passe-t-il maintenant quand il y a un plus grand défi qui a vraiment besoin de beaucoup de puissance pour le maîtriser et en sortir encore plus fort ? Supposons que le défi ait une telle dimension.

Si le défi prend une telle ampleur, voici ce qui se produit :

Je suis sûr que vous vous dites : "Où est la cible ? On ne peut plus le voir ! Et c'est exactement le point que j'aimerais visualiser pour vous. Dès que vous faites face à de plus grands défis, vous risquez de perdre de vue votre objectif s'il est trop petit. L'effort semble trop important pour relever le défi, par opposition au rendement que vous obtiendriez en atteignant votre objectif. Cela vous amène à lâcher vos objectifs trop rapidement et à abandonner, puis à recommencer le voyage sans plan. Et ce processus se répétera encore et encore parce que vous vous fixez des objectifs trop petits et qu'il y aura toujours des défis un peu plus grands que votre objectif relativement petit.

Alors, quelle est la solution ? Choisir un objectif plus grand. Assez grand pour surpasser les principaux défis. Des défis encore plus grands continueront à faire apparaître votre objectif dans votre champ de vision et à ne pas le dissimuler.

Vous voyez que ce n'est qu'une image, mais elle vous montre de façon impressionnante combien il est important de ne pas se fixer des objectifs trop petits.

Ainsi, les grands objectifs sont moins faciles à manquer, et si vous avez ces objectifs, ressentez vraiment le désir de les atteindre, alors des défis encore plus grands ne vous empêcheront pas de progresser. Il faut juste que ce soient de vrais objectifs. Quels sont les vrais objectifs, j'y reviendrai dans un instant.

Mais quel est le problème, pourquoi alors tout le monde sans exception ne recommande pas d'avoir de grands objectifs ? Il n'y a qu'une seule raison psychologique à cela : il s'agit de la motivation à vouloir vraiment atteindre cet objectif.

Beaucoup de gens vous conseillent de vous fixer de petits objectifs, afin que vous puissiez célébrer le succès plus rapidement et ainsi alimenter la motivation. Cela vous permettra d'atteindre votre objectif étape par étape et de vous motiver avec les petits succès. C'est une bonne chose en soi. Mais c'est une solution adoucissante. C'est la solution pour les personnes qui n'ont pas assez de motivation pour atteindre leur grand objectif, qui n'ont pas la volonté et la discipline pour atteindre leurs VRAIS objectifs. Quiconque vous recommande de choisir de petits objectifs sur la voie de l'indépendance financière vous dit que vous n'y arriverez pas de toute façon et doute que vous n'en ayez ni la motivation ni la discipline. Pourquoi penserait-il cela ? Parce qu'il ne l'avait pas lui-même. Et il est beaucoup plus facile de garder les autres petits afin de mieux se tenir debout que de s'attaquer à quelque chose soi-même. Il ne s'agit pas d'une accusation ou d'une allégation malveillante. C'est souvent la réalité. Seuls les fantômes qui pensent petit recommandent de choisir aussi de petits objectifs. Mais tu veux être ou rester un petit fantôme ?

Ils pensent que vous êtes psychologiquement trop faible pour rester sur la balle si vous n'avez pas toujours un bonbon entre les deux. Bien sûr, ce n'est pas l'intention principale pour laquelle beaucoup de gens vous conseillent d'avoir de petits objectifs, probablement parce qu'ils n'y pensent même pas eux-mêmes. En fin de compte, l'effet psychologique est exactement ceci. Les petites cibles peuvent être plus pratiques, mais elles vous gardent petit, elles ne vous mènent nulle part.

Et pourquoi les petites cibles sont-elles si dangereuses ? Ils mettent simplement en péril votre grand objectif, car ils vous satisfont et vous satisfont petit à petit. Un jour, vous vous lasserez du succès, aussi drôle que cela puisse paraître. Imaginez la rénovation d'une maison familiale de 10 pièces. Vous commencez à réaménager chaque pièce comme vous le souhaitez. Nouveau papier peint, un mur n'est qu'enduit, nouvelle peinture, nouveau mobilier. Petit à petit, tu finis chaque pièce. Comme cela est bien sûr lié à l'effort, vous vous récompensez pour votre diligence après l'achèvement de chaque pièce. Plus vous créez de pièces, plus vous obtenez de récompenses. Cependant, la récompense reste généralement la même, ce qui signifie que votre menu après le travail vous apporte toujours à peu près la même satisfaction. A un moment donné, quand vous arrivez dans la huitième ou neuvième salle, vous vous dites : "Winnie, le même stress tous les jours ici, et après je me récompense toujours avec un délicieux repas. J'ai la nourriture depuis quelques jours maintenant, mais l'effort pour cette pièce est beaucoup plus grand. Ça n'en vaut pas la peine aujourd'hui. Pour aujourd'hui, je vais terminer le travail et la semaine prochaine, je vais rénover les pièces restantes".

Zack ! Et une fois que cela se produira, nous savons tous les deux que ces pièces ne seront plus jamais rénovées. Pas s'il n'y a pas d'urgence incroyablement grande et immédiate. Alors, ce serait encore fait d'une façon ou d'une autre. Alors ces chambres font aussi partie de votre VRAI But. S'il n'y a cependant pas d'urgence directe, ces pièces resteront probablement toujours Rohbau et aménagées en cellier.

Certes, il y a beaucoup d'agacement à propos de cet exemple. Mais ce n'est pas de ça qu'il s'agit. Je veux juste vous montrer ce que les petits objectifs et les récompenses constantes vous font. Ils expriment inconsciemment la soif d'un but plus grand, ils masquent le désir ardent que vous atteigniez votre VRAI but. Ils vous donnent un sentiment de lassitude. Vous êtes toujours tenté de mettre en balance l'effort et l'avantage. Et parce que c'est toujours relativisé, parce que vous célébrez toujours les succès, jusqu'à ce que vous soyez rassasié à un moment donné et ne vous sentiez plus comme le plat principal. Mais ce n'est pas gentil, parce que cela ne satisfait que vos besoins à court terme, mais ne vous aide pas un peu à long terme et vous êtes toujours, au fond de vous, insatisfait et ressentez le désir de vos VRAIS objectifs. Comme si tu grignotais avant le dîner, ce qui, enfant, t'était interdit autant que moi.

Vous réalisez que vous obtenez une récompense même avec un minimum d'effort, alors à quoi bon ? Et la récompense, vous pouvez vous en passer. L'effort est tout simplement trop important. C'est dommage si cette maison est l'héritage de vos grands-parents, s'ils l'ont construite de leurs propres mains et si votre but dans la vie était de créer une maison rénovée pour toute la famille. On cherche donc maintenant des compromis et des échappatoires, parce que vous êtes trop paresseux et trop démotivés, et prétendez à vous-même que ces échappatoires sont également en ordre et que vous en êtes même "satisfaits". L'effet de l'accoutumance est à la fois le meilleur et le pire effet que vous pouvez trouver dans le comportement humain. D'une part, il peut vous aider incroyablement, mais il peut aussi faire de vous un échec incroyable.

Ainsi, avec une probabilité relativement élevée, des objectifs partiels vous mèneront à l'échec dans l'atteinte de votre grand objectif. Pas toujours, mais le danger est incroyablement grand. Parce que soit votre objectif n'était pas RÉEL, soit vous n'êtes pas assez discipliné ou motivé. Ou... Les petites cibles vous ont saturés. Et c'est fatal si tu as vraiment un souhait dans la vie. Et vous serez satisfait parce que vous trouverez des excuses et des compromis.

Les grands objectifs sont en fait beaucoup plus faciles psychologiquement, mais bien sûr, ils ne sont pas autodestructeurs. Avec de grands objectifs, la faim et la nostalgie de cet objectif est si grande qu'ils vous pousseront chaque jour à vous lever et à gouverner la journée. Votre soif pour ce but est si grande parce qu'ils sont plus forts que vos plus grandes excuses.

Bien sûr, cela peut prendre un certain temps avant que vous n'ayez atteint cet objectif. Et de cette façon, vous serez également confrontés à de grands défis. Mais si votre but est assez grand et VRAI, rien ne vous arrêtera. La façon dont il peut être assez fatigant, parfois vous aurez certainement l'impression que vous êtes encore si loin de votre objectif que vous ne l'atteindrez probablement jamais ou il sera si difficile que vous voudrez peut-être abandonner. C'est précisément pour cette raison de faiblesse que de petits objectifs ont été élaborés. Je pense, cependant, que psychologiquement, c'est la souricière la plus pure. Alors, que pouvez-vous faire maintenant pour vous fixer de grands objectifs, mais ne vous perdez pas, même si l'objectif n'est pas encore à portée de main ? Tout simplement, vous utilisez l'aspect positif des sous-objectifs et vous le combinez avec la soif du grand objectif. Vous vous fixez des jalons !

Un jalon n'est-il pas un mot de plus pour un but partiel ?

Les non-informés feraient l'affaire. C'est juste un autre mot. Cependant, si vous prenez une minute pour y réfléchir, vous réaliserez rapidement qu'il s'agit d'une signification complètement différente.

Un jalon ne vous trompe pas en vous faisant croire que vous avez déjà accompli quelque chose avec succès, et ne vous sature pas encore et encore avec un sentiment d'accomplissement. Un jalon vous donne simplement un indice pour savoir si vous êtes toujours sur la bonne voie. C'est donc la variante sans émotion d'un objectif secondaire.

Les jalons sont comme de grands carrefours reconnaissables, des repères de balisage spéciaux ou d'autres signes distinctifs indiquant que vous êtes toujours sur la bonne voie. Ils confirment vos progrès sans vous donner de succès. C'est tout ce que font les jalons. Mais c'est important qu'ils le fassent. Parce que pour qu'ils ne vous rassasient pas, ils vous poussent encore plus à vous concentrer sur votre but, à avoir encore plus faim, et vous courez maintenant cette route au lieu de marcher. Les jalons sont un instrument de vérification et non de réalisation. Et c'est comme ça que ça devrait être. C'est la raison pour laquelle des objectifs partiels ou, comme vous l'avez déjà constaté, des jalons sont importants pour vous, mais doivent être traités différemment. Je vérifiais, c'est tout.

Après tout, vous n'avez pas choisi une cible sans raison. Cet objectif est la CEDH. Vous vous êtes identifié à cet objectif et c'est pour cette raison que vous avez fait le voyage. Et pas parce que tu ne voulais que le but partiel. Et vous avez commencé. Pourquoi devriez-vous terminer votre voyage à une étape importante ? Ce serait comme aller en Espagne pour partir en vacances, mais vous pensez que la station-service sur l'autoroute est aussi très agréable parce qu'il y a des tapas dans le frigo. C'est tout, et c'est pour ça que tu fais demi-tour et que tu rentres chez toi. C'est absurde, n'est-ce pas ? Alors pourquoi ça devrait être différent dans ta vie ?

Les objectifs partiels ne devraient jamais vous satisfaire à moins que vous n'ayez pas assez faim ou que votre objectif ne soit pas réel. Les objectifs partiels ne sont toujours que des jalons sur le chemin qui vous permettra d'avoir encore plus faim et de continuer. Comme son nom l'indique, c'est une pierre après un mile, un repère de balisage qui vous donne des marques de reconnaissance, qui peut vous remettre sur la bonne voie si vous vous perdez, et qui peut même marquer des repères importants pour les autres. Un jalon n'est jamais un but. Si c'est comme ça, vous n'avez atteint aucun de vos objectifs réels. Tu t'es juste enfuie et tu as consommé des ressources. Le classique des déchets.

Alors, comment vous motivez-vous pour atteindre votre but, même s'il vous semble si lointain ? Les jalons peuvent-ils vous y aider ? En fin de compte, vous pouvez le faire de la façon dont il est important pour vous et comment il peut vous aider. Mais vous ne devriez jamais donner plus ou moins d'importance à un jalon qu'il n'aurait dû en avoir.

Je suis convaincu que si vous avez un VRAI objectif, vous n'avez pas besoin de motivation supplémentaire entre les deux. Je suis convaincu que votre but doit être choisi pour que vous respiriez ce but, pensez ce but, vivez ce but. Si c'est le cas, votre motivation sera toujours assez élevée pour en faire plus que ce que l'on attend de vous. Et il sera toujours si grand qu'il sera plus grand que l'excuse la plus forte. Même si la motivation n'est pas à 100 %, elle sera toujours de quelques pour cent supérieure au niveau du défi. Et c'est assez, donc aucun défi n'est assez grand pour vous dissuader d'atteindre votre but.

Qu'est-ce que c'est que ces VRAIS objectifs, enfin ?

Les objectifs réels comprennent les éléments suivants :

E - Honnêteté

C - Possibilités

H - Dévotion

T - Rêves

Les VRAIS objectifs sont les objectifs pour lesquels vous n'avez pas à prétendre que vous êtes satisfait de la réalisation partielle des objectifs. Des objectifs réels peuvent, veulent et doivent être atteints. Avec de VRAIS objectifs, il n'y a pas d'excuses pour ne pas les atteindre. Avec de VRAIS objectifs, seuls ces objectifs comptent pour vous, rien d'autre.

Les VRAIS objectifs sont ceux qui vous poussent à vous lever le matin et à vous coucher le soir avec la volonté de donner plus le lendemain. Avec de vrais objectifs, l'appétit pour ces objectifs est si grand qu'il ne peut être satisfait que par leur réalisation.

De VRAIS objectifs surgissent lorsque la douleur que vous ressentez actuellement est si grande que vous ne pouvez vous empêcher de changer quelque chose à ce sujet. Vous devez ressentir de la douleur, une douleur réelle avec votre situation ou avec celle dont vous êtes insatisfait afin d'avoir un VRAI objectif.

Un tel objectif REEL vous permet de donner le meilleur de vous-même jour après jour, même si vous ne voyez aucun résultat direct. Ils vous donnent l'impulsion parce que vous voulez atteindre cet état cible à tel point qu'aucun prix ne semble trop élevé, aucun travail trop lourd et aucun jour trop long.

Il y a probablement deux choses qui sont coincées en ce moment :

Soit vous n'avez pas (encore) de VRAIS objectifs, soit vous n'êtes pas encore au courant des VRAIS objectifs, soit vous ne savez pas comment reformuler vos objectifs en VRAIS objectifs et ainsi gagner la motivation et la motivation pour poursuivre vos objectifs comme de VRAIS objectifs.

Je te fais une promesse maintenant : Je vous expliquerai comment vous parvenez à trouver un VRAI objectif ou à transformer vos objectifs en VRAIS objectifs. Cependant, il s'agit d'une méthode très radicale qui exigera beaucoup d'initiative de votre part ainsi que des commentaires de ma part. En outre, je dois vous dire que le processus de fixation des objectifs ECHTE est également un objectif ECHTES. Cela signifie qu'il est soumis à un processus qui ne peut être achevé du jour au lendemain, mais d'aujourd'hui à deux semaines. C'est pourquoi vous ne verrez aucun résultat ici, mais vous constaterez que les résultats peuvent être obtenus relativement rapidement si vous êtes prêt à travailler sérieusement et énergiquement sur eux.

Ce chapitre ne sera pas facile, mais il en vaudra la peine, je vous le promets !

Comment découvrir ou créer de VRAIS objectifs

Comme nous l'avons déjà dit, les VRAIS objectifs (à l'avenir, ils ne seront écrits qu'en minuscules, parce que vous en connaissez la signification maintenant et que la description écrite ne vous permet plus d'en prendre conscience) sont de tels objectifs, dont la réalisation vous offre un besoin immédiat d'améliorer votre qualité de vie. Je ne veux pas entrer ici dans la définition de la qualité de vie parce que c'est un mot incroyablement diversifié, mais je suis sûr que vous avez une idée à ce sujet et ce que la qualité de vie signifie pour vous.

Inversement, cela doit signifier que si cet objectif n'est pas atteint, la qualité de vie est clairement insuffisante ou perdue. Votre but ultime devrait donc être d'atteindre vos objectifs réels.
Pourquoi un objectif réel améliore-t-il votre qualité de vie ? Parce que vous vous associez à ces choses qui sont d'un intérêt extraordinaire pour vous, votre vie et la vie de toutes vos parties prenantes. Cela signifie qu'ils ont des effets positifs sur votre santé, privés, financiers, matériels ou immatériels sur votre vie et celle de vos amis et parents.

Un objectif réel diffère d'un objectif ordinaire par l'urgence avec laquelle nous voulons l'atteindre. Plus la cible est urgente, plus elle est réelle. De plus, un objectif réel n'a pas besoin d'objectifs partiels, seuls les jalons ont un sens. Avec un but réel, la motivation d'atteindre l'état de but est si grande que vous trouvez toujours votre motivation intrinsèque, toujours en vous-même, parce que vous êtes convaincu qu'elle est bonne pour vous et que vous la méritez.

Comment créer cette motivation intrinsèque ? Votre but doit être tellement désiré que vous ne voyez pas d'autre moyen que de l'atteindre. Et vous avez ce désir quand vous êtes si insatisfait de votre situation actuelle que vous voulez vous en sortir, peu importe ce que cela coûte. Et c'est précisément cet état qui naît lorsque vous associez la douleur à votre situation actuelle, parce que la douleur est un sentiment que nous ne pouvons pas ou ne voulons pas tous endurer longtemps. La douleur persistante nous rend fatigués, fatigués de la vie et conduit à des maladies, physiques, mais aussi mentales.

C'est bien sûr une situation très désagréable, mais ce n'est qu'alors que nous serons vraiment en mesure de vouloir changer quelque chose. Et nous allons changer quelque chose parce que nous voulons et devons sortir de l'état de douleur. Il n'y a pas d'autre solution dans cette situation pour nous si nous voulons changer quelque chose de toute urgence. Bien que nous puissions prendre des analgésiques (au sens figuré, ce sont les pensées qui cherchent une issue ou trouvent des excuses), nous ne changeons pas la cause et combattons seulement les symptômes jusqu'à ce que les analgésiques perdent également leur fonction et nous devons continuer à vivre avec la douleur. Je pense que vous savez très bien que les analgésiques en médecine ne devraient être une solution à court terme que si cela est possible.

Vous devez donc relier la douleur à votre situation actuelle. Et c'est une condition de base optimale, même si elle est très drastique, pour vouloir vraiment changer quelque chose. Parce que si vous n'associez pas la douleur à votre situation, alors vous êtes exactement au point où vous en êtes dans la vie. Si la douleur n'est pas assez forte, vous ne changerez rien. C'est pour ça que tu n'as encore rien changé. Parce que vos analgésiques (au sens figuré, votre paresse et vos excuses) ont toujours couvert la douleur. Mais vous avez toujours cette douleur au plus profond de vous, parce que sinon vous ne vous êtes pas laissé conduire à vouloir changer quoi que ce soit. Maintenant que vous avez pris cette décision, vous devriez aussi tenir compte de la douleur que vous ressentez vraiment, et c'est la première étape pour vous fixer un objectif réel.

Comment se programmer pour atteindre de VRAIS objectifs

Nous voulons ce qui nous rend heureux. Et c'est ce que nous ressentons. C'est ce subconscient qui nous dit parfois qu'il est juste de faire ceci ou cela ou de ne pas le faire. Ce subconscient prétend faire les choses bien ou moins bien. Parfois, on appelle ça de l'intuition. Pensez-vous que votre subconscient est inné ? Pensez-vous que chaque personne est née avec son propre subconscient et en est maintenant victime ? Complètement piégé, libre de tout pouvoir qui peut vous donner l'opportunité de faire inconsciemment quelque chose de meilleur ou de pire ?

J'en doute autant que vous. Je pense que notre subconscient est créé par ce que nous faisons, surtout ce que nous faisons régulièrement. Je pense aussi que notre subconscient doit se développer pour que nous puissions travailler avec lui et encore plus compter sur lui. Sans trop entrer philosophiquement dans ce sujet, vous pouvez certainement imaginer que votre subconscient s'est développé à partir de ce que vous avez fait jusqu'à présent dans votre vie, de ce que vous avez senti être juste, de ce que vous avez fait régulièrement et de ce pour quoi vous décidez maintenant inconsciemment. Dans une certaine mesure, nous parlons ici aussi d'expérience. Notre subconscient est donc aussi façonné par l'expérience. Mieux l'expérience est vécue, plus le sens de la récompense est grand et plus elle s'imprime rapidement et plus fortement dans notre subconscient.

Les expériences, cependant, ne naissent généralement pas de ce que vous faites ou de ce que vous ne faites pas, ni de ce qui se passe. Vous gagnez de l'expérience en prenant les choses pas à pas, dont les résultats vous sont présentés et qui vous sont favorables ou défavorables. S'ils sont en effet défavorables, vous ne les exécuterez probablement pas si rapidement inconsciemment, parce que vous associez un résultat négatif avec eux, mais vous voulez les éviter inconsciemment. Ainsi, notre subconscient nous donne des recommandations pour l'action, mais nous avertit aussi des choses qui nous ont donné des résultats négatifs.

Notre subconscient n'est donc en aucun cas un instrument donné par Dieu, un système d'alerte précoce qui nous est imposé dès la naissance. Notre subconscient se forme précisément à partir de ces expériences que nous vivons jour après jour. Cela signifie aussi que votre subconscient est contrôlable d'une certaine manière. Nous pouvons le contrôler en fonction des expériences que nous vivons ou beaucoup plus en fonction de la façon dont nous vivons ces expériences. Nous pouvons donc le programmer de façon à vivre des expériences plus positives plutôt que négatives. L'important ici est la considération. Les résultats positifs sont ceux qui nous aident à avancer sur notre chemin. Les expériences négatives nous donnent des leçons et des conseils sur la façon de mieux faire les choses la prochaine fois. Notre subconscient apprend dans les deux sens : Une fois directement, et une fois indirectement. Et nous pouvons le programmer de façon à ce que nous ayons inconsciemment tendance à faire ce qui nous est bénéfique, et non ce qui nous nuit.

Puisque nous faisons beaucoup de choses inconsciemment, il devient rapidement évident que ce subconscient est un instrument puissant. Et cela montre aussi son importance pour notre vie quotidienne. Si nous avons inconsciemment un désir si fort pour quelque chose, alors nous essaierons aussi inconsciemment de l'atteindre d'une manière ou d'une autre et à tout prix. Nous faisons inconsciemment ce qu'il faut pour cela. Nos actions passées, subconscientes, nous ont amenés là où nous en sommes aujourd'hui. En conséquence, votre tâche actuelle sera de changer votre subconscient de telle sorte que vous fassiez inconsciemment des choses qui vous mènent plus loin.

Quand nous parlons de subconscience, alors c'est presque un organigramme qui se trouve EN DESSOUS de notre CONSCIENCE, que nous percevons comme quasi imperceptible et qui nous guide pourtant et semble fonctionner automatiquement. Ne serait-ce pas génial si ce moteur même vous conduisait à des choses qui vous rapprochent de votre but et de votre bonheur, n'est-ce pas ? Ce ne serait pas seulement la solution, c'est la solution ! Nous devons donc maintenant nous pencher sur la façon exacte de le faire.

Reprogrammez votre subconscient

Je pense que vous pourriez comprendre ce que j'ai décrit ci-dessus, comment notre subconscient se forme et comment il nous soutient dans notre routine quotidienne. Le subconscient ne surgit pas du jour au lendemain, mais à travers un processus, à savoir le processus de collecte et de répétition de l'expérience. Pour cette raison, il faudra aussi un certain temps avant que nous puissions détecter des changements perceptibles dans notre subconscient ou les actions qui en résultent. Par conséquent, nous essaierons d'aborder l'ensemble de la question de façon logique et cohérente afin de réduire ce temps au minimum et d'en tirer le meilleur parti possible.

Votre subconscient est certainement le plus dépendant de la fréquence à laquelle vous faites quelque chose et de l'expérience que vous y associez. La chose la plus certainement subconsciente qui détermine nos actions sont les réflexes. Et les réflexes sont entraînés sur nous. Et je n'entends pas par là des réflexes biologiques, mais ceux que nous appliquons quotidiennement à des situations récurrentes. Nous réagissons avec souveraineté à des choses que nous connaissons déjà, à des processus que nous connaissons déjà, afin d'obtenir des résultats que nous connaissons déjà. Les réflexes sont donc des réponses formées à certains faits. Et pour cela, nous avons dû les répéter assez souvent et regarder encore et encore les résultats de ces actions. Donc, si nous voulons programmer quelque chose de nouveau dans notre subconscient ou si nous voulons simplement le reprendre, alors nous devons faire les choses encore et encore, le répéter jusqu'à ce que nous l'ayons fait si souvent qu'il ait atteint notre subconscient. Ce que vous avez absorbé dans votre subconscient jusqu'à présent ne s'est pas non plus développé différemment.

Vous devez donc appeler ce que vous voulez atteindre, vos objectifs, encore et encore, vous devez revenir en arrière encore et encore pour construire inconsciemment un programme, ce qui vous incite inconsciemment à faire des choses qui y sont propices. Il faut donc imaginer, visualiser, lire, lire, écouter, tout ce que l'on veut reprendre dans son subconscient encore et encore. Vous devez y faire face activement très souvent, pour qu'il soit sauvé passivement à un moment ou à un autre. C'est logique, n'est-ce pas ? Et comment l'avez-vous appris à l'école, comment avons-nous appris les choses avec succès ? Lisez-les encore et encore, notez-les, répétez-les, lisez-les, lisez-les, notez-les. C'est exactement comme ça que ça marche maintenant. Prenez une nouvelle feuille de papier, écrivez les choses que vous voulez inclure dans votre subconscient, et maintenant soyez discipliné. Si tu veux vraiment le faire, tu dois être discipliné maintenant.

Notez-les et lisez-les tous les matins après le lever et tous les soirs avant d'aller au lit. Au moins pendant 21 jours. C'est le temps qu'il faut à notre esprit pour percevoir quelque chose comme un motif récurrent et pour l'absorber dans notre subconscient. Soyez disciplinés ! Cela ne vous prend que 3 à 4 minutes par jour pour le faire. Ça va te coûter une vie entière de ne pas le faire. Faites-le, et vous verrez que votre subconscient va changer à partir de maintenant.

Pourquoi est-il si important que vous programmiez votre subconscient vers vos objectifs ?

Parce qu'alors vous faites inconsciemment tout ce que vous allez faire d'une manière qui est bénéfique pour vous et pour vos objectifs. Vous remarquerez certainement combien il faut d'efforts pour faire consciemment des choses qui ne correspondent pas à votre routine et qui vous semblent inconfortables au départ. Si vous devez lutter contre cet inconvénient en tout temps, vous devrez toujours dépenser beaucoup d'énergie pour aller de l'avant. C'est bien sûr possible, mais cela rend les choses un million de fois plus difficiles.

Si votre subconscient est programmé pour que vous fassiez automatiquement ce qui est bon pour vous, ce qui vous aide automatiquement, alors d'une part cela ne vous coûtera aucune énergie et d'autre part vous continuerez automatiquement à progresser. La machine à mouvement perpétuel de vos objectifs. Ainsi, vous pouvez construire un moteur incroyablement puissant avec un temps court et un effort limité, ce qui vous rapprochera de vos objectifs. Votre subconscient contrôle tout et a des effets directs sur ce que vous percevez consciemment et comment vous agissez consciemment.

Inconsciemment, vous ferez des choses qui vous feront du bien et vous rendront heureux. En vous basant sur les expériences que vous avez déjà vécues. Si vous associez maintenant vos objectifs à des associations positives qui façonnent votre subconscient, vous ne pourrez rien faire d'autre que progresser.

Pour cette raison, il est incroyablement important, oh quoi, même nécessaire, de faire ce pas. Vous devez donc écrire ce que sont vos objectifs, ce que vous voulez atteindre avec elle et surtout POURQUOI vous voulez l'atteindre. La nostalgie doit être grande. Il doit être écrit en entier. Pas d'écriture fastueuse, mais pour que vous puissiez saisir clairement le sens encore et encore, si vous le lisez et le relisez encore et encore. Formuler vos objectifs SMART. Vous avez déjà appris ce que cela signifie. Plus il y a de béton, mieux c'est. Pour que vous ayez aussi un appel clair à l'action, pour que vous sachiez pourquoi vous voulez poursuivre ces objectifs et pourquoi ils vous rendent heureux.

Écrivez-le, lisez-le, tous les matins et tous les soirs. Cela vous motivera à commencer la journée demain et vous saurez ce qui vous motive à accomplir de grandes choses. Vous avez la nuit pour imaginer où vous serez bientôt. Deux périodes non négligeables dans votre vie quotidienne.

Pourquoi le subconscient vous aide-t-il à faire les bonnes choses apparemment automatiquement ? Parce que non seulement vous les rendez conscients, mais à travers votre moteur subconscient, vous déciderez des choses qui correspondent à votre nouvel état cible ou à vos nouvelles idées. Cette "automatique" ne signifie rien d'autre que le fait que vous allez inconsciemment avouer des décisions qui contribuent plus favorablement que défavorablement à vos idées. Votre subconscient, votre sentiment, votre intuition, ils vous aident à prendre les décisions qui sont plus favorables à vos objectifs.

Exemple simple : Si vous voulez séparer les ordures et que vous ne l'avez pas encore fait, vous prendrez probablement toujours l'habitude et inconsciemment la poubelle qui convient le mieux à la situation. Si vous reprogrammez ensuite votre subconscient, vous serez en mesure de séparer inconsciemment les déchets de façon plus significative. Après un certain temps, vous choisirez automatiquement la poubelle que vous avez programmée vous-même pour l'utiliser.

Votre subconscient est très pertinent à vos actions. Entre autres choses, parce qu'il influencera également de manière significative vos actions conscientes. Vous devriez donc reprogrammer votre subconscient. Même si le mot "programmation" a une connotation négative, il est extrêmement positif dans ce contexte.

Quelles mesures devons-nous donc prendre ? Celles-ci sont brièvement décrites ci-dessous :

1) Réfléchissez et lisez ce que sont vos VRAIS objectifs

2) Visualisez ces objectifs réels sous les yeux de votre esprit. Régulièrement ! Plus c'est détaillé, mieux c'est.

3) Décrivez ces images aussi bien que possible et tenez-les sur une feuille de papier. Même les collages de rêve vous aideront. Peu importe les détails. Prenez votre temps. Plus c'est concret, plus c'est onirique pour vous, plus c'est positif, mieux c'est. Nul doute que le rêve est permis ici. Vous devez imaginer une situation concrète et la décrire du mieux que vous le pouvez. Petit conseil : Si une fée vous accorde un vœu gratuit, mais que ce vœu doit être décrit très précisément, alors vous devriez vraiment faire un effort pour enregistrer votre souhait tel que vous l'imaginez. De la même manière, vous devriez maintenant aussi écrire vos états cibles, vos objectifs réels.

4) Reliez vos objectifs réels avec des émotions positives. Quelle que soit la situation dans laquelle vous vous trouvez : Dès que vous pensez à l'état cible, vous devriez immédiatement ressentir un sentiment de bonheur. Ceci peut même être contrôlé biologiquement pour que vous libériez des hormones du bonheur dès que vous pensez à vos objectifs. Cela correspond à un type de conditionnement. Écoutez votre musique préférée quand vous y pensez, écoutez de la musique motivante ou édifiante, mangez votre nourriture préférée, soyez dans votre endroit préféré. Vous devez vous sentir à l'aise et à tout moment aussi longtemps que vous êtes dans la "phase d'apprentissage", c'est-à-dire dans la phase où vous associez vos objectifs à des situations positives, être heureux et avoir un sentiment incroyablement positif. Ainsi, dans toute situation future où vous penserez à ces objectifs, vous vous laisserez absolument positif en tout lieu du monde, à tout moment et en toute situation, dès que vous y penserez. Et c'est exactement ainsi que vous pourrez recharger vos batteries dans toutes les situations, en donnant toujours le meilleur de vous-même pour vous rapprocher de vos objectifs.

5) Lisez vos objectifs réels et vos états décrits au moins deux fois par jour. A consommer de préférence après le lever et avant d'aller au lit. Ce sont des périodes de temps incroyablement puissantes pour permettre à l'énergie pure de circuler dans votre imagination et votre imagination.

6) Répétez ce processus pendant au moins 21 jours. Jusqu'à ce que vous puissiez presque mémoriser ce que vous avez écrit. Quand vous êtes prêt, vous n'avez plus besoin de lire vos formulations tous les jours, mais de commencer à réciter le tout et de le formuler de mémoire. Au cours des premiers jours, il peut être utile de vérifier vos enregistrements de temps en temps afin d'enregistrer également les détails les plus importants. Progressivement, cependant, vous pouvez vous détendre de plus en plus. C'est le moment où il entre vraiment dans votre subconscient. Ensuite, vous avez également enregistré l'enregistrement dans votre mémoire à long terme et vous pouvez le reproduire presque sans erreur. Ensuite, il aurait dû s'écouler environ 28 jours. C'est certainement le moment où vous avez introduit votre subconscient au nouveau programme, si vous avez déjà été discipliné. Maintenant vous n'avez plus besoin de réciter l'enregistrement complet sans aucune erreur, mais vous pouvez vous rappeler les choses qui sont importantes pour vous. Ces pierres angulaires suffisent à vous apporter encore et encore la puissante visualisation de vos objectifs. Si ce n'est pas suffisant, répétez les étapes précédentes pendant encore 21 jours.

Cherchez des moyens de renforcer votre volonté, d'aiguiser votre sens et de façonner votre vie en fonction de vos idées.

conditionnant

Cet instrument est très violent et incroyablement puissant, mais ce sera aussi l'arme la plus flagrante que vous utiliserez pour réussir et vous rendre heureux.

Le conditionnement est aussi un mot très négatif. Les associations que nous associons au conditionnement sont souvent de très mauvaises caractéristiques manipulatrices. Le lavage de cerveau est également fréquemment mentionné dans ce contexte. Nous voulons dire par là qu'une certaine façon de penser nous est imposée de manière subliminale ou que nous devrions adopter un certain comportement qui nous a été imposé involontairement.

Au sens propre du terme, cependant, le conditionnement signifie simplement que nous lions une certaine façon de penser, de stimuler et d'agir les uns avec les autres. Montrer une certaine réaction à certaines actions. Utiliser des signaux pour expliquer un mode de pensée ou un modèle de comportement. A cet égard, ce mot est en fait aussi neutre que son origine. C'est juste une question de ce que nous y associons. Et dans ce contexte, nous voulons donner à l'ensemble un cadre d'interprétation positif, non pas parce que cela nous convient mieux dans ce cas et que nous faisons le monde comme nous l'aimons, mais parce que ce processus est neutre au sens propre du terme et que nous pouvons l'utiliser pour en déduire quelque chose de très positif pour nous. Il en va de même pour la critique. Les critiques sont négatives, mais dans le meilleur des cas, elles nous donnent des conseils constructifs et des recommandations pour l'action, ce qui peut nous rendre encore meilleurs.

Alors, comment pouvons-nous façonner le conditionnement de manière positive d'une part et le laisser agir pour nous d'autre part ? En nous conditionnant pour essayer d'éviter les choses qui nous font du bien et celles qui nous font du mal. Je suis sûr que tu te dis :"J'essaie de faire ça tous les jours !" Et oui, vous le faites probablement plus ou moins tous les jours, mais pas assez consciemment ou habilement pour pouvoir vraiment en profiter. Parce que si vous faites des choses que vous aimez, vous êtes heureux juste parce que vous les faites et que vous avez l'occasion de les faire. Si vous faites des choses que vous n'aimez pas, vous êtes malheureux, malheureux, ou peut-être vous trouvez un détour émotionnel pour y faire face. Si vous faites des choses que vous faites très souvent, c'est-à-dire que vous devenez une sorte de routine, vous êtes probablement relativement détaché émotionnellement d'eux. Peut-être que c'est ennuyeux, peut-être que tu en vois l'avantage. Quelque part, cependant, elle se situe certainement plus ou moins dans la fourchette légèrement positive ou négative, quelque part autour de zéro. Ce qui compte, ce sont les émotions et les pensées que vous associez à vos actions et à vos processus. Nous avons donc une liberté totale sur tout ce qui se passe, comme nous voulons le voir. Votre petite amie ou votre petit ami y voit un problème, vous y voyez un défi. Elle/il voit cela comme un obstacle, vous le voyez comme une opportunité. Il pense à l'échec, vous à l'épilation à la cire. La même situation, des pensées différentes, des approches différentes.

Qui pensez-vous qui atteindra l'arrivée plus tôt (ou pas du tout), et avec quel résultat : Celui qui voit un 5km courir devant lui et pense : " Je n'y arriverai jamais ! C'est trop ! Je ne m'entraînais pas ! "Ou bien la personne qui ne s'est pas entraînée doit courir la même piste, mais pense : " Maintenant, j'ai la possibilité de courir enfin 5 km. Après la course, j'aurai certainement terminé, mais j'ai fait quelque chose pour ma forme physique. Et si l'occasion se présente à nouveau, je serai encore plus rapide et encore meilleur qu'avant ! Qui, selon vous, commencera la descente et, si les deux commencent, qui obtiendra le meilleur résultat si toutes les conditions sont par ailleurs égales ? La réponse est claire....

Cet état d'esprit qui vous aide à voir les chances plutôt que les risques, à reconnaître les défis des problèmes - cet état d'esprit peut être formé, et vous pouvez vous y préparer ! Et voici le mot dont nous avons tous si peur quand nous le lisons ou l'entendons. Conditionnement ! Mais nous pouvons en fait bénéficier d'une formation pour être un penseur positif. Et c'est votre ouvre-boîte. De cette façon, vous voyez les possibilités plutôt que les risques, de cette façon, vous voyez les possibilités plutôt que les portes verrouillées.

Il faut donc s'entraîner à conditionner, c'est-à-dire à lier certaines choses à certaines situations, signaux ou stimuli. Et ce, tant dans le positif que dans le négatif. Cela vous aide à faire certaines choses et à laisser d'autres choses derrière vous. La clé, pour l'anticiper, est de relier les pensées et les actes positifs aux sentiments de bonheur et aux émotions euphoriques et de relier la douleur aux choses négatives, improductives ou mauvaises. Cet instrument est très violent et incroyablement puissant, mais ce sera aussi l'arme la plus flagrante que vous utiliserez pour réussir et vous rendre heureux. Marché conclu ?

C'est facile à expliquer, mais la mise en œuvre n'est pas si facile, car elle demande beaucoup de temps, de patience et de nerfs. Mais une fois que vous y êtes, vous êtes dans un état dont toutes les personnes à succès parlent : personne ne peut vous arrêter ! Les plus grands orateurs du monde, les meilleurs athlètes du monde, se sont tous concentrés sur leur meilleure performance le jour de la compétition. Et cela fonctionne très souvent, parce qu'ils se sont conditionnés à cette réussite et à cette situation.

Comment ça marche ? Vous devez établir un lien entre des états positifs, voire même vraiment euphoriques, et des choses qui vous rapprochent de vos objectifs. Cela se fait par une connexion pensée-esprit : Si vous pensez à l'état cible, à l'atteinte d'un but réel, alors vous devez relier des moments de joie impressionnants à cette pensée. Il doit y avoir sensiblement plus d'endorphine dans votre corps. Cela peut même être prouvé biologiquement ! Écoutez votre musique quand vous y pensez, créez une situation où vous vous sentez incroyablement bien, puissant, équilibré, heureux, amical et aimé, puis pensez à vos objectifs. Mange ton plat préféré, regarde ton émission préférée. Dans tous ces moments, vous devez et DEVEZ penser à vos VRAIS objectifs et à l'état cible associé. Vous pouvez faire tout cela à tout moment et à tout moment lorsque vous êtes arrivé là où vous voulez être. Alors maintenant tu devrais vivre ce sentiment du mieux que tu peux. Associez toujours vos objectifs à des situations et des états fortement positifs. Et vous devez le faire régulièrement, toutes les heures, au moins tous les jours, pendant des semaines, voire des mois, selon la rapidité avec laquelle vous pouvez vous en convaincre. De sorte que vous êtes si positivement conditionné que dans n'importe quelle situation dans laquelle vous vous trouvez, aussi difficile ou épuisante soit-elle, vous pourriez presque éclater de joie si vous pensez à vos objectifs : Parce que vous avez immédiatement le sentiment que vous faites tout cela pour une raison. Vous ravitaillez immédiatement votre force, votre motivation à continuer, parce que vous savez que cela va payer. Cela peut prendre des semaines, voire des mois, jusqu'à ce que vous ayez maîtrisé ce processus et que vous puissiez vous droguer avec des endorphines dans presque toutes les situations. Mais quand vous serez prêt, vous ne vous lasserez jamais de faire quelque chose qui vous mènera plus loin, même si cela semble difficile. Alors vous êtes INFRASTABLE !

Et maintenant tu fais la même chose dans l'autre sens. C'est-à-dire, dans le sens négatif. Et ça devient encore plus inconfortable. Pour l'instant, votre situation actuelle, toutes les choses et circonstances avec lesquelles vous êtes insatisfait ou malheureux, doivent être liées à des émotions négatives, même à la douleur émotionnelle. Le niveau à peu près équivalent de votre douleur doit être de l'ordre de si vous êtes maintenant, de façon inattendue, retiré 10.000 euros Peut-être une amende parce que vous n'avez pas vérifié votre compteur d'électricité correctement ou il a simplement tourné complètement faux. Pour n'importe quelle raison : vous devez payer ce paiement maintenant ! Ça fait mal, n'est-ce pas ? Ça ferait vraiment, vraiment mal. Et c'est exactement le genre de douleur dont vous avez besoin pour vous connecter à votre situation actuelle. Avec la situation dans laquelle vous ne voulez plus être, avec des conditions que vous ne voulez plus vivre. Un fait simple : "Plus de désir pour elle" ne suffit plus ici. C'était avant, et ça ne vous a pas aidé avant. Maintenant, c'est un autre niveau. Maintenant, vous devez y relier la douleur profonde. Reliez des choses qui ne vous mèneront nulle part avec une douleur psychique absolue. Ça doit faire mal. Cela doit faire mal de jeter l'argent par la fenêtre tous les mois juste pour vous étourdir un moment, vous distraire de vos objectifs, ou faire des choses que vous ne pouvez pas faire. Même si vous avez déjà économisé de l'argent pour acheter une belle voiture : Cela doit encore vous faire tellement mal que vous ne pensez pas une seconde à le dépenser pour des bêtises maintenant, mais profitez-en maintenant pour l'investir judicieusement. Et avec cet investissement, ressentez alors les pensées positives. Un jeu d'émotions, mais incroyablement puissant.

Vous avez besoin de la douleur, de l'inconfort, de la monnaie. Et pourtant, sois honnête avec toi-même : Sinon, tu aurais changé quelque chose avant. Nous sommes tous fatigués, nous sommes dépouillés de nos forces, nous nous affaiblissons si nous ressentons en permanence la douleur. Nous avons parlé des analgésiques ailleurs. Mais on trouvera un moyen de sortir de là. Comment nous n'avons plus à ressentir la douleur. Comment devenir indolore. C'est pourquoi nous nous tournons vers les médecins. Parce que nous ne voulons pas et ne pouvons pas vivre avec cette douleur *(et nous espérons ne pas avoir à le faire). Je sais qu'il s'agit d'une question très délicate ici et psychologiquement pas facile non plus. C'est pourquoi je vous demande expressément de ne vous orienter avec ces courants de pensée que vers une pensée orientée vers le succès et de n'appliquer ces connaissances que si vous voulez devenir plus performant. Je ne veux pas parler de maladies mentales ou d'autres conditions ici, mais bien sûr, elles sont dramatiques et ne peuvent être minimisées. Par conséquent, je vous demanderais de ne voir dans ces remarques que le contexte de la pensée axée sur la réussite).*

Reliez la douleur à votre situation actuelle. Dans le cas le plus extrême, vous pouvez vraiment l'associer à des moments très désagréables pour vous. Mais vous ne pouvez pas et ne devriez pas nécessairement aller aussi loin. Seulement si vous ne pouvez pas accumuler suffisamment d'urgence d'une autre manière. Il suffit d'associer ces situations au malaise, à l'insatisfaction, au malheur. Fais-le à ta façon, comme tu penses que c'est bien. Mais fais en sorte que ça marche vraiment. Si vous ne pouvez pas créer de telles connexions ici par commodité, cela ne vous servira à rien. Cependant, le principe de base est le suivant : aussi léger que possible, aussi douloureux que nécessaire. Il n'y a pas de règle empirique ici, parce que nous traitons tous la pression psychologique différemment et que certains d'entre nous y font face mieux ou plus durement. Les situations que vous n'aimez pas et qui ne vous font pas avancer, dont vous n'avez aucun avantage, devraient être associées à des émotions négatives ou mauvaises. C'est maintenant à vous de l'appliquer en conséquence.

Trouvez-vous un mentor

Vos actions d'aujourd'hui jettent les bases de votre vie du matin. Ça veut dire que tu décides toi-même de ce qui va t'arriver demain. Tu es la gâchette. Rien ne peut changer si tu ne changes rien. Je pense que nous avons déjà parlé ou écrit de ces choses plus en détail. Cependant, il y a des choses que vous pouvez créer seul, que vous devriez créer seul ou que vous devez créer seul. Il n'y a pas d'autres possibilités. Bien qu'il y aura toujours des opportunités pour vous d'être soutenu, en fin de compte, vous devez toujours être prêt à le prendre sur vous en cas de doute et être responsable de votre succès. Mais ça ne veut pas dire que tu es vraiment seule. Il y a toujours des gens qui ont mené à bien leurs actions précédentes, qui ont déjà vécu la situation que vous vivez de la même manière et qui peuvent vous donner des indices précieux avec leurs connaissances et leur expérience. Ils peuvent apporter une contribution importante à ce que vous faites et à la façon dont vous le faites, et surtout, que vous le faites !

Ces gens qui font exactement cela ne sont pas nécessairement vos meilleurs amis, pas nécessairement vos partenaires d'affaires. Ce sont des entraîneurs et des mentors qui vous soutiennent exactement dans votre travail. Parce que soyons honnêtes : Jusqu'à quel point avez-vous été satisfait de vos résultats jusqu'à présent, alors que vous avez vraiment fait quelque chose avec passion, engagement et enthousiasme ? Le résultat était certainement assez bon, n'est-ce pas ? C'est peut-être un peu mieux de savoir ce qu'on est en train de sucer maintenant, mais le résultat est vraiment remarquable. Mais pouvez-vous transférer cette capacité à tous les autres processus et situations où des choses doivent être faites ? C'est probablement difficile. Et il est probablement tout aussi difficile d'obtenir des résultats aussi remarquables dans ces situations. Qu'est-ce qui peut vraiment vous aider ? Soit des conseils sur la façon d'obtenir un bon résultat, soit un motivateur pour vous aider à allumer votre flamme de manière à ce que vous soyez impatient d'achever ce processus avec succès. Parce que ça va probablement rendre ton score bon, non ?

C'est exactement ce que fait un mentor ! Un mentor n'est pas une personne qui peut tout faire, qui sait tout et qui vous offre une routine quotidienne structurée que vous suivez obstinément et que vous espérez réussir demain. Un mentor vous aidera à donner de bons conseils dans votre région et vous motivera à atteindre un rendement maximal dans chaque situation. C'est exactement ce que peut faire un mentor ! Il peut enflammer votre feu et diriger vos flammes de façon à enflammer une trace de brûlure qui s'étend exactement dans la direction de votre cible. Un mentor a toujours de l'essence au début pour garder votre flamme vivante et rendre le feu de plus en plus grand. Et à un moment donné, votre flamme en enflammera probablement d'autres qui brûleront aussi. Et ensemble, il se brûle magnifiquement ! Vous voyez comme il est important pour votre flamme de continuer à brûler ? Comprenez-vous pourquoi il est important d'avoir un mentor tout en étant responsable de ce qui doit brûler ?

Il y a beaucoup de gens qui veulent brûler, mais qui étouffent eux-mêmes leur flamme dans l'œuf. Il y a beaucoup de gens qui ont besoin d'une poudrière. Mais peu de gens s'en rendent compte.

Il y a aussi beaucoup de mentors et d'entraîneurs qui voient votre flamme, mais seulement quelques-uns qui ont le gaz avec eux. Faites confiance à vos propres expériences ou aux expériences honnêtes des autres. Peu importe à quel point un coach ou un mentor est " bon ". Il est important que vous parliez la même langue, vous devez avoir la même compréhension. Votre flamme ne vous servira à rien si votre mentor n'a que des allumettes pour vous. Gagnez de l'expérience, devenez intelligent, parlez-en à votre mentor. Tu verras s'il a de l'essence ou des allumettes pour toi.

J'ai aussi un mentor, j'ai aussi quelqu'un qui alimente ma flamme en essence.

Que sont les défaites et comment y faire face ?

Le mot défaite est plus douloureux sur le plan émotionnel et plus négatif que presque tous les autres mots. Une défaite signifie que vous avez perdu. Et une perte n'est généralement jamais facile à emporter.

Nous associons habituellement les défaites à une compétition, une situation concurrentielle dans laquelle nous avons été défaits. Cependant, la défaite peut aussi signifier que nous obtenons un résultat bien en deçà de nos attentes. La plupart du temps, nous relions le résultat à nos efforts, au temps que nous y avons investi et aux ressources que nous avons consacrées à déterminer si nous avons connu une victoire ou une défaite. Plus nous avons investi dans le résultat, plus la défaite sera souvent grande.

Cela signifie, d'une part, que le résultat est considéré par rapport à l'intrant et, d'autre part, ce que nous attendons comme résultat.

Vous pouvez et devez déterminer les données vous-même à tout moment. Ici, la règle "ne faites pas les choses à moitié" s'applique complètement. Faire les choses avec tiédeur ne devrait pas être à l'ordre du jour pour vous, car elles ne donneront que des résultats tièdes qui ne vous satisferont pas et ne vous mèneront nulle part. Cela signifie donc qu'idéalement, votre contribution devrait toujours être très importante, vous devriez toujours faire de votre mieux pour en tirer le meilleur parti. Néanmoins, bien sûr, vous ne devez pas vous perdre dans les détails. Nous avons déjà parlé du principe de Pareto 80/20, qui devrait toujours être utilisé pour accompagner les processus importants et progresser, même dans les processus de routine. L'apport dépend bien sûr aussi de l'importance d'une tâche et d'un processus pour vous et pour vos progrès.

Le deuxième point est ce que nous attendons d'un résultat. Et ici, vous l'avez deviné, la solution est à nouveau évidente. Le résultat est toujours dans l'œil du spectateur. Et la solution ici n'est pas d'abaisser vos exigences autant que n'importe quel résultat serait plus positif pour vous qu'il ne l'est du tout. Les défaites ne sont pas là pour vous signaler que la prochaine fois, vous devrez réduire vos réclamations au minimum afin d'obtenir un résultat satisfaisant. Les défaites vous disent exactement deux choses :

1. Vérifier votre perception de votre rapport entrées/sorties
2. La prochaine fois, il faudra que ça aille mieux.

Ce sont deux déclarations assez difficiles et inconfortables, mais elles peuvent vous donner un énorme potentiel. Qu'est-ce qui t'arrive ?

Si vous subissez une défaite, le résultat n'a pas été à la hauteur de vos efforts et de vos investissements. Cela est dû soit à la qualité et à la quantité de votre investissement, soit à l'attente de votre résultat. Ce doit être l'un des deux facteurs. Soit vous avez manqué quelque chose dans la préparation, soit dans l'exécution. Peut-être que l'analyse des besoins de ce que vous devez investir pour obtenir le résultat souhaité n'était pas adéquate, inadéquate ou que vous étiez négligent dans l'exécution. Si vous affrontez le Real Madrid en Ligue des champions, vous aurez besoin d'une analyse approfondie avant le match et vous devrez faire tout ce que vous pouvez sur le terrain pour être le vainqueur. Les deux facteurs, tant la préparation que la mise en œuvre, doivent s'adapter.

Si vous êtes tous les deux en forme et que vous avez quand même subi une défaite, alors il y avait apparemment trop d'attentes quant à votre résultat. Vous avez simplement supposé que vous alliez gagner contre le Real Madrid sans voir qu'il serait très difficile de gagner. Vos attentes étaient tout simplement trop élevées. Cela ne signifie pas que vous ne devriez pas vous fixer des objectifs élevés, mais que vous devriez les voir en corrélation avec vos besoins actuels. Votre objectif de battre le Real Madrid doit rester le même. Vous pouvez et devriez aussi penser à un 5-0. Cependant, vous devez également être réaliste et reconnaître dans quelle phase de préparation vous vous trouvez encore. Si vous voulez obtenir votre permis de conduire et passer l'examen théorique même si vous n'avez suivi que deux cours théoriques, votre ambition et votre objectif sont certainement justes, mais votre situation de préparation n'est pas encore prête pour que votre objectif soit atteint demain. Cela signifie que les grands objectifs sont importants. Ils sont nécessaires ! A tout moment, quel que soit votre état de préparation. Cependant, vous devez ajuster l'heure au moment décisif en conséquence. C'est le seul facteur décisif de rien d'autre. Quel que soit votre niveau actuel, si vous avez de grands objectifs et que vous voulez les atteindre le plus rapidement possible, vous devez être prêt à tout mettre en œuvre pour vous préparer. Si cela ne vous est pas directement possible pour une raison donnée et que vous avez encore besoin de prolonger un peu votre phase de préparation, alors vous n'avez pas besoin d'abaisser vos objectifs, mais d'estimer de façon réaliste le temps nécessaire pour les atteindre ou simplement de mettre les gaz. Ce sont les vis de réglage que vous pouvez tourner. Et si vous maîtrisez très bien cette phase, une victoire 5:0 contre le Real Madrid sera réaliste.

Assumer la responsabilité

C'est un point très difficile, mais aussi important pour la réussite. Prise de responsabilité et conséquences initiatiques. Non seulement ça a l'air dramatique, mais ça l'est aussi.

Assumez-vous la responsabilité de tout ce que vous faites ? Instinctivement, vous répondriez probablement oui. En fait, nous devons encore voir si c'est vraiment le cas. Parce que le fait est que vous êtes responsable de tout ce que vous faites et de la plupart de ce qui vous arrive. Cela implique que vous êtes responsable du début à la fin. Pour la préparation, pour le processus lui-même et pour la qualité du résultat. Assumez-vous vraiment la responsabilité de tout cela et en êtes-vous conscient ?

Certes, on peut répondre à cette affirmation de façon très triviale, mais le but est de traiter ce sujet de manière plus intensive et de reconnaître en conséquence l'influence que vous avez réellement sur les choses et le pouvoir que vous avez avec la responsabilité de les façonner de la manière qui est optimale pour vous.

Y a-t-il eu ou y a-t-il des situations actuelles dans lesquelles vous vous trouvez, des résultats que vous avez obtenus ou des problèmes auxquels vous êtes confrontés, dont vous n'êtes pas à blâmer et que vous vivez encore ? Y a-t-il des choses qui ne relèvent pas de votre domaine de responsabilité et qui influencent ou du moins affectent votre vie ? Et y a-t-il des situations où vous pensez que ce n'est pas votre travail de changer quelque chose là-bas, et que vous vivez avec les conséquences même si vous n'en êtes pas satisfait, donc vous êtes dans une sorte d'état "durable" ? Attendez-vous ou attendez-vous quelque chose, un changement, une amélioration, un résultat, sans rien faire directement et activement pour cela, parce que vous pensez que ce n'est pas votre tâche ?

Dois-je vous décevoir maintenant ou attendre encore un peu ? Allez, tu t'y attendais. Alors nous pouvons le faire directement. Bien sûr que tu es responsable. Maintenant. Maintenant. Maintenant. Avant ça. Pour la préparation ainsi que pour le processus et encore plus pour le résultat. Actif et passif. Tu es responsable de tout ce qui se passe dans ta vie. Bien sûr, vous ne pouvez pas prédire l'avenir et savoir qui vous rencontrez et quelle situation vous vivez, mais vous avez toujours, à tout moment et en tout lieu, la responsabilité de la façon dont vous gérez la situation et ce que vous en faites. Ça ne changera jamais. Peu importe la situation dans laquelle vous vous trouvez. Vous avez toujours l'entière responsabilité de ces deux choses.

Si vous avez échoué à un examen, à qui la faute ? Le professeur ou le professeur, l'examen, la météo ? Si vous allez magasiner et que vous avez beaucoup d'aliments malsains dans votre panier et finalement dans vos placards à la maison, même si vous vouliez perdre du poids. Qui est à blâmer ? Le supermarché, le marketing ? Si vous avez une relation d'emploi et que vous n'êtes pas satisfait de votre salaire, à qui la faute ? Je sais que c'est un sujet délicat, alors j'en parle ici.

Dois-je vous le dire ? C'est de ta faute ! Vous êtes à blâmer pour tout ce qui vous arrive et ce qui vous arrivera. Qu'est-ce qui t'arrive ? Tout simplement parce que c'est vous qui décidez comment gérer la situation, comment vous laisser influencer par les circonstances et comment continuer à partir de maintenant. La façon dont vous continuez détermine la probabilité que vous vous retrouviez dans des situations similaires. Je suis sûr que des circonstances imprévues vous arriveront. Cependant, si vous prenez un chemin particulier, vous serez en mesure de calculer beaucoup plus sur les situations et les choses qui vous arrivent là-bas que si vous avez pris un chemin différent.

Exemple : Vous voulez devenir chanteur. Donc maintenant tu vas là où les chanteurs vont d'habitude. Vous y trouverez sûrement d'autres artistes comme des peintres et des écrivains. Cependant, la probabilité de rencontrer d'autres chanteurs est plus élevée. C'est la même chose avec la façon dont vous allez. Par conséquent, la façon dont vous gérez les différentes situations détermine également dans quelle mesure vous êtes susceptible de poursuivre des actions qui sont plus susceptibles de vous livrer certaines situations. Que vous vivez dans un appartement de deux pièces et que vous faites un travail mal payé que vous n'aimez pas.

C'est la faute à qui ? Ni celle de l'État, ni celle de la politique, ni celle de l'économie. C'est vous qui décidez du type de formation que vous suivrez. Vous décidez quand et où vous postulez pour quelque chose et vous décidez avec qui vous travaillez et quand et comment. Vous pouvez même décider de votre salaire mensuel en déterminant vos qualifications, vos qualifications et la valeur ajoutée que vous apportez. Ce sont toutes des choses sur lesquelles vous, et vous seul, avez une influence directe.

J'aimerais que ce soit un peu plus clair : Vous n'êtes pas à blâmer pour chaque situation. Une petite collision avec une autre voiture peut également être la faute de l'autre partie à l'accident. Mais c'est votre faute si vous laissez cette situation pénétrer dans votre vie et qu'à partir de maintenant elle vous domine, quelle qu'en soit la forme. C'est votre faute si vous ne portez pas plainte et c'est votre faute si vous n'apportez pas la voiture au garage pour qu'elle puisse être réparée si l'autre partie à l'accident ou son assurance la reprend même. Cela dépend toujours et partout de la façon dont vous vous préparez à quelque chose, mais beaucoup plus de ce que vous faites avec cette situation et comment vous y faites face, encore plus, des conclusions que vous en tirez et de la façon dont elles déterminent votre ligne d'action future.

Et tous ces exemples sont ceux qui peuvent être projetés presque idéalement sur votre propre vie. Ce qui se passe n'a pas nécessairement d'importance. Mais ce qui se passe quand quelque chose arrive n'est pas une priorité extrêmement élevée, tant que vous assumez la responsabilité de ce que vous en faites et de la façon dont vous procédez.

C'est pourquoi la règle de base est la suivante : assumez la responsabilité de chaque décision que vous prenez. Car avec cela, vous prenez aussi la responsabilité des choses que vous ne faites pas et c'est le bol. Vous êtes donc responsable de tout ce que vous faites d'actif, ainsi que de tout ce que vous ne faites pas directement ou qui en résulte, ce qui vous arrive.

Bien sûr, c'est généralement plus facile à dire qu'à faire. Parce que la première question se pose peut-être déjà pour vous : de quoi devrais-je prendre la responsabilité ? La réponse est : Pour tout ! Parce que lorsque vous prenez des responsabilités, ce que vous faites, ce que vous ne faites pas, ce avec quoi vous traitez et ce que vous ne traitez pas, vous prenez des décisions. Et je vous le dis : les personnes qui réussissent prennent jusqu'à 10 000 décisions de plus par jour que celles qui ne réussissent pas, consciemment et inconsciemment. Et la plus grande partie va directement dans ses cartes. Et ils ont dû apprendre ça aussi. Mais comme ils l'ont appris, ils sont capables de réussir et d'agir de manière à ce que le succès demeure.

Bien sûr, prendre des responsabilités n'est pas toujours agréable, et dans la plupart des cas, c'est le contraire : c'est fatigant, c'est difficile, c'est désagréable et parfois effrayant. Parce que si vous prenez vos responsabilités, cela signifie que vous finirez par devoir vous occuper de la question et que vous devrez assumer la responsabilité du processus et des résultats. Tu ne peux pas te retirer de la liaison et laisser les choses se produire. Parce que les processus et les résultats pourraient alors vous rendre insatisfaits ou vous rendre encore plus difficile de vous engager sur la voie de la réussite et avoir des conséquences dont vous devez répondre.

Mais cela vous donne des chances et des opportunités. Ne te laisse pas effrayer. C'est bien d'avoir des responsabilités. Ainsi, vous n'avez pas à vous rendre dépendant de qui que ce soit et à décider seul du succès ou de l'échec. Parce que lorsque vous transférez la responsabilité, vous ne pouvez généralement qu'être déçu. Non pas parce que les autres ne peuvent pas fournir une bonne qualité, mais parce que vous êtes trop dépendant d'eux, et cette dépendance vous pousse toujours dans une attitude d'attente et d'attente dont vous ne pouvez presque jamais profiter. Si vous prenez des responsabilités, cela signifie aussi que vous devez faire face à des choses avec lesquelles vous vous sentez mal à l'aise ou que vous vouliez reporter. Nous avons discuté de la meilleure façon de gérer ces choses. Tu devrais le faire droit. Et maintenant, tu dois même prendre tes responsabilités. Cependant, cela vous donne l'occasion de prendre le contrôle. Et comme vous l'avez probablement remarqué plusieurs fois dans votre vie, le contrôle est l'un des facteurs clés du progrès.

La réponse à la question : "Pourquoi est-il si important d'assumer la responsabilité de tout" est simplement : "Parce que vous avez le contrôle quand vous avez la responsabilité". Le sens pourrait devenir encore plus clair si nous formulons cette affirmation négativement : "Vous abandonnez le contrôle quand vous abandonnez la responsabilité". Et que se passe-t-il quand vous abandonnez le contrôle ? Qu'entendez-vous par perte de contrôle ? Associez-vous cela à des choses positives ? N'est-ce pas ? Alors pourquoi ça devrait être différent dans ta vie ? Est-il soudainement positif ? Foutaises ! La perte de contrôle signifie que vous avez peu ou pas d'effet sur la quantité et la qualité des actions qui vous influencent considérablement, vous et votre vie. Vous n'avez plus le contrôle de l'endroit où le chemin, votre chemin, doit aller. Rappelez-vous pourquoi le chemin que vous prenez est important ? Tu veux que je le fasse ? Voulez-vous risquer tout le chemin que vous avez déjà laissé derrière vous en donnant le contrôle à quelqu'un d'autre à partir de maintenant ? Peut-être que telle ou telle personne va dans une direction complètement différente, qui mène exactement dans la direction opposée, dans laquelle vous vous êtes engagés depuis si longtemps et si laborieusement. Peut-être qu'il va un peu dans ta direction, qu'il peut t'emmener avec lui, mais qu'il tourne à gauche. Le danger de s'égarer est incroyablement grand lorsque vous n'avez plus le contrôle. La responsabilité, c'est le contrôle ! Renoncer à ses responsabilités, c'est perdre le contrôle sur le fait de savoir si les choses vous font avancer ou non. Ce sera presque un produit du hasard pour vous, parce que personne d'autre ne sait aussi bien que vous faire ce que vous voulez et ce que vous attendez et, surtout, où vous voulez aller. Si vous avez un but et que vous cherchez le chemin vers ce but, il est également important que vous conduisiez vous-même. Peut-être pas tout, peut-être que quelqu'un d'autre peut conduire pendant un moment. Cependant, vous devez toujours vérifier s'il/elle va dans la direction que vous voulez qu'il/elle prenne. Si vous faites de l'auto-stop, le conducteur doit également conduire dans votre direction. S'il conduit dans une direction complètement différente, vous serez encore plus loin de votre destination par la suite. Ainsi, quelqu'un peut prendre le volant, qui prendra la place de vous pour une courte période de temps, où vous savez qu'il ou elle va continuer votre chemin. Tôt ou tard, cependant, vous devrez reprendre le contrôle total du volant, car vous devrez décider s'il y a un raccourci, si c'est une option pour vous, quand vous devez faire le plein et à quelle vitesse vous voulez aller.

Reconnaissez que cet exemple n'est pas aussi superficiel et fictif qu'il ne l'était au départ. Reconnaissez que cet exemple peut être appliqué avec précision à votre vie, à votre mode de vie et aux choix que vous faites. Lorsque vous vous en rendrez compte et que vous verrez à quel point il est important d'avoir le contrôle sur vous-même, sur vos décisions et sur votre vie, vous verrez à quel point il est important d'assumer des responsabilités. Toujours ! Pour tout ! Ça vous donnera de l'avance.

Tenir un journal intime

Un journal est un instrument puissant lorsqu'il s'agit d'enregistrer les processus et leurs résultats et de les relier à certains faits très importants. Vous pouvez l'utiliser pour vérifier les progrès réels, mais aussi les progrès que vous avez réalisés sur le plan émotionnel, à quel point les choses sont devenues faciles pour vous ou quels processus sont superflus.

L'écrit est un instrument indispensable sur la voie du succès. Mais votre agenda peut faire encore plus : il a aussi une fonction de contrôle. Cela signifie donc : en fonction du soin avec lequel vous tenez votre journal, vous pouvez voir l'état actuel d'un projet ou d'un processus. Si vous tournez actuellement plusieurs vis en même temps, cela vous aidera à garder une trace et à continuer selon la structure.

Il n'est pas nécessaire de tenir le journal sous une forme stricte. Il n'a pas non plus besoin d'un format spécial. Il est important que vous preniez note des faits importants qui sont significatifs pour vous et vos tâches et objectifs et que vous transmettiez les informations qui vous intéresseront plus tard.
Les informations suivantes peuvent vous aider :

Qu'est-ce qui est en train d'être fait ?

Pourquoi cela se fait-il ?

Quand ai-je commencé ?

Quand est-ce que je veux le finir ?

De quoi ai-je besoin pour cela ?

De quels facteurs dépend le succès du processus ?

Quelle influence ai-je ?

Quelles sont mes ressources nécessaires ?

Quelles sont les ressources qu'il reste à mobiliser ?

Comment faire face à la tâche ?

Quelle est l'importance de ce processus pour mes objectifs ?

Quel est le statut actuel ?

Pour quels processus ce processus est-il une condition préalable ?

Comme vous pouvez le constater, ce ne sont là que quelques questions dont il y a beaucoup plus. Il est important que vous sélectionniez quelques questions significatives pour vous et que vous enregistriez les processus de manière suffisamment détaillée afin d'obtenir une bonne vue d'ensemble à un moment ultérieur. Gardez votre agenda structuré et organisé, mais pas selon des directives strictes. Je suis sûr que tu peux faire un modèle pour toi-même. Cependant, cela doit être structuré de manière significative pour vous.

Les habitudes de ceux qui réussissent

Nous avons déjà beaucoup parlé de ce qui peut vous faire réussir ou même plus de succès. Cela nécessite une certaine reprogrammation de vos schémas de pensée. C'est logique, parce que si vous voulez changer quelque chose, vous devez d'abord changer votre façon de penser. Parce que pour l'instant, elle t'a juste emmené où tu es maintenant. Si vous voulez continuer, vous avez besoin d'autres outils maintenant.

C'est comme un système de navigation. Si vous disposez d'un système de navigation qui n'a que l'Allemagne comme carte, vous ne pouvez l'utiliser qu'en Allemagne. Mais si vous voulez aller à l'étranger et utiliser votre appareil de navigation, vous avez besoin soit d'une mise à jour, soit d'un autre système de navigation. Une qui a aussi des cartes des pays environnants. D'abord et avant tout, il n'est pas si important de savoir si le système de navigation est plus facile à utiliser, plus rapide ou présente d'autres avantages. Tout d'abord, vous en avez besoin pour pouvoir voir les cartes étrangères.

Vous pouvez également décider d'emprunter le système de navigation à des amis pour obtenir ces cartes. En d'autres termes, si vous voulez aller de l'avant, vous pouvez d'abord prendre le relais de ce que d'autres personnes qui ont réussi ont fait pour aller de l'avant. Petit à petit, vous deviendrez plus indépendant. Vous apprenez à connaître de mieux en mieux les endroits à l'étranger et vous n'avez plus besoin du système GPS de votre ami. Tu trouveras ton chemin tout seul. Et il y a maintenant aussi le moment, où vous progressez plus loin et faites des progrès dans votre propre voyage d'exploration.

En langage clair : si vous voulez changer quelque chose et reprogrammer votre façon de penser, vous pouvez bien sûr d'abord prendre le relais des autres qui réussissent, parce qu'ils ont apparemment déjà discuté des processus de pensée avec lesquels ils ont fait des progrès supplémentaires. Peu à peu, cependant, il devient de plus en plus important de faire ses propres expériences et de développer son propre sens de l'orientation sur la base de ces expériences, les systèmes de navigation des autres.

Prenez en charge les systèmes de navigation d'autres personnes pour l'instant. Acquérir ainsi des qualités et des façons de penser qui ont fait le succès d'autres personnes. Cela vous permettra de commencer beaucoup plus facilement ! Vous n'avez pas à réinventer la roue tout le temps. Il suffit d'adapter ou d'optimiser les processus existants. Cela vous permet de bâtir sur un concept déjà existant et réussi.

La routine matinale

L'un de ces processus est la routine matinale. Qu'est-ce qu'une routine matinale ? C'est un processus que vous répétez chaque matin, de préférence sept jours sur sept, encore et encore. C'est ainsi que le nom est né.

Pourquoi introduire une routine matinale ? Pour la simple raison que le matin est le premier contact entre vous et le nouveau jour. La façon dont vous commencez la journée peut augmenter considérablement votre motivation, votre moteur d'entraînement pour la journée, votre impulsion. Imaginez que vous vous réveillez tous les matins et que vous ne sortez pas du lit. Vous pouvez régler votre alarme tôt, mais vous avez déjà réglé cinq autres minuteries directement, car vous ne vous attendez pas à vous réveiller et à vous lever directement à la première alarme de toute façon. C'est très dur pour toi, parce que tu es encore incroyablement fatiguée, déprimée, il fait froid dehors, il fait chaud au lit, et c'est toujours si confortable, et : "Oh, je peux aussi me passer du petit déjeuner aujourd'hui ou manger quelque chose sur le chemin. L'important, ce sont les 9 minutes de sommeil supplémentaires que j'ai". Vous le connaissez ?

Dans quelle mesure pensez-vous que ce processus est productif pour commencer une journée réussie et faire face à la faim ? Veuillez répondre à la question vous-même. Tu crois que tu vas passer une journée incroyable avec cette attitude ? Ou pouvez-vous recharger vos batteries avec ces 9 minutes supplémentaires grâce à votre minuterie pour vraiment démarrer ? Savez-vous ce que c'est que d'aller à l'école, à l'université ou à la formation, de travailler ou où que vous soyez ? Cela ne vous encourage probablement pas à donner le meilleur de vous-même.

Tu penses que tu as besoin de faire quelque chose de différent pour commencer la journée différemment ? Il est prouvé que votre équipement émotionnel matinal, c'est-à-dire votre état d'esprit, votre énergie, votre faim, affecte toute la journée. Il est prouvé que la façon dont vous commencez la journée a des conséquences directes sur le reste de la journée.

Ne savez-vous pas aussi que lorsque vous êtes très fatigué le matin et que vous ne vous levez pas du lit, lorsque vous êtes si apathique toute la journée, déprimé et que vous applaudissez vraiment ? Vous êtes-vous déjà demandé pourquoi ? Nous disons souvent que nous avons trop ou trop peu dormi et que nous sommes donc super apathiques. Environ 10 % du temps, je suppose. Avez-vous déjà entendu parler du biorythme ? Que notre équilibre hormonal dépend d'influences extérieures telles que la lumière du soleil, l'obscurité et ainsi de suite ?

C'est l'une des raisons pour lesquelles, dans la plupart des cas, vous serez très fatigué lorsque vous vous coucherez à 4 heures du matin et que vous vous réveillerez à 1 heure de l'après-midi même si vous avez dormi pendant neuf heures. Même si tu dors, tu auras quand même fini. Vous êtes-vous déjà demandé pourquoi ?

Le biorythme est un terme générique pour une multitude de processus physiologiques qui sont liés à des facteurs endogènes et exogènes. Il ne rend pas compte de la complexité des choses qu'il est censé décrire, mais il dit essentiellement qu'il existe un rythme. Tu te fatigues la nuit, tu te réveilles le matin. Vous dormez différemment dans une pièce complètement sombre que dans une pièce lumineuse, la lumière du soleil vous rend plus actif que l'obscurité. Ce sont tous des processus qui résultent de connexions physiologiques et qui déterminent plus ou moins votre routine quotidienne. Surtout plus que moins. Et c'est exactement la raison pour laquelle vous ne devriez pas, ou pas si souvent, aller à contre-courant de ce rythme. Il vous punit de fatigue, de fatigue, de paresse. La biologie gagne toujours, tôt ou tard.

Et ce qui est étonnant, c'est que vous reconnaissez des similitudes entre un rythme et une routine ? Sauf qu'ils commencent tous les deux par "R" et ont sept lettres. Ils décrivent un phénomène similaire : schémas répétitifs, processus identiques, résultats reproductibles. Tu comprendrais le sens si je l'appelais le rythme du matin ? Ou bioroutine ? Probablement déjà ! Pensez-vous que ce lien est arbitraire ? Je ne crois pas, non.

Une routine matinale vous aide à commencer la journée de façon structurée et ciblée. Cela vous donne un point de mire qui vous permet de rendre vos activités quotidiennes plus productives. Il en résulte à son tour une pulsion intérieure, ce qu'on appelle la pulsion, de rendre les choses suivantes tout aussi productives. Ainsi, votre routine matinale vous aide à avoir non seulement une influence spirituelle mais aussi une influence positive pratique sur les choses. Votre routine matinale vous aide à visualiser et à motiver vos objectifs chaque matin et à vous donner une raison de vous lever et de réussir chaque jour. Conditionnez-vous à cette routine matinale et vous obtiendrez une mise au point tranchante comme un rasoir. Jour après jour après jour après jour après jour après jour.....

À quoi devrait ressembler votre routine matinale ?

La routine matinale peut être conçue individuellement comme une feuille de papier blanc. La seule chose importante est qu'il est bénéfique pour vous et vos objectifs et que vous vous ravitaillez en carburant grâce à ce pouvoir et de mettre en place votre foyer. Moyens : Faites ce qui vous rend heureux et vous motive.

Il y a une marge de manœuvre incroyable entre ces béliers, mais certaines choses se sont cristallisées qui vous donnent beaucoup d'énergie et rendent votre concentration plus prononcée. Celles-ci sont aussi réalisées par les grands succès, du moins si l'on fait confiance à la tradition.

Tu devrais commencer ta journée avec une grande gorgée d'eau. Toute la nuit, vous avez consommé beaucoup d'énergie et d'eau. Pour que votre organisme fonctionne très bien, vous devriez prendre une grande gorgée d'eau. Il aide à reconstituer vos cellules et à saisir leur pleine fonction. Ensuite, vous devriez commencer par quelques exercices d'étirement. Pas grand-chose. Pour activer vos fibres musculaires, comme on dit. En vous allongeant pendant des heures et en vous relaxant continuellement, votre corps a besoin d'être stimulé pour reprendre des forces. Avez-vous déjà essayé d'ouvrir une bouteille d'eau fermée directement après vous être levé ? Si c'est le cas, vous voyez ce que je veux dire. Avec vos exercices d'étirement, vous devriez couvrir tout votre corps une seule fois.

Ensuite, une douche froide peut vous faire du bien. Le froid parce qu'il stimule votre circulation, favorise la circulation sanguine et vous ramène ainsi plus vite sur le droit chemin. Vous réalisez rapidement que vous êtes de plus en plus éveillé.

phase inspiratrice

Après la douche, vous pouvez et devez lire, visualiser et consolider les objectifs dont nous avons déjà parlé. Vous pouvez le faire de différentes façons. Il est seulement important que vous mémorisiez vos objectifs dans votre subconscient et que vous les rappeliez devant votre œil mental. Cela vous motive à avoir une journée extrêmement positive et productive aujourd'hui parce que vous savez pour quoi vous faites les choses. La phase au cours de laquelle vous appelez vos objectifs, les lisez, les consolidez ou les récupérez est l'une des phases les plus importantes de votre routine matinale. Ce n'est pas seulement une partie de votre phase de méditation, c'est une partie de votre planification quotidienne.

Dans la phase de méditation, vous devriez faire tout ce que vous pouvez pour vous concentrer et alimenter votre motivation pour la journée. Ici, il peut être utile de lire quelques pages d'un livre de coaching à succès APRÈS s'être fixé ses propres objectifs et leurs visualisations. Ce devraient toujours être les pierres angulaires de votre rituel matinal. Il n'y a pas de moteur plus puissant, pas de plus grands facteurs de motivation que vos propres objectifs !

Pour votre méditation, vous pouvez encore écouter de la musique. Musique instrumentale, musique classique, musique épique, discours de motivation, conférences, biographies, livres audio, photos, vidéos sont souvent utiles. Tout est permis. Il est important qu'il vous motive et que vous puissiez ensuite mettre sur les choses qui sont bénéfiques pour vous et pour vos propres objectifs.

Cependant, je vous recommande d'utiliser plus de musique au lieu de regarder un écran. Le rayonnement et la résolution du moniteur fatiguent vos yeux et peuvent surexciter vos sens le matin, vous n'en profiterez guère. Cependant, cela semble différent si vous installez des vidéos de motivation ou quelque chose de similaire un peu plus tard et que vous les choisissez comme support supplémentaire.

La phase de méditation doit durer jusqu'à ce que vous vous soyez conditionné pour avoir clairement visualisé votre but et votre conscience ainsi que votre subconscient est complètement formé par ces visions. Au début, cela peut prendre un certain temps, mais avec la pratique, vous n'avez besoin que de 2 à 3 minutes.

phase de méditation

Dans les deux minutes qui suivent, vous devriez maintenant éteindre tous les médias et vous comporter calmement pendant une minute, fermer les yeux et vous concentrer sur l'essentiel : Vos objectifs. Pensez à vos objectifs, essayez de ressentir ce que vous ressentez lorsque vous les avez atteints, vivez un moment d'euphorie émotionnelle et pensez à ce que vous devez faire aujourd'hui pour vous rapprocher un peu plus. Dans la seconde minute, vous ouvrez les yeux et vous vous parlez à vous-même, à vous-même. Cela peut sembler un peu étrange en premier lieu. Au deuxième coup d'œil, cependant, vous verrez qu'il vous donne une puissance incroyable. Vous connaissez probablement certains exercices où vous devez vous tenir devant un miroir et parler tout seul. On s'en sert souvent pour la formation rhétorique ou pour des présentations en vue d'acquérir la souveraineté. Cependant, il est scientifiquement prouvé que lorsque vous vous parlez à vous-même, vous exercez beaucoup plus d'influence sur vos pensées et votre conscience que lorsque vous ne faites que penser. Même si ça te semble bizarre, essaie pendant quelques jours. Vous verrez comment un état d'esprit change.

De plus, cela dépend de la façon dont vous parlez. Il y a quelques exemples très intéressants. Placez-vous devant un miroir, laissez pendre vos épaules, tenez-vous en position serrée et baissez légèrement la tête. Maintenant, dites quelques mots de pouvoir, par exemple : "Je suis bon. J'ai du succès. Je suis forte. J'ai le pouvoir de décider de moi-même et de ma vie. Je suis en bonne santé et heureuse. Je ferai d'aujourd'hui le plus beau jour de ma vie". Peu importe les efforts que vous y mettez, cela ne vous convaincra pas, ni vous ni personne d'autre dans le monde. Qu'est-ce qui t'arrive ? Parce que votre posture envoie des signaux qui contredisent ce que vous avez dit. Et nous savons maintenant que 90% de ce qui est dit ne décide pas de ce qui est dit, mais comment il est dit que l'émotionnalité l'emporte toujours et à tout moment sur la rationalité. C'est pourquoi vous pouvez être si convaincant dans ce que vous dites. La façon dont tu le dis te détruira toujours.

Essayez de répéter les mêmes mots. Mais maintenant vous tirez les épaules en arrière, la poitrine en arrière, les épaules larges, la tête haute, et maintenant vous dites exactement la même chose à nouveau : "Je suis bon. J'ai du succès. Je suis forte. J'ai le pouvoir de décider de moi-même et de ma vie. Je suis en bonne santé et heureuse. Je ferai d'aujourd'hui le plus beau jour de ma vie". Peu importe à quel point ça te semble bizarre. Essayez-le, s'il vous plaît. C'est extrêmement important !

Peux-tu le sentir ? Tu l'as senti ? Vous êtes beaucoup plus sûr, beaucoup plus convaincant.

Maintenant tu l'achètes toi-même. Tu n'aurais jamais fait ça avant. Et comment êtes-vous censé convaincre les autres de vos capacités aujourd'hui si vous ne pouvez pas vous convaincre vous-même.

La façon dont vous pensez aux choses, la façon dont vous parlez, a des conséquences immédiates sur vous-même, sur votre propre crédibilité auprès de vous-même, et sur l'influence qu'elle a sur vous et sur votre état d'esprit.

C'est exactement pour cette raison qu'il existe ce qu'on appelle des Power-Moves ! De tels mouvements de puissance sont des mouvements puissants qui permettent à l'énergie pure de circuler dans votre corps. Certes, cela semble très abstrait et spirituel, mais cela a vraiment un impact direct sur votre état psychique, dans un sens positif ! Regardez la préparation des plus grands et des meilleurs. Regardez ce que font les très bons orateurs avant leur conférence. Découvrez ce que fait un Tony Robbins avant ses apparitions incroyablement puissantes et palpitantes. Il a des mouvements de puissance qui le mettent dans une sorte de transe où il est énergique et plein d'action. Cette énergie, qu'il ressent maintenant émotionnellement, il peut la diriger directement vers lui-même, sa posture et sa façon de parler. C'est pourquoi il parvient aussi à inspirer et à émouvoir les gens.

Vous savez comment vous tenir droit et puissant dans une présentation et resserrer vos muscles, vous asseoir droit pendant un travail intense et presser fermement vos pieds contre le sol. Je suis sûr que vous connaissez tous ces petits trucs. Avez-vous déjà réfléchi à la raison pour laquelle vous devriez faire cela ? Et tu l'as fait avant même de le juger ? C'est exactement pour ça que je veux que tu fasses ces choses. Parce qu'ils vous donnent la force et la confiance en soi, parce que vous atteignez une constitution complètement différente de celle que vous auriez jamais atteinte sans eux. Ils vous donneront de la force parce que vous utilisez la force. La loi de la transformation en conjonction avec la loi de la préservation de la masse. Aucune énergie ne peut être créée ou perdue. Elle est simplement transformée en d'autres formes. En physique, souvent en énergie de déformation et en chaleur, dans la théorie de l'humanité des pensées en actes et vice versa.

phase d'action

Après la phase de méditation, vous êtes spirituellement à un nouveau niveau. C'est là que vous vous êtes catapulté et vous pouvez prendre cet élan, cette concentration et la passion que vous avez accumulée pendant la phase de méditation dans votre phase d'action. La phase d'action consiste à devenir physiquement actif. Cela inclut toutes les choses qui dynamisent physiquement votre corps. Vous pouvez donc commencer par faire de l'exercice le matin, faire quelques exercices, faire du jogging pendant 5 à 10 minutes ou tout simplement prendre votre petit déjeuner et vous ressourcer. Il y a différentes opinions à ce sujet, ce qui est le plus sensé pour vous. Certains ne jurent que par un petit-déjeuner équilibré et riche en vitamines avec un café, d'autres sont convaincus du jeûne intermittent et mangent, le cas échéant, un café au beurre (vous avez bien lu). En fin de compte, il y a des faits clairs qui parlent pour l'un, mais aussi pour l'autre. Mon avis : Essayez les deux et voyez ce que vous pouvez mieux gérer. Si vous l'essayez, cependant, vous devriez essayer l'un des deux rituels du petit-déjeuner pendant au moins deux semaines afin que votre corps puisse s'y habituer et que vous ne soyez pas aveuglé par le changement flagrant et ainsi affecter votre conclusion.

Maintenant à la question de toutes les questions : Devriez-vous faire votre routine matinale aussi les jours "libres" ? Mon avis : Oui, bien sûr ! Elle vous aide à prendre un bon départ chaque jour et se concentre sur les choses qui vous aident à progresser et à vous rendre heureux chaque jour. Pendant vos jours de congé, cependant, vous pouvez élargir un peu la portée de l'activité. Dors un peu, calme-toi. Mais tu devrais le faire quand même. Parce que la routine matinale ne sera difficile ou inconfortable pour vous que dans les premiers jours et les premières semaines. À un moment donné, il est si fermement intégré dans votre vie quotidienne que vous ne voulez plus et ne pouvez plus vous en passer. Par conséquent, même les jours de congé, ce n'est pas un fardeau, mais un supplément.

routine du soir

S'il peut vous aider énormément à commencer la journée de façon productive et structurée, il est logique de terminer la journée structurée. À quoi ressemble une telle routine du soir ?

Le fait est que la nuit est pour les loisirs. Que vous soyez un grincheux du matin, un noctambule ou un rêveur. Votre corps est biologiquement conçu pour dormir lorsqu'il n'y a pas de lumière du jour. La nuit peut et doit donc être utilisée pour le repos et la détente. Cependant, c'est souvent plus facile à dire qu'à faire, parce que souvent nous avons encore des choses à faire que nous voulons juste connecter le soir, d'autres choses qui sont laissées derrière pendant la journée ou nous utilisons le temps dont nous disposons le soir pour y penser. Ce n'est pas très productif, car bien que vous puissiez évidemment faire des choses pendant cette période, il est beaucoup plus productif pour vous d'avoir une période de repos régulière. Avez-vous déjà entendu dire que les pauses régulières sont importantes ? En musculation, on parle de supercompensation, c'est-à-dire le phénomène qui consiste à passer par une petite performance après un effort et à ne se régénérer au niveau de départ qu'après un certain temps ou à atteindre un niveau encore plus élevé.

Et c'est aussi très important pour vous, même si vous n'avez pas à vous remettre d'une activité sportive, mais d'une activité mentale. Le principe est le même et devrait s'appliquer à vous aussi. Pour cette raison, il est important de passer par une phase de récupération afin de recharger vos batteries, de traiter ce qui s'est passé et de revenir encore plus fort après cette phase.

Le meilleur moment pour faire cette pause est quand la biologie le permet. La nuit. Ici, vous avez le temps de vous régénérer et de récupérer. C'est pourquoi le sommeil est si important. Un manque de sommeil peut entraîner de graves problèmes psychologiques qui, bien entendu, se font aussi sentir physiquement. Ce n'est pas pour rien que le manque de sommeil est une méthode de torture.

Pour vous, cela signifie : les pauses sont bonnes, les pauses sont importantes, le sommeil est bon, le sommeil est important. Et pour cette raison, vous devriez aussi traiter ces phases sacrées et ne pas les faire échanger ou restreindre. Cela signifie également que dans ces phases, vous devez être mentalement préparé à vous reposer et à prendre votre temps.

Un phénomène typique n'est pas de trouver une fin quotidienne, d'emmener le travail avec soi au lit et d'avoir ensuite une phase de repos catastrophique qui ne permet pas de se régénérer. Cela fonctionne bien pendant un certain temps, mais vous savez avec certitude que les problèmes augmentent avec elle. Vous devenez moins concentré, plus improductif et cela a un effet direct sur les résultats de votre travail. Et de mauvais résultats ou l'absence de ces résultats peuvent très fortement mettre en danger votre projet ou la réalisation de vos objectifs.

Trouvez-vous donc une routine du soir qui vous convienne. Dans le meilleur des cas, vous ne laisserez pas les écrans ou les affichages lumineux vous éclairer jusqu'à peu de temps avant le coucher, car ils sollicitent votre cerveau et vous encouragent à travailler, ce qui rend le repos beaucoup plus difficile pour vous. Regarder la télévision conduit à un phénomène similaire. Mieux vaut prendre un livre, écrire quelque chose, peindre quelque chose, faire quelque chose de créatif mais pas exigeant, confesser sa tranquillité d'esprit et ses émotions et se préparer à dormir. Du thé, de la chaleur, du confort.... Juste quelques petites choses qui peuvent vous aider dans votre détente. Trouvez un moyen de vous reposer la nuit. Mon conseil : Notez quelques choses que vous avez bien faites aujourd'hui, que vous avez bien fait dans le passé et que vous voulez faire demain. Ainsi, vous créez déjà aujourd'hui une structure pour demain et vous pouvez clôturer votre journée aujourd'hui en toute tranquillité. L'état émotionnel parfait pour s'endormir reposé. La musique peut aussi vous détendre, idéalement elle doit être liée au processus d'écriture.

Quel est votre plus gros problème ?

Tu connais la phrase :"La seule chose qui te retient, c'est toi !" C'est un dicton très superficiel, mais il résume très bien la situation. Et je suis sûr que vous le savez aussi. Mais je veux regarder un peu plus loin. Votre plus grand ennemi qui vous empêche d'avoir du succès et d'être vraiment heureux est votre ego ! Je suis convaincu, presque certain, que votre ego vous empêche souvent de faire de réels progrès. Votre ego vous empêche de grandir. Qu'est-ce qui t'arrive ? Parce que tu ne fais certainement pas certaines choses, parce que ton ego est trop grand. Tu es trop doué pour faire certaines choses. Je ne donne délibérément pas d'exemples ici, parce que vous devriez y penser vous-même, que ce soit vraiment comme ça. Tu es trop fier pour t'attaquer à quelque chose une deuxième fois. Tu es trop fier pour admettre ta défaite. Vous êtes trop fier pour accepter un défi et trop fier pour demander de l'aide.

Connaissez-vous le meilleur ami de votre ego ? Paresse ! Si les deux se présentent ensemble, il y a un décalage dans le puits. Les deux vont tout gâcher. Si l'un des deux apparaît, vous pouvez toujours le combattre si nécessaire. Quand les deux arrivent sur la piste de danse, c'est très vite très vide. La combinaison de ces deux éléments vous paralyse presque. L'un des deux collègues vous inquiète, l'autre vous donne le reste.

Plus clairement : Votre ego vous empêche certainement de faire certaines choses pendant un certain temps. La paresse aussi. La paresse est presque pire. Si vous êtes trop paresseux pour faire quoi que ce soit, vous le justifiez habituellement à vous-même, puis laissez parler votre ego. Par conséquent, lorsque vous écoutez l'un ou l'autre des facteurs, ou les deux, ou même les deux, vous ne faites rien. Et la stagnation est certainement la pire chose que l'on puisse vivre lorsqu'il s'agit de faire des progrès. L'immobilisme est l'opposant de tous les processus, de tous les progrès, de tous les résultats.

Quand je vous demande ce que vous pensez de la paresse, vous êtes certainement très convaincu qu'elle est contre-productive, peu importe la situation ou le contexte. Je ne parle pas ici de périodes de repos bien méritées. Je parle de vraie paresse. Je suis sûr que vous êtes du même avis. Mais vivez-vous aussi votre opinion ?

Assurez-vous que votre ego ne vous éloigne pas des possibilités, et votre paresse brise tous les défis. Les opportunités et les défis apportent une dynamique d'auto-action qui est essentielle à votre progrès.

Alors, que pouvez-vous faire contre cette paresse ? Très simple : faites quelque chose ! Faire est le mal de toute paresse. Tu dois juste faire quelque chose. N'importe quoi, mais commence par quelque chose. Commencez à faire des recherches sur Internet, à lire des livres ou à entrer en contact avec des gens. Tu dois faire quelque chose. Il vous en coûtera certainement beaucoup d'efforts pour sortir de votre paresse au début. Ce sera difficile et coûtera beaucoup d'énergie, mais la dynamique qu'il apporte vous donnera beaucoup plus d'énergie que vous n'en avez jamais eu auparavant. Allez-y, allez-y. Arrêtez de chercher des excuses, laissez la paresse gagner et commencez à faire quelque chose. Il n'y a pas de conseil plus important que celui-ci. Tu n'en auras pas de meilleur nulle part. Tu dois juste réaliser que tu dois le faire. C'est la seule chose qui vainc la paresse. Et en faisant cela, vous acquerrez de l'expérience, vous apprendrez la discipline et vous expérimenterez une routine que vous pourrez interpréter positivement par vous-même. C'est un processus créatif de superlatifs. Au début de chaque processus, il n'y a qu'une seule étape. Mais sans cette étape, vous n'irez nulle part. C'est la barrière qu'il faut franchir pour accéder à cette merveilleuse prairie fleurie. C'est la vitre derrière laquelle se trouve le lingot d'or. Ne laissez pas une clôture vous empêcher de la regarder, et ne laissez pas un matériau vous empêcher de la regarder à travers elle. Vous êtes assez grand et assez fort pour surmonter ces obstacles. Alors fais-le aussi !

Tout est dans la planification

Rien ne vous frappe plus fort que le hasard. C'est probablement vrai si l'on croit aux coïncidences et qu'on les considère comme un coup du sort naturel. Les coïncidences, cependant, sont des événements plutôt imprévus dont la survenance n'est pas prévisible pour nous. Vous pensez probablement que c'est absolument la même chose, mais en d'autres termes. Vous n'avez pas tort à ce sujet. Néanmoins, il y a ici une petite mais subtile différence. Parce que si vous pensez que quelque chose d'imprévu peut vous arriver, qu'il soit bon ou mauvais, alors vous devriez aller jusqu'à planifier à peu près tout le reste afin de garder ce facteur aussi petit que possible. Parce que tout ce qui n'est pas prévu peut être mauvais pour vous en cas de doute. Cela signifie plus de planification, plus de contrôle. Et le contrôle est fondamentalement quelque chose de très bon. Vous pouvez donc essayer de bien planifier les grandes choses importantes de votre vie parce que vous bénéficiez d'un contrôle total ici, mais aussi les petites choses parce que vous bénéficiez également d'un contrôle supplémentaire ici. Des choses imprévues se produisent de toute façon. Et ils vous frappent durement quand vous n'avez pas de plan ou que vous avez un plan très rigide. Si vous n'avez pas de plan de toute façon, peut-être que l'imprévu ne vous fera pas dérailler, mais seulement parce que vous n'avez pas trouvé un moyen de toute façon. Si vous avez un plan trop rigide, chaque petite secousse vous fera bouger et vous devrez constamment réviser et ajuster votre plan. Quelle est la solution ? Pour créer un plan qui implique des tampons. Cela signifie que vous devez toujours inclure un tampon pour tous les paramètres importants : argent, temps, espace, etc.

Un plan n'est pas si bon quand il est strict, il est bon quand il vous maintient sur votre chemin et il peut aussi prendre de petits chocs. C'est pourquoi vous devriez aussi choisir un vélo de trekking pour un long tour à vélo, car vous pourriez avoir à rouler sur du gravier. Cela peut prendre un peu plus de temps qu'avec un vélo de route, mais vous n'éclaterez pas un pneu si vous devez traverser sur un morceau de gravier.

Comment créer un tel plan ?

1. Fixez-vous des objectifs intelligents. Nous avons discuté plus haut de ce que sont les cibles intelligentes. Assurez-vous toutefois de choisir vos dates de manière réaliste et de prévoir un temps tampon. Le temps de tampon ne doit pas vous donner l'occasion de traîner inutilement. Mais elle devrait vous donner assez de flexibilité si quelque chose est retardé.
2. Liens de processus successifs dans une chaîne causale logique. Si vous voulez conduire une voiture, vous devez d'abord apprendre à conduire pour obtenir un permis, puis passer un permis de conduire, puis acheter une voiture, l'assurer, et ensuite vous pouvez conduire. Ça semble logique. Mais est-ce que tout a été pris en compte dans cette chaîne ? La première chose, c'est que vous avez l'argent pour prendre ces mesures. Cela signifie donc : Vous devez prendre soin de toutes les ressources à temps pour pouvoir garantir la progression de vos objectifs.
3. Voyez quels processus doivent être achevés avant que le processus suivant puisse commencer, ou quels processus peuvent et doivent être exécutés en parallèle.
4. Concentrez-vous sur le processus le plus important en ce moment. Si vous lancez un deuxième processus sur le côté, c'est seulement pour initier certaines choses. Cela signifie, bien sûr, que vous pouvez vous inscrire à votre permis de conduire avant d'avoir vraiment atteint la fin de votre unité de théorie ou de pratique. Certaines choses demandent un certain temps de préparation et ne demandent pas beaucoup d'efforts. C'est pour ça qu'on peut le mettre de côté. Mais seulement quand ils n'ont pas besoin de trop de capacité, sinon vous perdez votre concentration. Vous

déterminez à l'avance, lorsque vous créez un plan, les tâches qui peuvent et doivent être exécutées en parallèle.
5. Fixez des jalons. Vous pouvez les utiliser pour vérifier le statut et vérifier que tout fonctionne correctement.
6. Terminez les processus avec un résultat clair avant de commencer un autre processus (sauf les processus parallèles qui nécessitent peu d'attention).
7. Notez tout ce qui pourrait être important pour vous à une date ultérieure.
8. Ne commencez pas une tâche sans suivre la progression de votre objectif. Tu te perdras trop vite.

Un exemple de planification est illustré ci-dessous. En raison de la simplicité, nous utiliserons l'exemple de conduite d'une voiture mentionné ci-dessus. Il est important pour vous que vous puissiez toujours concevoir vos processus et vos objectifs de manière à ce qu'ils fonctionnent correctement. Moyens : Il n'y a pas de forme donnée, qui doit absolument être conservée. Cependant, il y a des aspects essentiels qui doivent être remplis. Les pierres angulaires de la planification, auxquelles il faut répondre par les questions ci-dessus. Sinon, vous devriez élaborer un plan qui vous convient et ne pas utiliser un modèle rigide qui vous restreint.

Je vous recommande toujours de faire une représentation visuelle ainsi qu'une représentation écrite de votre plan. Le plan visuel est plus facile à retenir pour vous et vous aide à suivre logiquement vos processus en mémoire, alors que le plan écrit devrait contenir tous les détails.

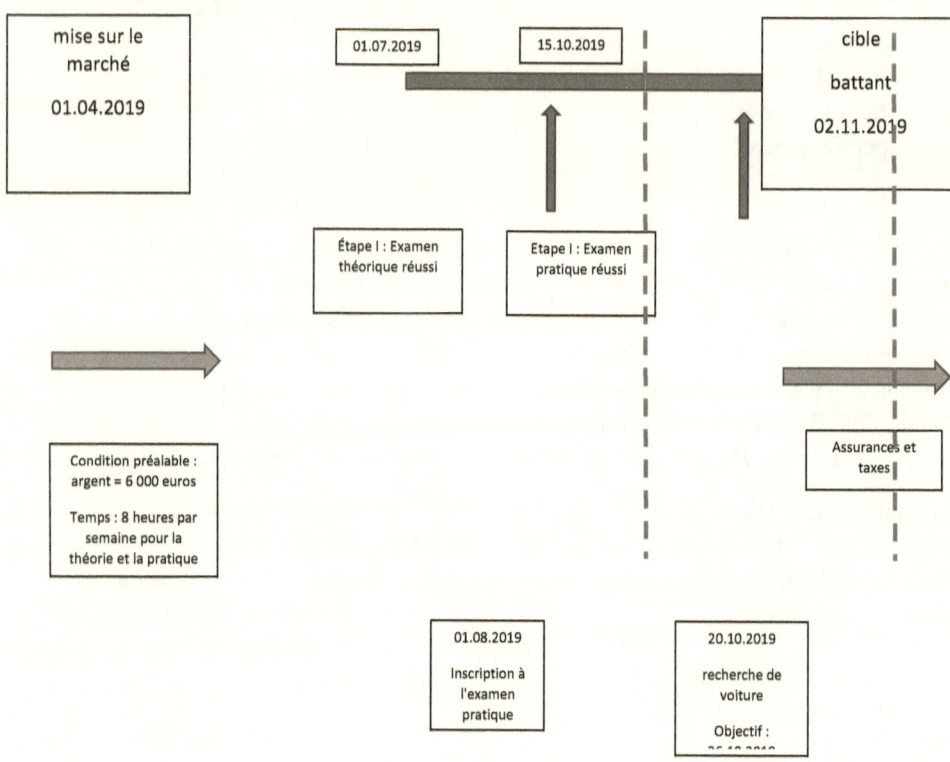

Destination : Conduite

Point de départ de la planification du projet : 01.02.2019

Délai : 01.04.2019 - 02.11.2019

Conditions préalables :

Capital = 6 000 Euro (2 000 Euro permis de conduire, 3 000 Euro voiture, 1 000 Euro taxes et assurance)

8 heures par semaine pour 4 heures de théorie et 4 heures de pratique

Jalons :

01.07.2019   Examen théorique réussi

15.10.2019   Examen pratique réussi

Processus parallèles :

Inscription à l'examen pratique

Objectif : 15.10.2019

Préalable : Examen théorique réussi

Recherche et achat d'une voiture

Objectif : 26.10.2019

Achèvement du projet ; 02.11.2019

Cette vue d'ensemble est très simple, mais offre un cadre approximatif et suffisamment d'espace pour ajouter des ajouts, permettre des temps de tampon, ajouter des critères, etc. Il n'est pas important que tous les détails soient énumérés dans le plan. Cependant, tous les piliers importants doivent être en place pour que de petits détails puissent être ajoutés en fin de compte.

Il est très important de cartographier tous les processus nécessaires à l'avancement du projet. C'est à ce point que votre planification doit être profonde. Les petites choses n'ont pas besoin d'être strictement planifiées. Ils sont très souvent les plus durement touchés par des événements imprévus, ce qui justifie une certaine flexibilité. Un plan trop rigide s'effondre rapidement. Un immeuble de grande hauteur à Dubaï, d'une hauteur de 97 étages, doit toujours pouvoir "osciller" un peu afin de ne pas rompre avec les petits mouvements et de pouvoir contrebalancer ces mouvements. Ça devrait être ton plan. Structuré et sophistiqué, mais pas trop rigide.

Néanmoins, pas de projet sans planification. Un plan sommaire doit toujours être établi et doit également être enregistré d'urgence par écrit et visuellement.

tâches du partenaire

Il y a des choses qu'on ne peut pas faire seul et d'autres qu'on ne devrait pas faire seul. Même si vous devez toujours prendre vos responsabilités et procéder de manière structurée pour que, dans le pire des cas, vous puissiez continuer seul, vous aurez souvent la possibilité de réaliser des progrès beaucoup plus importants en un temps plus court avec un partenaire, ou beaucoup plus rapidement. Si cette possibilité se présente, vous devriez certainement l'utiliser s'il s'agit d'un partenariat d'intérêt mutuel. Il est alors garanti que les deux parties sont intéressées par la réussite du projet et qu'elles s'engagent pleinement.

Cependant, pour travailler avec quelqu'un au niveau de l'entreprise, vous devez toujours vous poser les questions de base suivantes :

Qu'est-ce que je veux réaliser grâce à la coopération ?
Qu'est-ce que mon partenaire veut réaliser grâce à cette coopération ?
Quelle cohérence y a-t-il entre mes objectifs et les siens ?

Que se passe-t-il si le projet échoue ?

Quelles sont les tâches que j'assume, quel est mon partenaire ?

Dans quelle mesure est-ce que je dépends de leurs résultats ?

Quelles conditions devraient et doivent être fixées ?

Quels sont les objectifs convenus ensemble, quelles sont les participations exprimées ?

Vous devriez être en mesure de fournir les bonnes réponses à toutes ces questions et peut-être même plus. Et la chose la plus importante pour cela est de tout noter par écrit et de le faire signer par votre partenaire. Peu importe à quel point, peu importe depuis combien de temps vous vous connaissez, peu importe si vous êtes un ami ou une amie, un parent ou un étranger : Convenez de tout par écrit. Insistez. Si vous faites un marché équitable, les deux parties sont intéressées. Ne laissez pas ça au destin. Vous ne savez pas combien d'amitiés ont été brisées en ne respectant pas les accords. En règle générale, les amitiés survivent lorsque l'un des partenaires remplit les obligations de l'autre. Mais c'est presque la règle que de telles coopérations échouent et détruisent non seulement l'entreprise, mais aussi les amitiés. Vous vous dites sûrement : "Nous n'avons pas besoin de ça. C'est différent avec nous". Fais-le quand même, à n'importe quel prix. Tu me remercieras. Si tout se passe bien : C'est d'autant mieux. Si les choses ne vont pas bien, vous serez incroyablement reconnaissant d'avoir signé un contrat. Vous verrez votre émerveillement bleu si vous ne le faites pas. Fais-moi confiance. Ce n'est pas seulement l'expérience, c'est un fait. Si vous vous faites confiance, vous êtes sûrs que les deux parties respecteront leurs accords. C'est pourquoi vous signerez tous les deux de votre plein gré, même si c'est vous qui faites cette proposition. C'était comment, ça ? Assumer la responsabilité ?

Le moment idéal

Le perfectionniste est prêt à créer quelque chose de "parfait" selon ses idées, c'est-à-dire à créer toutes les facettes qu'il considère comme "optimales" dans les circonstances données. Cela signifie aussi que le temps de sa création doit être parfait.

"Etre "parfait" est toujours différent parce qu'il est presque totalement subjectif. Ce qui est une nuit parfaite pour toi peut être horrible pour quelqu'un d'autre. Trop excitant, trop ennuyeux, peu importe. L'ami parfait peut être la raison pour laquelle quelqu'un d'autre s'enfuit, même en criant ! Demandez à deux personnes pour un état parfait et ils vous donneront très probablement deux réponses complètement différentes. Et c'est une bonne chose aussi ! Chaque être humain a sa propre idée d'une relation d'entrée et de sortie. Cela signifie que le résultat est considéré dans le contexte de l'investissement. Étant donné que chacun a sa propre opinion sur les investissements et les dépenses qui sont insuffisants, appropriés ou supérieurs à la moyenne, nous arrivons généralement à des résultats différents.

Vous l'avez probablement appris à l'école : dans vos essais, vous avez reçu une note relativement mauvaise de la part d'un enseignant, mais un autre enseignant vous a jugé bon, même si vous avez utilisé le même style d'écriture. Pour certains, c'était mieux, pour d'autres, c'était pire.

Être parfait, comme tant d'autres dans la vie, est donc une question d'interprétation. Par conséquent, le perfectionnisme est un modèle de comportement qui permet de répondre à ses propres exigences et de créer un soin particulier pour la perfection de satisfaire ses propres besoins. Demandez à votre voisin à l'école, au collège ou à l'université quand le moment idéal pour commencer à apprendre pour l'examen est arrivé. Demandez à vos amis quel est le moment idéal pour se marier ou avoir des enfants. Vous obtiendrez des réponses différentes. Alors, quel est le bon moment ?

Le moment idéal est, aussi objectivement que possible, le moment où vous avez les meilleures conditions pour commencer quelque chose, où toutes les précautions ont été prises pour assurer un processus harmonieux. Alors maintenant, vous voulez vous engager sur la voie du succès : Quel est le bon moment pour ça ? Quelles conditions doivent être remplies ou remplies pour pouvoir commencer ?

Ecrivez ici les conditions idéales pour le moment idéal pour vous :

Si vous l'avez fait, vous devriez maintenant voir que vous faites ces préparatifs. Une fois que vous avez fait ces préparatifs, le moment idéal pour commencer est....

...attendez une minute ! Si vous prenez des précautions pour commencer au bon moment et que vous devenez actif pour vos préparatifs, alors vous avez presque déjà commencé. Et si vous avez commencé pour cela, était-ce le moment idéal pour commencer ces préparatifs ? Avez-vous réfléchi au moment de commencer les préparatifs ? Et peut-être que vous aviez des préparatifs pour les préparatifs que vous avez déjà faits. C'était le bon moment pour commencer ?

Tu vois ce que je veux dire ? Tu commences par quelque chose, que ce soit le bon moment ou pas. Faire l'impossible l'emporte toujours sur le moment parfait. Et tu veux que je te dise quelque chose ? Ce moment parfait dont vous rêvez n'existe pas. Il n'existe pas du tout. Et s'il y en avait, c'était hier ! La perfection est toujours subjective, il y a donc un moment différent et parfait pour chaque personne. Mais le fait est que plus tôt vous commencez, plus tôt vous vous entraînez pour le marathon, plus tôt vous commencez à apprendre pour l'examen, meilleure sera votre préparation et plus efficace. Alors ne perdez pas votre temps à attendre le bon moment. C'est une invention des paresseux. Il n'y a pas de moment parfait et il n'y en aura jamais. Commencez aujourd'hui, commencez maintenant ! Les pouvoirs de faire sont beaucoup plus grands que ceux d'un "temps" quand vous commencez.

"Je commencerai mon régime la semaine prochaine" dit-elle et ne commence jamais. Si vous prenez rendez-vous à l'avenir, parce qu'il n'est pas pratique de le faire maintenant, vous ressentirez cet inconfort à l'avenir et voudrez le retarder à nouveau. Vous retardez jusqu'à ce que vous commenciez. Et puis vous ravitaillez aussi la force et la motivation. Ça ne te motive jamais quand tu dois reporter quoi que ce soit. "Je déplace mon unité sportive à mercredi prochain. J'ai tellement hâte d'aller m'entraîner mercredi prochain au lieu d'aujourd'hui..." Ne te fais pas d'illusions ! C'est de l'autosabotage pur. Commencez à prendre les choses en main, commencez à les faire ! Les gens qui réussissent sont des gens d'action, pas des serveurs. Ils commencent quand les hypothèses approximatives sont justes, quand le plan est prêt, et le reste ils construiront et s'adapteront. Ils n'attendent pas la semaine prochaine parce qu'ils savent qu'il est trop tard et qu'ils seront beaucoup plus avancés dans une semaine. Le moment idéal n'est qu'une illusion pour vous faire gagner du temps. Tu as attendu toute ta vie pour créer quelque chose. Combien de moments parfaits avez-vous vécus jusqu'à présent, si vous n'avez pas encore vraiment commencé ? Probablement pas tant que ça.... Quelle est la probabilité que le moment idéal soit maintenant la semaine prochaine ?

Exactement ! Alors allez-y, faites un plan et commencez ! Comment quelque chose peut-elle être parfaite quand tout le monde a une idée différente du "parfait" ? C'est votre vie. C'est ton heure. Tu as 24 heures pour être génial comme tout le monde. Commencez. Parce que c'est le moment idéal pour être parfait. Pas pour moi, pour toi !

Une astuce pour votre succès

Apprenez à vendre ! Pour la simple raison que, quelle que soit la situation dans laquelle vous vous trouvez dans la vie, vous devez toujours vendre quelque chose. Vous vendez tout le temps, consciemment et inconsciemment. Nous associons généralement la vente à une pensée négative. Les mauvais vendeurs qui veulent nous parler de quelque chose dont nous n'avons même pas besoin et qui doivent payer avec de l'argent que nous n'avons pas vraiment. Les vendeurs ont une très mauvaise image.

Mais peu importe le type de personne que vous associez à l'image d'un vendeur : le fait est que vous vous vendez vous-même ! Peut-être pas de produits ou de services, mais vous êtes vous-même tous les jours. Tout contact avec une autre personne est une vente. Tu te vends toi-même et ton attitude à quelqu'un d'autre. Vous essayez de vous vendre à elle ou à lui. En conséquence, vous n'avez pas de transaction monétaire, mais le résultat, qu'il/elle vous trouve sympathique, attirant(e), attentionné(e), ennuyeux(se) etc. ou non. Vous vous vendez à vous-même par vos actions et vos pensées.

Premier rendez-vous ? Vente à l'état pur ! Vous vendez votre partenaire dans spe pourquoi vous êtes grand et pourquoi il devrait venir à un deuxième rendez-vous. Votre propre idée d'entreprise ? Vente à l'état pur ! Vous recherchez des personnes qui vous poussent et font la promotion de votre idée ou même vous soutiennent directement. Que devez-vous faire pour la convaincre ? Faites que votre idée leur plaise, vendez-leur votre idée. D'autres questions sur les raisons pour lesquelles vous devriez être en mesure de vendre ? Il existe de nombreux formateurs en vente dans le monde. Vous en visiterez peut-être un.

À propos de vos finances

Pourquoi l'argent vaut plus que votre temps

Parce que le temps, c'est de l'argent ! C'est très simple. Je suis sûr que vous connaissez le dicton : le temps, c'est de l'argent. Qu'est-ce que ça veut dire ? Cela signifie que votre temps est aussi précieux que votre argent. Qu'il faut échanger du temps pour obtenir l'argent en échange. Vous perdez du temps, vous avez perdu du temps là où vous auriez pu gagner de l'argent. Si vous avez gaspillé de l'argent, le temps que vous avez passé à faire de l'argent était inutile. On dirait une roue de hamster. Et c'est exactement ce genre de roue de hamster qui maintient les gens en mouvement constant, mais les laisse malheureusement encore marcher sur place. C'est la carotte sur la ligne. Devant vous. Sur le tapis roulant. Tu cours après les choses que tu aimerais avoir. Faites quelque chose que vous n'avez pas vraiment envie de faire. Sûrement un travail de 9h à 17h qui te pue depuis des années. Tu le fais parce que tu dois le faire ou parce que tu ne peux pas payer tes factures. Est-ce que c'est vrai ? Ou pourriez-vous, en donnant un préavis, sortir immédiatement et vivre d'autres sources de revenus, ou avez-vous économisé suffisamment pour survivre pendant quelques mois ? N'est-ce pas ? Une roue de hamster classique !

Ce terme "roue de hamster" est si diabolique que vous ne voulez même plus le lire, encore moins l'entendre. Cependant, aucune photo ne correspond aussi bien à votre situation que celle-ci. Vous courez, courez, courez, courez, courez, courez, mais vous ne pouvez pas vous arrêter soudainement parce que vous allez vous retourner. Alors, continuez à courir. Tu cours tant et si vite, et pourtant tu ne peux pas bouger d'un pouce. C'est une roue de hamster.

La question devrait maintenant être : Comment sortir de cette roue de hamster maintenant ? Comment parvenez-vous à en sortir indemne et à aller de l'avant avec vos propres moyens ?

Au sens figuré, vous sortez de la roue du hamster en commençant à vous concentrer. Vous ne devriez plus vous concentrer sur la course et la vitesse, mais sur le contrôle. Qu'est-ce qui t'arrive ? Tout d'abord, vous devez vous assurer que la roue du hamster ne bouge plus aussi vite. Ça veut dire que tu as besoin de prendre de la vitesse maintenant. Vous devez amener le vélo à un rythme tel qu'il vous soit possible d'en descendre sans vous blesser et de pouvoir ensuite marcher sur votre chemin. Vous avez donc besoin d'une chose avant tout : le contrôle de votre roue de hamster. Contrôle de la vitesse, de la position, de la taille. Vous devez prendre le contrôle de votre situation. Quelle belle photo pour l'appliquer à votre situation de vie actuelle maintenant.

Comment parviens-tu à contrôler ta roue de hamster ? Nous parlons ici du facteur temps-argent. Vous pouvez donc prendre de l'avance en découplant l'argent du temps. Ne plus échanger du temps contre de l'argent, mais prendre de l'argent indépendamment de votre temps ou trouver des moyens de faire plus d'argent avec de l'argent, c'est-à-dire choisir vous-même l'argent comme un instrument. Et il y a quelques lois et règles simples dont nous parlerons dans un instant. Vous réaliserez également que des phrases comme "vous avez besoin de beaucoup d'argent pour faire de l'argent" sont complètement absurdes.

Je me suis donné pour mission de combattre deux mythes. D'une part, l'argent ne vous rend pas heureux et vous aide à avoir de la chance, et d'autre part, vous avez déjà besoin de beaucoup d'argent pour en gagner encore plus. Nous parlerons des deux. Quelle est la meilleure chose à faire maintenant ?

Comment obtenir de l'argent ?

Vous devez donc trouver quelque chose où vous n'échangez pas votre temps contre de l'argent, mais l'argent vient presque tout seul. Pour ce faire, vous pouvez vous constituer des sources de revenus passives, assumer plus de responsabilités dans votre travail et obtenir plus d'argent pour le même travail ou laisser votre capital travailler pour vous.

Je sais que c'est ce que tous les experts financiers vous disent. Alors demandez-vous d'abord pourquoi. Toutefois, je ne veux pas répéter sans cesse les mêmes arguments, mais passer en revue quelques points importants avec vous, puis formuler des recommandations d'action concrètes, qui vous disent ce que vous devez faire maintenant pour y parvenir.

Comment vais-je concevoir ces recommandations ? Tout simplement, nous abordons votre situation actuelle en faisant une analyse de votre situation actuelle, des options qui s'offrent à vous et de l'option qui vous convient le mieux pour faire de l'argent réel. Il n'y a pas de recommandations spongieuses et superficielles ici où vous ne savez pas par où commencer ou comment cela peut fonctionner du tout. Nous identifierons étape par étape les options qui s'offrent à vous, effectuerons une vérification de faisabilité, puis déciderons du meilleur moment pour commencer. Est-ce que cela vous semble être un plan raisonnable ?

Bien sûr, nous parlons aussi des choses désagréables de votre situation actuelle. Nous devons les aborder parce qu'elles nous donnent une indication de ce que vous devez changer d'urgence pour apporter des changements dans votre vie. Ce fait que nous parlerons beaucoup de vos faiblesses et de vos problèmes fait de ce livre probablement le livre le plus désagréable au monde. Je ne vais pas en parler ici, je vais être très direct avec vous. Je ne serai pas toujours poli non plus, mais j'essaierai plutôt d'aller au fond des choses, même s'il tombe sur moi brusquement, mais il est honnête et vous aide à savoir comment vous vous en sortez enfin.

Avant de lire ce livre en détail, veuillez faire une promesse : Veuillez prendre cette information à cœur, mais ne vous sentez pas personnellement attaqué. Même si j'ai parfois l'impression de vouloir vous critiquer très fortement, rien dans ce monde ne me donne le droit de le faire ou d'évaluer votre situation. Je veux juste vous aider à atteindre vos objectifs et vos souhaits et à passer avec vous au niveau supérieur. C'est pourquoi je vais aussi présenter les choses de mon point de vue et les classer en fonction de cette perspective. Vous êtes une personne parfaite, et peu importe d'où vous venez, votre apparence et ce que vous avez, vous êtes une personne aimable et prospère. Je veux juste t'encourager à aller mieux. Et je vais le faire d'une manière assez claire.

Pourquoi tu penses que l'argent ne te rend pas heureux

Foutaises ! Pour finir tout de suite ! Néanmoins, je m'attarderai un peu sur cette déclaration. Je te dois bien ça après un discours comme ça ! Alors allons-y, alors.

Vous pensez probablement que l'argent ne vous rend pas heureux parce qu'il est humain de rejeter des choses ou de les retirer de votre propre univers quand elles ne semblent pas accessibles. Surtout dans les différentes formes sociales et cultures, c'est devenu une sorte de sport de loisir que de condamner des choses qui ne correspondent pas à sa propre imagination ou qui semblent presque inaccessibles. Si quelqu'un a un corps athlétique, il doit certainement prendre des stéroïdes, si quelqu'un a beaucoup d'argent, il doit certainement faire des choses tordues. Si quelqu'un est riche, il ne donne rien et veut juste plus d'argent. Beaucoup de conclusions que nous en tirons sans avoir vraiment abordé plus en profondeur la question. pénalisé

Je vais juste dire que ce sont des préjugés. Qu'est-ce qui t'arrive ? Question simple : Combien de personnes connaissez-vous qui utilisent ce cliché ? Combien connaissez-vous vraiment personnellement et si bien que vous savez exactement quelle est leur motivation et quelles sont leurs convictions ? Je pense plutôt que ces préjugés proviennent d'une construction mentale. Une que l'on a érigée soi-même ou que l'on s'est formée par les opinions occasionnelles de tierces parties. Mais quelle est la part de vérité dans ces affirmations ?

Pas grand-chose du tout. Parce qu'avec la même probabilité que l'argent vous rend malheureux, il peut aussi vous rendre heureux. Vous pensez simplement que cela vous rend malheureux afin de vous sentir plus à l'aise dans votre situation. Il est plus facile de critiquer une autre condition que de penser à la sienne. Mieux vaut nier le succès aux autres que de se regarder dans le miroir avec autocritique. Ce n'est pas un reproche, c'est souvent la vérité désagréable. Pendant longtemps, je ne l'ai pas fait différemment, parce que cela m'a aidé à me sentir mieux pendant un court moment et à me reposer sans avoir mauvaise conscience. J'ai pu y réfléchir de façon divertissante et justifier ainsi ma propre situation devant moi. Et c'est exactement là que réside le problème : ce n'était qu'une solution temporaire ! Ce n'est certainement pas la solution à long terme, car cette "pseudo conviction" ne m'a pas vraiment rendu heureux. Et une autre solution était trop épuisante, alors je voulais la condamner rapidement.

Et il se produit ici un phénomène que vous pouvez observer très souvent dans la vie de tous les jours : Nous condamnons les gens, leurs opinions et leurs attitudes beaucoup trop rapidement, sans connaître le contexte réel. En outre, nous nous trouvons souvent dans la situation de critiquer un État qui nous est peut-être partiellement souhaitable, mais qui exigerait trop d'efforts, ce qui nous obligerait à créer une justification devant nous-mêmes en condamnant. Ou bien nous condamnons simplement les choses parce qu'elles ne correspondent pas à notre imagination. Le pire point que je voudrais toutefois soulever est le deuxième. C'est de loin le pire. Ce n'est pas toujours la raison principale pour laquelle nous condamnons quelque chose, mais assez souvent nous nous trouvons dans de telles situations. Vous jugez les autres parce qu'ils sont dans une situation où vous aimeriez être. Vous aimeriez plus d'argent aussi. C'est juste que ça semble très gênant d'y aller. De plus, plus de gens n'ont pas d'argent que de gens en ont. Le principe de la majorité semble donc s'appliquer : La plus grande quantité sera probablement plus à droite que la plus petite quantité. Ce que cette attitude peut nous apporter a été prouvé de manière plus qu'impressionnante par l'histoire allemande. Une des nombreuses raisons pour lesquelles il faut réfléchir plus attentivement à la question de savoir si cette approche de la foi a un sens.

C'est très inconfortable d'accomplir des choses qui ne volent pas droit vers vous. Il est beaucoup plus facile de rester dans sa "zone de confort", de se retourner contre toute affirmation de "zone anti-confort", et de la défendre avec un souffle et un souffle. Sinon, ça pourrait devenir très inconfortable.

Ne vous méprenez pas, je pense que c'est fondamentalement une très bonne attitude que d'être satisfait des choses que vous avez. Toutefois, je pense également que vous ne devriez pas être satisfait si vous vous êtes fixé des objectifs plus élevés. Je suis convaincu que rester dans cette situation avec des objectifs réellement plus élevés n'est que trop de confort, pas plus. Parce que pourquoi ne voudriez-vous pas atteindre vos objectifs si vous le pouviez ? Si vous pouviez aller chez un concessionnaire automobile et choisir une voiture de votre choix, n'êtes-vous pas en train de prendre la moins chère et en êtes-vous satisfait ? Vous prendrez certainement la voiture avec laquelle vous associez le plus d'émotions et y attacherez la plus grande valeur, la plus belle, la plus sûre, etc... ou ai-je tort ? Mais si la concession est toujours fermée à clé et qu'il faut marcher 20 km jusqu'à un autre endroit pour obtenir la clé des portes d'entrée pour prendre une voiture, c'est plus inconfortable. Et si vous deviez non seulement courir 20 km, mais même nager 40 km de plus et parcourir 100 km à vélo, faire un coup de pied et 10 virages aux genoux, vous demanderiez-vous si cela en vaut la peine ?! Et maintenant, il y a des gens qui veulent prendre ce risque de toute façon, qui ont tout fait pour obtenir la clé pour le concessionnaire automobile et qui sont maintenant autorisés à choisir une voiture. Alors pourquoi condamnes-tu ces gens juste parce que ça en valait la peine pour eux ?

Ce n'est peut-être pas le meilleur exemple, mais un exemple qui devrait refléter adéquatement les faits du problème à l'étude : Certaines personnes ont des objectifs plus élevés, veulent faire plus pour elles-mêmes, mais aussi pour les autres. Certaines personnes s'efforcent d'obtenir de l'argent, parce qu'avec de l'argent, elles peuvent rendre les choses possibles, ce qui leur serait refusé sans argent. Pourquoi jugez-vous ces gens ? Pourquoi pensez-vous que l'argent devrait vous rendre malheureux si vous n'avez jamais été dans cette situation avant ? Pourquoi ne pas l'essayer, même si cela devient désagréable d'y arriver, pour ensuite vous faire une opinion ? Vous pouvez toujours donner tout votre argent si vous n'êtes pas satisfait de cet argent. Alors tu en as fait quelque chose de bien. Vous avez soutenu d'autres personnes avec de l'argent, donc vous avez vraiment fait quelque chose de bien : et pour cela vous avez besoin d'argent pour aider les enfants dans la pauvreté ou pour donner de la nourriture aux personnes sans abri. Tu es content quand tu fais ça ? Alors tu auras besoin d'argent pour le faire.

Pour que l'argent ne vous rende pas malheureux, l'argent fait ce que vous en faites. Et avec l'argent, on peut faire beaucoup de choses, quoi qu'il arrive. Tu as besoin d'argent pour rendre les autres et toi-même heureux : Parce que le monde utilise l'argent comme moyen d'échange de biens et de services. Vous ressemblez à ça ? Je ne veux convaincre personne de quoi que ce soit. Si vous êtes une personne très minimaliste ou complètement indifférente sur le plan financier, et que vous ne vous en souciez pas du tout, alors c'est tout à fait normal, une attitude parfaitement légitime. Dans ce cas, vous êtes plutôt l'exception, à mon avis. Ce n'est pas du tout une attaque, c'est juste mon expérience et mon point de vue, qui m'a finalement amené à changer quelque chose moi-même. Et c'est pourquoi je veux le partager avec vous.

Le fait est que l'argent peut vous aider à progresser dans presque tous les domaines de votre vie. Cette "liberté financière", dont on parle toujours, ne signifie rien d'autre que l'indépendance vis-à-vis d'une source de revenus. Cela signifie que vous disposez d'autant de capital que vous en possédez ou que vous recevez régulièrement, par le biais de sources de revenus passives, un montant qui peut couvrir tous vos frais de fonctionnement et qui vous permet en outre de vous considérer comme important. Il vous libère littéralement de toute dépendance financière. Cette liberté financière est donc toujours souhaitable. Il ne fixe pas un montant mensuel fixe que vous devez percevoir, il vous donne simplement le capital dont vous avez besoin pour vivre avec ce que vous voulez. Vous n'avez pas besoin de gagner 20 000 euros par mois. Il se peut que pour vous la liberté financière commence déjà avec 1 000 euros. Mais seulement si vous recevez ces 1.000 euros détachés de toute obligation qui ne vous lie pas. Cela signifie la liberté financière. Et c'est pourquoi c'est un grand objectif pour presque tout le monde. Ce n'est pas le montant de la somme qui décide, mais son effet sur votre dépendance.

Que peut faire l'argent pour vous ?

Tout d'abord, la contre-question : Qu'est-ce que l'argent ne peut pas faire pour vous ? Essayez d'abord de trouver des réponses à cette question et demandez-vous s'il y a un facteur dans cette chaîne de création qui ne peut être réalisé ou amélioré que par l'argent.

Deuxième étape : Pensez à ce qui est important pour vous dans la vie. Alors ce que vous pensez est toujours important, même si vous ne l'avez pas pour le moment. Et puis ce que vous souhaitez pour vous-même, votre famille, vos proches ou vos amis. Pensez maintenant à savoir si l'argent pourrait vous aider. Veuillez prendre deux minutes pour cela......

...tu vois ? Sujet vérifié !

Pourquoi l'argent est mal parlé....

...parce que l'argent signifie quelque chose comme le pouvoir. Les gens qui ont beaucoup d'argent ont généralement plus de pouvoir que ceux qui en ont moins. Pourquoi est-ce que c'est comme ça ? Tout simplement parce que nous sommes dépendants de l'argent. Pas à cause de l'argent lui-même : les billets eux-mêmes ne valent rien, sauf pour le papier et l'impression. C'est parce qu'il est reconnu dans le monde entier que l'argent est la contre-valeur des produits et services. Dans certaines régions du monde, on offre plus d'argent, dans d'autres moins d'argent en échange. Il est clair qu'il s'agit d'un gros problème, mais il faudrait en discuter à un autre moment en raison du sujet. Tout ça n'a pas d'importance. Ne devrait pas faire l'objet de discussions en ce moment.

Et parce que nous, les humains, nous sommes dépendants de l'argent, si nous n'en avons pas nous-mêmes, nous sommes dépendants de ceux qui en ont, parce qu'ils nous donnent de l'argent en échange de nos services et produits, donc de notre "travail". Nous échangeons le temps et le travail contre de l'argent afin de pouvoir échanger à nouveau l'argent contre des produits et services. Aussi simple que c'est, aussi difficile que c'est de gérer parfaitement ce cycle. Et vous condamnez quelqu'un qui a de l'argent parce que cela lui donne du pouvoir, mais vous ne lui donnez du pouvoir qu'en vous subordonnant à lui ou en voulant son argent : Vous mendierez un emploi pour gagner votre pain quotidien et offrirez votre travail à votre patron en échange d'argent.

Il n'y a donc que deux façons logiques de s'en sortir :

1) Soyez indépendant de l'argent !
2) Gagnez assez d'argent et soyez indépendant !

Re 1) : Nous en avons déjà parlé. Si vous êtes, voulez être ou pouvez être cela, vous êtes certainement une personne très heureuse et équilibrée. C'est génial ! Et je ne veux pas commencer une guerre de foi avec vous ici, parce que vous avez certainement une attitude très personnelle et logique à son égard. Je pense que vous êtes l'exception, cependant.

2) Ici commence votre voyage. Poursuivez votre lecture pour qu'ensemble, nous puissions aller si loin que vous puissiez gagner assez d'argent, obtenir plus de "pouvoir" et être indépendants des autres personnes puissantes.

Vous voyez ?! Ce comportement de pouvoir est encore une fois une construction de la pensée, une illusion que nous nous sommes appelés à nous mettre dans cette situation en nous limitant et en nous sous-estimant extrêmement, en l'appelant une zone de confort et en préférant condamner les autres. Gagnez juste assez d'argent pour ne pas avoir à dépendre d'un employeur ou à échanger votre temps contre de l'argent. Et oui, c'est simple, mais pas familier. Comme elle n'est pas familière, elle peut aussi être inconfortable. En principe, c'est exactement ce que vous faites maintenant. Vous ne travaillez que pour vous-même et pour vos objectifs que pour quelqu'un d'autre, puis vous redevenez dépendant.

Nous nous poussons dans cette position de dépendance. On va le prendre nous-mêmes et s'en plaindre. Pourquoi ne pas vous libérer complètement de l'argent ? Si vous réalisez que ce n'est pas possible, et je suis d'accord avec vous, alors faites-vous financièrement libre. Vous avez ces deux options. Les deux sont réalisables. Je pense que la deuxième est plus logique.

Pourquoi vous gagnez mal votre argent

C'est facile d'aller droit au but : Parce que soit vous échangez du temps contre de l'argent, soit vous n'obtenez pas assez d'argent pour votre temps, soit vous ne convertissez pas l'argent que vous obtenez pour votre temps en argent supplémentaire.

Le citoyen moyen vit dans un état de dépendance et dans un état de dépendance permanente. Ça commence avec son travail. Il est salarié dans une entreprise, a signé un contrat de travail, s'engage à travailler un certain nombre d'heures ou un projet spécifique et à recevoir de l'argent en échange de ses services. C'est une bonne affaire pour l'instant. Est-ce aussi si vous êtes suffisamment rémunéré pour votre activité. Mais qu'entend-on par suffisant ? Suffisant signifie que vous êtes suffisamment rémunéré pour votre travail, c'est-à-dire que la valeur ajoutée que vous créez est dûment récompensée par votre activité. Nous avons donc déjà ici deux facteurs : la valeur ajoutée que vous apportez et la rémunération qui doit être adaptée à cette valeur ajoutée. D'après la simple causalité sous-jacente :

Si vous faites un meilleur travail, vous obtenez un meilleur salaire, ou si vous faites plus de travail, vous obtenez un meilleur salaire. L'équation semble logique et raisonnable. Si nous examinons l'ensemble de la question de plus près, nous constatons toutefois que la valeur ajoutée peut être mesurée en partie de manière subjective et en partie objective. La perception subjective est déterminée par ce que l'individu reconnaît comme valeur dans votre travail. Cela peut varier d'une personne à l'autre car différents paramètres sont affectés à la valeur. Pour l'un ou plusieurs d'entre eux, vos compétences en communication et le contact avec les employés sont importants, d'autres se limitent uniquement au chiffre d'affaires réel que vous générez. Cela nous amène aussi directement à l'objectif : votre performance au travail et votre valeur ajoutée peuvent également être directement converties en ventes par vous, en fonction du domaine d'activité. Cela signifie donc que si vous êtes actif dans la vente, la valeur ajoutée qui est reconnue ne peut dépendre que des ventes que vous générez. La question de savoir si cela a du sens et si c'est juste est une autre question. Cependant, c'est un moyen de vérifier votre valeur ajoutée avec des chiffres pratiques.

Cependant, être payé en fonction de la valeur que vous apportez à l'entreprise n'est pas toujours la règle. Dans le cas des contrats de travail, il arrive souvent que vous receviez un salaire forfaitaire pour un nombre d'heures forfaitaire. Cela signifie que vous ne gagnerez pas plus si vous travaillez davantage (les heures supplémentaires peuvent être rémunérées, mais elles sont souvent effectuées sans rémunération supplémentaire pour satisfaire le patron et assurer encore plus son emploi), ou que vous ne serez pas mieux payé si vous faites un meilleur travail. Pour ces derniers, la promotion joue toujours un rôle : plus vous travaillez longtemps mieux, plus vos chances d'obtenir une promotion sont élevées. Vous pouvez voir qu'il n'est pas si banal de pouvoir gagner plus dans une relation d'emploi. Et cela correspond probablement à votre expérience, aussi. C'est pourquoi nous devons voir comment nous pouvons changer cela.

Vous savez certainement très bien de votre propre expérience à quel point cette construction vous permet de gagner plus d'argent. Ou, si vous n'êtes pas encore pris au piège dans cette roue de hamster, vous pouvez certainement l'imaginer très bien. Les possibilités sont très limitées, car elles ne dépendent pas uniquement de vous. Bien sûr, vous pouvez vraiment essayer de tirer le meilleur parti de vous-même. Cependant, cette valeur doit être reconnue par vos supérieurs, alors le budget doit être disponible, le poste doit être libre pour vous et ainsi de suite....

En fin de compte, vous n'aurez un avantage vraiment plus grand que si vous êtes dans une position mieux rémunérée. Si tel est le cas et que cette possibilité vous est hypothétiquement offerte, il vaut certainement la peine d'investir beaucoup de temps et d'efforts dans votre travail. Même en tant qu'employé, vous pouvez gagner beaucoup d'argent. Selon l'industrie, cela peut arriver tôt ou tard. Néanmoins, il est parfois très difficile de gagner plus d'argent dans une relation de travail sans accéder à un poste plus élevé dans la hiérarchie.

Ne vous méprenez pas : il peut être logique de s'impliquer dans la chaîne de valeur des entreprises, grandes ou petites, afin de créer de la valeur ajoutée pour les parties prenantes ou actionnaires potentiels. Votre développement futur, votre développement personnel ou un effet positif sur votre vie sur le plan financier ne l'aura cependant pas nécessairement. Il peut certainement être agréable de visser les portes de voiture à la carrosserie pour que les utilisateurs finaux puissent acheter une voiture complète. La seule question est de savoir si vous et vos besoins ne serez pas laissés pour compte....

Une telle relation d'emploi, telle qu'elle est établie par le citoyen moyen, est alors aussi la raison pour laquelle le salaire mensuel est plafonné. Si vous vous trouvez dans l'une d'elles, il vous est difficile de "juste comme ça" gagner plus d'argent en travaillant davantage. Cela n'est possible que si le surcroît de travail se traduit également par une meilleure rémunération, par exemple par un meilleur emploi ou une échelle salariale plus élevée. Mais précisément parce qu'elle est couverte par les conventions collectives et les conventions collectives, vous ne pourrez pas simplement gagner plus d'argent. Et c'est pourquoi des experts financiers du monde entier vous recommandent de faire votre propre affaire, parce que vous n'avez pas de revenu plafonné ici, vous travaillez pour vous-même et avec un peu plus vous pouvez aussi développer plus d'argent. J'y reviendrai plus tard.

Ce fait conduit alors également à un autre fait, que vous devriez échanger votre temps pour plus d'argent afin d'avancer vraiment financièrement. Mais cela n'est possible que si votre financier, habituellement votre patron, le voit aussi de cette façon. Dans les classes tarifaires, c'est une autre histoire. Donc, si vous voulez obtenir plus d'argent pour votre temps, vous devriez voir dans quelles circonstances vous pouvez atteindre exactement cela. Il peut y avoir des facteurs possibles : Employeur, lieu de travail, domaine de responsabilité, rendement au travail, etc. Vous savez probablement mieux ce que vous devez ou devriez faire pour amener l'un de ces facteurs au niveau désiré. Pour gagner plus d'argent pour la même période dans un emploi, vous devez envisager de modifier ces facteurs. J'aimerais donc vous demander d'avoir un aperçu précis de la situation actuelle de vos employés et de voir comment vous pouvez gagner plus d'argent.

Dans certaines circonstances, il peut également être judicieux de modifier la description de poste. Plus facile à dire qu'à faire, mais les entrées latérales sont souvent un élément intéressant dans différents secteurs professionnels. Vous pouvez également travailler en tant que scientifique naturel dans une agence de conseil, car il peut être très important de conseiller une entreprise chimique avec compétence et de comprendre certains processus scientifiques afin de mieux comprendre les processus, les commandes des clients, etc. Des spécialistes participent à des processus clés importants dans tous les secteurs d'activité. Il n'y a pas de mal à simplement regarder sur Internet pour savoir quels postes sont annoncés et quels profils d'emploi sont finalement concevables. Bien qu'il faille du temps et des efforts pour finalement envoyer la demande, dans le pire des cas, vous pourriez obtenir un emploi mieux rémunéré. Essayez-le, c'est tout !

Si vous restez dans cette dépendance, votre roue de hamster continuera à tourner pendant que vous suivez votre argent mensuellement pour payer vos factures et ainsi de suite. Ces derniers à leur tour exigent que vous gagniez de l'argent pour les couvrir. Comme ils ont aussi une certaine durée, ils vous obligent à remplir ces obligations sur une plus longue période. Au fil du temps, certaines de ces obligations seront remplacées par d'autres. La roue tourne et tourne et tourne et tourne et tourne et tourne....

Si cela ne fonctionne pas ou ne vous donne pas un avantage significatif, vous n'avez qu'à prendre ce que vous pouvez obtenir. Prenez du mieux que vous pouvez si vous faites de votre mieux. Bien sûr, vous pouvez aussi construire un certain niveau de prospérité dans une relation de travail assez simple et modeste. Cela prend plus de temps et demande un peu plus de modestie, mais ça marche aussi. Vous apprendrez à le faire maintenant....

Bâtir de la richesse avec un salaire mensuel dérisoire

Certes, ce titre est assez provocateur, mais il vise à décrire l'image que la plupart des gens ont comme impression de leur salaire mensuel : À la fin du mois, il ne reste plus d'argent ou presque plus de salaire. Comme le dit un bel adage :

A la fin de l'argent, il reste tant de mois.

Il y a deux raisons principales à cela :

1) Tu ne gagnes pas assez d'argent. Et on en a déjà parlé. Il existe des moyens de gagner plus d'argent avec votre emploi actuel, mais certains d'entre eux ne sont pas entre vos mains et ne peuvent donc être déterminés que par d'autres facteurs sur lesquels vous avez une influence limitée.

2) Vous dépensez trop d'argent. Ce qui veut dire que vous gaspillez trop de ce que vous touchez chaque mois par vos chèques de paie. Et j'ai délibérément choisi le mot "déchets". Parce que vous dépensez certainement trop d'argent pour des choses dont vous n'avez pas vraiment besoin. Du moins, pas d'urgence. Bien sûr, vous devriez pouvoir payer un loyer et la nourriture et les boissons aussi. Mais quels sont les coûts supplémentaires ? Les frais de téléphone portable, les frais de voiture, peut-être les frais de financement d'autres articles tels que le mobilier ou l'électronique. Bien sûr, ce sont des choses dont vous n'aimez pas vous passer. Mais ce sont aussi des choses qui consomment une grande partie de votre salaire chaque mois. Il s'agit de ce que l'on appelle les mauvaises créances des consommateurs. J'y reviendrai dans le prochain chapitre et je vous dirai pourquoi vous ne pouvez pas bâtir la prospérité si vous ne changez pas votre façon d'y penser.

Dans les deux cas, il ne vous reste plus d'argent à la fin du mois pour épargner, investir ou investir. Si à la fin il n'y a pas d'argent pour commencer quelque chose de significatif, vous commencerez votre nouveau mois tout comme vous avez terminé l'ancien. A savoir sans moyens financiers. Tu commenceras la nouvelle année comme tu as fini l'ancienne. Vous continuerez à vivre comme avant. Est-ce souhaitable ? Tu veux que je le fasse ? Et tu le veux vraiment ? Genre, n'est-ce pas ? Vous n'avez pas d'autres objectifs ou souhaits ? Sinon, vous ne devriez pas perdre votre temps avec ce livre et retourner à votre vie quotidienne parce que vous êtes simplement heureux et satisfait de la façon dont vous vivez. Et, je le répète, c'est très bien si c'est le cas. Mais si vous avez encore des objectifs et des désirs insatisfaits, quelque part dans votre cœur, lisez un peu plus loin, car je vais vous montrer comment vous y arriverez ! Ça n'arrivera pas tout seul. Vous devriez le savoir depuis le début. Mais ça va arriver si tu le prends bien. Nous devons d'abord préciser pourquoi, à la fin du mois, vous n'avez plus d'argent à épargner.

Les dettes de consommation ne sont pas des dettes honorifiques !

Les dettes de consommation sont les dépenses récurrentes qui font l'objet d'une consommation, c'est-à-dire celles que vous devez payer pour votre contrat de téléphonie mobile, un crédit pour votre téléphone mobile, un poste de télévision ou autre. Croyez-moi, je sais de quoi je parle. Sûrement maintenant vous pensez : Mais j'ai besoin d'un portable ! Je ne pense pas que nous puissions en discuter, surtout dans la société d'aujourd'hui. Je suis d'accord avec la plupart d'entre eux. Néanmoins, vous devriez prendre votre téléphone portable dans votre main et voir s'il doit être exactement ce téléphone portable ! Ça n'aurait pas été moins cher ? Bien sûr, votre appareil actuel est plus cool, a plus de fonctions, une meilleure caméra et est plus rapide, mais il vous coûte aussi plus cher. Si ce n'est pas mensuel, alors par la perte de valeur à chaque utilisation. Avez-vous pensé au coût de réparation de votre téléphone cellulaire ? Tu as l'argent de côté ?

Ne vous méprenez pas : je ne veux pas vous dire que vous ne devriez pas posséder un téléphone portable ou mieux vendre votre téléphone actuel immédiatement. Ce n'est pas du tout ce que je veux dire. Je veux juste vous sensibiliser à certaines choses et vous présenter une perspective différente. J'aime moi-même la technologie et je suis le premier à vouloir une nouvelle innovation immédiatement, mais je sais aussi que c'est déraisonnable et c'est pourquoi je la quitte. Je ne le quitterai pas éternellement, mais mes priorités sont différentes. Vous ne cherchez pas à signer un contrat de téléphonie mobile coûteux pour avoir un téléphone mobile dans votre poche pour le prix d'une petite voiture d'occasion. La priorité est d'économiser dans le présent et de budgéter judicieusement avec votre argent pour que plus tard, sans avoir à y penser, vous puissiez acheter un tel téléphone mobile directement. Le témoignage que j'essaie de faire est le suivant : Vous décidez de financer un téléphone portable ou d'autres choses qui vous coûtent cher et surtout vous devez travailler mensuellement pour pouvoir payer la mensualité. C'est là que vous fixez vos priorités. Mais vous vous plaignez qu'à la fin du mois, il ne vous reste plus d'argent. Vous comprenez dans quel cercle vicieux vous êtes ? Cela ne fonctionne tout simplement pas. Vous devez probablement être prêt à passer quelques années avec un téléphone portable moins cher et ne pas choisir le modèle le plus récent et le plus cher. Cela vous permet d'avoir un peu d'argent à la fin du mois pour économiser de l'argent. Cela financera votre prospérité, croyez-moi. Même de petites sommes mensuelles suffisent à elles seules à constituer un capital considérable au fil des ans. Et celui-là, tu pourras t'en occuper toute ta vie. Vous devez en valoir la peine pour pratiquer quelque chose de renoncement afin de ne pas vivre toute votre vie au jour le jour. Tu comprends ce que j'essaie de te dire ? Vous achetez des choses très chères, pire encore, vous les financez pendant des mois et vous devez ensuite payer un montant mensuel que vous devez servir. Donc tu vas juste travailler pour couvrir tes dépenses récurrentes. Et vous avez peur et vous ne savez pas comment couvrir les coûts si vous perdez malheureusement votre emploi. Avec chaque financement dans votre situation actuelle, vous augmentez votre pression et votre charge mensuelle. Il vous force dans la roue du hamster et il tourne de plus en plus vite. Vous augmentez votre dépendance à la dépendance.

C'est toujours désagréable de revenir en arrière, c'est évident, mais cela ne vaut-il pas la peine pour vous ? Cela ne vaut-il pas la peine pour vous d'épargner quelques euros par mois que vous pouvez investir judicieusement (et par là je veux dire vraiment judicieusement - j'en parlerai plus tard - pour bâtir votre patrimoine et réaliser vos objectifs et vos rêves ? Vos objectifs n'en valent-ils pas la peine ? Alors pourquoi tu l'as ? Voulez-vous rêver toute votre vie et faire un jour de la même merde et ensuite devenir malheureux d'année en année et ne rien changer dans votre vie ? C'est le bordel, vraiment. Soit tu n'es pas assez important, soit tu te mens à toi-même. Un IPhone 8, c'est exactement ce que vous voulez plus qu'une vie indépendante et libre pour votre famille, non seulement pour une semaine de vacances en Moselle, mais aussi pour découvrir d'autres lieux et cultures qui vous passionnent ? Tu crois que j'exagère ? Vous l'avez fait ? Alors jetez un coup d'œil à l'effet des intérêts composés et à ce qu'ils font avec 1 000 euros en 10 ans pour un rendement annuel réaliste de 8 %. Il doublera votre capital, encore plus. Après 10 ans, vous recevrez environ 2.160 euros sur 1.000 euros avec un rendement annuel de 8%. Ça ne va pas te donner une vie insouciante, c'est vrai. Mais imaginez si vous pouviez économiser encore plus. Imaginez si vous pouviez économiser 10 000 euros par an. Chaque année. Voyez où tout cela peut vous mener ? Ne sous-estimez pas les petits montants qui composent chaque mois pour accumuler un capital important après quelques années. Ça ne vous coûte pas grand-chose d'abandonner quelques trucs tous les mois. Mais il vous en coûte beaucoup d'abandonner vos souhaits et vos objectifs toute votre vie....

S'il vous plaît, faites une liste immédiatement, et je le pense vraiment sérieusement ! Veuillez prendre un stylo et du papier pour noter les points les plus importants. Je ne vais pas commencer à énumérer les aspects psychologiques maintenant, pourquoi il est important de vraiment écrire vos pensées et vos points....

Veuillez donc noter ce que vous avez acheté, financé, etc. au cours des 12 derniers mois et ce qui n'est pas particulièrement important pour votre vie quotidienne. Bien sûr, vous devez être strict et honnête avec vous-même, sinon vous pouvez rendre tout plausible. Quelques exemples typiques : Téléphones portables, télévisions, vêtements, appareils électroménagers, appareils photo....

J'espère que vous avez noté cinq choses. Si vous n'avez pas noté cinq choses, alors vous devriez vraiment vous demander sérieusement si vous avez été honnête avec vous-même et si vous n'avez pas oublié ou justifié des choses. Je parle de choses où il aurait fait une version moins chère ou vous auriez pu vous en passer complètement.

Si vous n'avez pas trouvé cinq choses et que vous avez été honnête et critique, cela en dit long sur votre comportement d'épargne.

Écrivez cinq raisons pour lesquelles vous auriez dû économiser cet argent. Quels sont vos objectifs ? Que voulez-vous vraiment faire ou réaliser ? Où voulez-vous vraiment aller ? Où voulez-vous vivre ? Que voulez-vous absolument rendre possible pour vos enfants (plus tard) ?

Écris-le ici :

Pourquoi est-il important que vous écriviez les choses ? Parce que, d'une part, il est important d'y réfléchir longuement et parce que vous devriez voir comment vos dépenses sont liées à vos objectifs et à votre potentiel d'économies. Vous ne serez certainement pas en mesure de donner à vos enfants une vie financièrement libre si vous abandonnez votre e-cigarette aujourd'hui. Mais sachez que chaque million d'euros commence avec un seul euro. Sachez que chaque euro d'endettement des consommateurs vous éloigne de vos objectifs et de vos rêves. Sachez que vous ne pouvez pas économiser 100 000 euros si vous n'êtes pas prêt à économiser 10 euros par mois. Épargner, c'est comme n'importe quoi d'autre au monde : c'est difficile de commencer, mais il faut d'abord faire le premier pas pour aller de l'avant.

En vaut la peine pour vous et réduisez vos réclamations pour certaines choses au moins pour un certain temps. Qu'il s'agisse d'une voiture, d'un téléphone portable, d'un téléviseur, d'un canapé ou de vacances, cela ne doit pas toujours être le plus cher dans votre situation. Plus vous économisez aujourd'hui, plus vous en aurez plus tard. Ce sont de petites choses tous les jours qui causent de grandes choses en quelques mois et quelques années.

Vous dépensez trop d'argent pour des choses qui vous raviront pendant une courte période mais qui ne vous mèneront nulle part dans votre vie. Essayez de réduire un peu vos dépenses de consommation quotidiennes, hebdomadaires, mensuelles et donc annuelles. Pas zéro. Ce n'est pas nécessaire. Un certain confort ou une certaine sécurité ne devrait jamais avoir de conséquences en termes d'économies, mais ne dépensez pas plus que nécessaire, car ce sont les coûts que vous aurez à supporter toute votre vie. C'est vous qui choisissez : Soit vous travaillez toute votre vie pour de l'argent, soit l'argent travaille toute votre vie pour vous. Ce n'est pas une décision facile parce que l'idée que nous laissons l'argent travailler pour nous semble si éloignée de nous que nous n'y croyons pas du tout. Cependant, c'est parce que nous avons appris à connaître le maniement de l'argent complètement faux, parce que nous avons grandi dans des circonstances qui nous ont forcés à faire la roue du hamster. Ce n'est jamais agréable de changer ses habitudes. Mais tu vois où tes habitudes t'ont mené et maintenant tu es prisonnier. Il est donc judicieux de s'en inspirer pour découvrir de nouvelles perspectives.

Chaque décision que vous prenez doit être prise consciemment. Plus tard, nous reparlerons de la façon dont vous arrivez à prendre inconsciemment les bonnes décisions. Il y a des outils sur lesquels nous reviendrons. Mais il n'y a pas d'autre moyen de vous faire prendre conscience de vos choix. Et vous obtenez cette conscience en repensant les décisions et en prenant une décision logique et significative pour vous-même concernant vos valeurs, vos idées et vos objectifs. Ici aussi, une formation est nécessaire pour répéter ce processus. Puis, à un moment donné, vous parvenez à développer une sorte d'automatisme, mais nous y arrivons si tard.

Pourquoi est-il si important de se passer d'aujourd'hui pour profiter de ces économies demain ? Le nuage à ce sujet est le suivant : si vous investissez et économisez l'argent que vous dépensez actuellement mensuellement par le biais de vos dépenses de consommation de façon raisonnable, dans quelques années, vous serez en mesure de vous permettre quelque chose de plus grand et mieux, et vous aurez encore plus d'argent que vous auriez dépensé aujourd'hui. Ce n'est pas un discours superficiel, c'est des mathématiques pures. Bien sûr, nous devons également discuter de la manière d'investir votre argent de manière raisonnable, de la manière d'obtenir des rendements et des possibilités de trouver les bons blockbusters.

Quelles sont les sources de revenus et lesquelles vous conviennent le mieux ?

L'argent peut provenir de nombreuses sources et être versé dans votre poche. Certains sont plus accessibles, donc ils n'offrent généralement pas autant d'argent en échange, et d'autres nécessitent plus de temps, d'énergie, ou même un investissement préalable. Cela semble très inconfortable lorsque vous lisez seul. En règle générale, c'est souvent le cas, mais ce sont ces types de sources de revenus qui offrent le meilleur rendement.

En principe, une distinction est faite entre revenus actifs et passifs. Les personnes actives sont celles pour qui vous offrez activement quelque chose en échange : Donc, que ce soit votre temps, votre travail ou d'autres choses. L'activité bien connue des employés en est un exemple. Vous échangez ici votre temps de travail et vos prestations contre un salaire mensuel.

Les sources de revenus passives sont celles qui vous donnent régulièrement une certaine somme d'argent sans que vous ayez à faire quoi que ce soit. Il peut s'agir, par exemple, des revenus locatifs d'une propriété résidentielle. La propriété vous décharge régulièrement d'un montant pour lequel vous n'avez pas besoin d'investir activement (ou très peu) en temps et en efforts.

Si vous comparez les deux, vous direz sûrement que le revenu passif est plus confortable et agréable.

J'aimerais également faire la distinction entre les recettes évolutives et les recettes non évolutives. Ils font une autre différence importante dans le montant de votre revenu régulier.

Les recettes qui, en théorie, peuvent devenir infiniment importantes parce qu'elles ne sont pas liées à des ressources ou à des capacités limitées, sont extensibles. Ainsi, si vous vendez une formation en ligne par le biais de votre présence sur Internet, elle peut être multipliée électroniquement presque à l'infini. Il peut être vendu dans le monde entier, à condition, bien sûr, que la barrière de la langue ne soit pas un obstacle. Ainsi, vous pouvez générer des revenus presque infiniment élevés avec un seul produit (théoriquement). Bien sûr, la plupart des gens n'achèteront votre formation qu'une seule fois. Mais si tout le monde dans le monde a votre formation, alors il devrait y avoir eu assez de revenus.

Les revenus non échelonnables sont alors ceux dont la capacité ou les ressources sont limitées. Ainsi, votre activité d'employé ou même de travailleur autonome n'est pas évolutive, car pour gagner plus d'argent, vous devriez travailler davantage. Malheureusement, la journée n'a pas plus de 24 heures. Travailler plus de 24 heures par jour ne fonctionne tout simplement pas.

Enfin, nous distinguons les revenus non récurrents des revenus récurrents. Ils sont uniques lorsque vous êtes serveuse au mariage de votre meilleur ami et que vous êtes ensuite récompensée pour cela. Le revenu récurrent survient lorsque vous êtes payé pour vos services à intervalles réguliers, comme votre travail, où vous échangez régulièrement du travail contre de l'argent.

Le résultat pour vous devrait maintenant être la réponse à la question suivante : Quelles sources de revenus exploitez-vous actuellement et quelles sont celles que vous souhaitez idéalement posséder ? Avez-vous une source de revenu récurrente mais active et non échelonnable ? Alors le facteur récurrent est au moins bon. Avez-vous une source de revenu unique, non échelonnable et active ? Alors tu dois changer quelque chose. Quelle semble être la meilleure solution pour vous maintenant ? J'utilise mes capacités psychiques et je soupçonne que vous préférez une source de revenus évolutive, récurrente et passive. Ou plusieurs d'entre eux. Stimmt´s

Vous venez d'apprendre quelque chose de non négligeable : en plus du facteur combien d'argent entre chaque mois, il est tout aussi important où et comment votre argent entre en jeu. Cela ne semble souvent pertinent qu'à un second égard, car après tout, vous ne vous plaignez pas lorsque de grosses quantités arrivent régulièrement, du moins pendant un certain temps. C'est vrai, mais ces facteurs vous limitent s'ils s'écartent de l'idée idéale mentionnée ci-dessus.

Qu'est-ce qui t'arrive ? C'est simple : ils perdent trop de votre temps précieux. Car il peut certainement être logique de gagner moins de revenus par le biais d'une activité évolutive, passive et récurrente que de gagner des montants plus importants par le biais de revenus actifs. En effet, lorsque vous générez des revenus passifs, vous disposez à nouveau du temps que vous économisez par rapport au travail actif pour vous constituer une deuxième source de revenus passifs. Cela vous permet de générer la deuxième source passive, puis de reconstituer la troisième et ainsi de suite.....

Bien sûr, ça a l'air beaucoup plus facile qu'ici. Vous voyez, cependant, que le rendement y est beaucoup plus élevé qu'avec d'autres sources de revenus, parce que vous gagnez toujours le facteur "temps" décisif pour vous-même, ce qui vous permet d'être à nouveau plus productif. Le tout n'a pas besoin de culminer dans le fait de travailler et de générer une source passive de revenus l'un après l'autre. Il n'y en a qu'un si grand nombre qu'ils jettent ce qu'on veut avoir pour la vie. Je n'en ai pas besoin, je veux !

Les gens ont les conditions préalables les plus diverses pour tout dans la vie. Beaucoup de choses nous distinguent et rendent les choses plus faciles ou plus difficiles à laisser tomber, influencées par nous ou par le monde extérieur. Mais nous avons tous une chose à notre disposition : le temps ! Tout le monde, que ce soit Steve Jobs, Jeff Bezos ou Bill Gates, a les mêmes 24 heures sur 24 que vous. Aucun homme n'a plus d'heures par jour à sa disposition que vous. Donc tout ce qui compte, c'est comment tu utilises ce temps. Et c'est ce qui compte le plus !

Votre situation et pourquoi vous avez actuellement trop peu d'argent

Cela ne peut en fait être dû qu'à deux raisons : soit vous gagnez trop peu, soit vous dépensez trop. Si les deux sont le cas, vous devriez sérieusement penser à votre style de vie. C'est probablement le cas, parce que sinon vous n'auriez pas envisagé de lire ce livre en premier lieu. Deux choses peuvent alors être dites très simplement : premièrement, vous gagnez trop peu, et si vous aviez le choix, alors vous voudriez gagner plus. Mais ce n'est pas si simple. Et point 2 : Vous êtes surtout convaincu que ce que vous dépensez chaque mois, vous en avez absolument besoin pour vivre. Cela aussi, ce n'est pas si facile à dire.

Nous avons déjà parlé du point 1. Nous y reviendrons plus en détail à un stade ultérieur. Nous devrions maintenant examiner de plus près le point 2 à ce stade.

Vous dépensez trop d'argent ! Et même si vous n'êtes pas convaincu en ce moment, nous verrons à la fin de ce chapitre que j'ai raison après tout. L'ensemble est et reste une question d'interprétation. Par conséquent, vous l'interprétez comme si vous ne dépensiez que le moins d'argent possible, et je vais l'interpréter comme une dépense inutile. Voyons qui a raison à la fin. J'aurai probablement raison parce que je veux que vous voyiez que votre point de vue est vraiment inapproprié si vous croyez vraiment que vous ne jetez pas trop d'argent par la fenêtre. Ce n'est pas mal, c'est juste inadapté. Nous avons déjà parlé des objectifs et de la volonté de faire des compromis pour les atteindre. Maintenant, pour vos dépenses mensuelles.

Cette section sera un peu plus interactive parce que je m'attends à ce que vous travailliez avec moi maintenant. Et même si vous pensez qu'il n'est pas nécessaire de jouer un rôle actif dans ce chapitre, je vous invite néanmoins à y participer réellement. Après tout, il s'agit de votre prospérité et de votre argent. Il est donc tout à fait logique que vous vous impliquiez ici et maintenant. Après tout, vous avez déjà investi dans ce livre. Et c'est l'argument de l'homicide involontaire coupable par excellence. Eh bien, alors ça devrait vraiment en valoir la peine....

Pas à pas vers une prise de conscience financière

Combien d'argent dépensez-vous chaque mois ? En guise d'estimation approximative, vous pouvez inscrire votre revenu net mensuel une fois sur une feuille de papier blanc. Ensuite, veuillez noter les sommes que vous avez pu mettre de côté comme surplus ou même épargner régulièrement au cours des trois derniers mois. La différence entre ces deux sont vos dépenses mensuelles.

Votre objectif devrait être de minimiser vos coûts mensuels et de maximiser votre surplus. Quelles sont vos dépenses mensuelles ? Veuillez faire une liste de ce que vous dépensez chaque mois. Pour l'instant, je n'évaluerai pas du tout vos dépenses. Cependant, il est important que vous écriviez vos dépenses dans leur intégralité, aussi détaillées que possible. Location, nourriture et boissons, cinéma, voiture, essence, assurance....

Maintenant, veuillez ajouter deux colonnes supplémentaires où vous pouvez évaluer l'importance ou l'urgence de vos dépenses. Une échelle de 1 à 10. 1 signifie "pas si important" ou "pas si urgent" et 10 signifie "très important" ou "très urgent".

L'évaluation de vos dépenses est très importante. Il vous montre l'importance que vous accordez à vos dépenses tout en vous indiquant si et quelle opinion vous avez pour justifier vos dépenses si nécessaire. Il est important que vous soyez honnête au sujet de cette évaluation. Cela dépend fortement de la nécessité que vous voyez dans vos dépenses. Plus la liste des dépenses est détaillée et plus votre évaluation est honnête, plus il est facile de faire des progrès.

Veuillez maintenant compléter votre liste en détail avant que nous procédions. Veuillez essayer d'indiquer l'importance et l'urgence de chaque question, même si c'est difficile ou pas vraiment possible. L'enjeu est beaucoup plus important qu'un simple chiffre, mais vous devriez certainement essayer d'en trouver un.

Après tout, l'importance signifie à quel point quelque chose est important pour vous. Une grande importance montre que vous êtes prêt à dépenser de l'argent et que vous y voyez certainement un grand avantage.

L'urgence vous indique à quel point il est urgent que vous vous occupiez de cette question, car elle est soit attendue depuis longtemps, soit extrêmement pertinente pour vos progrès immédiats.

Que vous dit cette liste ?

Vous avez maintenant énuméré autant que possible toutes les dépenses qui représentent une charge mensuelle pour vous. De plus, vous avez attaché de l'importance et de l'urgence à toutes les dépenses, sans exception.

Nous devrions commencer par la facilité avec laquelle vous avez évalué vos dépenses. Si cela a été très facile pour vous, cela signifie qu'il s'agit d'une question sensible à vos yeux, qui est ou était importante et/ou urgente. On ne peut que se demander s'il s'agissait vraiment (aussi objectivement que possible) d'une question importante et/ou urgente ou si un processus de justification subconscient a eu lieu. Nous examinerons ces questions plus tard.

Commençons par examiner les types de questions que vous avez trouvé difficiles à évaluer. Pourquoi avez-vous trouvé l'évaluation difficile ? Peut-être parce que vous ne voyez pas d'avantage direct ou parce que l'importance ou l'urgence n'a pas été accordée. Ou bien l'évaluation semblait trop abstraite, de sorte qu'une évaluation n'est tout simplement pas possible.

Examinez ces points de plus près. De quel genre de dépenses s'agit-il ? S'agit-il de dépenses qui sont incroyablement importantes pour vous ? Que vous devez faire pour maintenir votre niveau de vie ? Ou s'agit-il de dépenses dont vous pourriez vous passer, ou du moins que vous n'avez pas à faire régulièrement ?

Souvent, ce type de dépenses est d'une nature dont nous n'avons aucun avantage. Par conséquent, l'évaluation est également très difficile pour nous. La plupart du temps, les dépenses s'accumulent, car nous ne repensons pas activement et ne nous demandons pas pourquoi nous les avons faites à la fin du mois. Ce sont ces dépenses qui nous font regarder hors de notre blanchisserie chaque mois avec stupéfaction pour expliquer pourquoi nous n'avons pas réussi à générer un petit surplus. Avec ceux-ci, nous n'avons pas de contre-valeur factuelle ou émotionnelle réelle. Ils se produisent tout simplement et échappent à notre attention. Et pourtant, ils réduisent notre capital, mois après mois, mois après mois.

Ce sont souvent les petites choses dont nous pouvons nous passer qui s'additionnent pour donner quelque chose de grand. C'est pourquoi vous devriez absolument voir si vous ne pouvez pas éliminer complètement les problèmes que vous avez trouvé très difficiles à évaluer. Si vous ne pouvez pas, vous pouvez voir si vous ne pouvez pas minimiser ces dépenses. Avez-vous vraiment besoin de ce contrat ? N'y a-t-il pas de tarif moins cher ? Avez-vous un moyen de mettre fin à ce contrat ? Tu lis le magazine auquel tu es abonné ? Dépensez-vous activement cet argent encore et encore ? Que signifie pour vous le renoncement ?

Ce sont souvent simplement les habitudes qui nous poussent encore et encore à des dépenses aussi absurdes. Et si vous notez les avantages que vous tirez de ces dépenses et que vous notez en même temps ce qui se passe si vous vous en passez, vous verrez qu'il peut soudainement y avoir un effet AHA : L'effet AHA, qui vous donne maintenant la certitude que cette sortie n'est pas nécessaire et que vous ne subirez aucune restriction en vous en passant.

Le potentiel d'économies est souvent quelque peu caché, dans des dépenses que l'on ne voit pas aussi bien évidemment, mais qui surviennent néanmoins en grand nombre.

Le deuxième point décrit les questions sur lesquelles vous pourriez soudainement saisir une importance et une urgence. Si les dépenses sont importantes, vous devriez le faire. Si les dépenses sont urgentes, vous devrez probablement les faire. Toutefois, cela ne signifie pas qu'ils sont importants en même temps. Vérifiez donc si vos dépenses urgentes sont importantes pour vous aussi. Il ne s'agit pas de savoir s'il est important de les régler maintenant. Il s'agit de savoir si les dépenses offrent des avantages réels, réels pour vous, tant sur le plan physique qu'émotionnel. Une urgence élevée et une faible importance ou vice-versa doivent absolument être vérifiées. Pourquoi est-ce urgent, sinon important ? C'est ici que nous avons le plus grand potentiel de conflit dans vos dépenses. Si les deux chiffres, l'importance et l'urgence, différent trop l'un de l'autre, vous devez absolument vérifier quel est le problème, pourquoi vous le faites, et si et comment vous pouvez le réduire ou l'ajuster.

Si l'importance et l'urgence sont inférieures ou égales à 6, vous devriez pouvoir vous en passer sans problème. Il n'y a pas d'autre raison pour laquelle vous avez fixé un nombre aussi bas. Dans l'évaluation 7/8, on peut en discuter. Ici, une catégorie est formée, avec laquelle vous ne voulez pas nécessairement ou ne pouvez pas nécessairement vous passer des dépenses. Il peut donc être judicieux de réduire simplement et simplement les dépenses qui y sont consacrées. Existe-t-il des alternatives moins chères ? Ces dépenses sont-elles vraiment justifiées à 100 % ? Vous pouvez et devriez vous poser ces questions ici.

Les dépenses ayant obtenu une note de 9/10 dans l'une des deux colonnes doivent d'abord être comparées à la note dans la deuxième colonne. Un écart trop important devrait certainement être vérifié de plus près, pourquoi il se produit et s'il y a un potentiel d'économies à cet égard. Si les deux catégories sont très bien cotées, il s'agit alors du potentiel d'économies le plus faible, à moins que vous ne soyez irréaliste à leur sujet. Les frais de location mensuels peuvent rapidement être considérés comme importants, mais vont au-delà de vos possibilités. Considérez donc également ici si et quel potentiel d'économie est disponible.

Les questions qui sont importantes pour nous sont des questions auxquelles nous attribuons de grands avantages sur le plan émotionnel ou rationnel. Nous voulons simplement faire des compromis à contrecœur ou y renoncer. C'est aussi bien, tant qu'il y a d'autres éditions plus basses que vous pouvez commencer par. Si l'air en dessous se raréfie et qu'il n'y a plus de dépenses où il y a plus d'économies potentielles, alors les dépenses les plus importantes pour nous doivent également être prises en compte. Enfin et surtout, mais en cas de doute également celui-ci. Parce que : l'épargne doit être ! Dans chaque position, dans chaque situation, vous devriez épargner. Sans épargne, on ne construit pas la prospérité. Si vous n'épargnez pas, peu importe le montant de votre revenu mensuel, vous garderez toujours vos dépenses si élevées que vous ne pourrez pas augmenter efficacement votre prospérité, car avec l'augmentation de vos revenus, vous augmenterez également vos dépenses. Bien que cela puisse vous apporter un niveau de vie supposément plus élevé, cela vous rend tout aussi dépendant de votre revenu mensuel que vous l'étiez auparavant pour couvrir les coûts. Tu ne fais qu'agrandir ta roue de hamster. Plus de revenus signifie alors plus de dépenses pour vous, ce qui vous oblige à augmenter vos revenus. Cette dépendance ne vous permettra probablement pas d'être satisfait et heureux. Parce que peu importe à quel point vous vous débrouillez bien, si vous êtes forcé de faire quelque chose que vous ne voulez pas vraiment faire, ou si vous êtes dépendant de quelque chose sur lequel vous n'avez qu'une influence limitée, vous serez toujours accompagné par l'insécurité. Même si vous réalisez un très bon revenu mensuel dans votre entreprise, vous êtes toujours très dépendant de la situation économique de l'entreprise, de votre supérieur et d'autres facteurs. Et si vous pensez qu'une relation d'emploi est sûre, vous devriez faire face aux vagues de mises à pied des grandes entreprises si elles n'atteignent pas leurs objectifs prévus.

Que disent vos dépenses de vous et de votre comportement de consommateur ?

Vous devez avoir un toit quelque part au-dessus de votre tête. Mais payez-vous un loyer trop élevé ? Ne pourriez-vous pas aussi, ne serait-ce que pour un certain temps, vous entendre avec un appartement plus petit ? Pour vos rêves ? Ça n'en vaut pas la peine ? Veuillez vérifier dès maintenant le coût de votre loyer au mètre carré et le comparer avec le loyer moyen au mètre carré dans votre région. Y a-t-il des appartements assez grands pour vous et peut-être même moins chers ? Qu'est-ce qu'il y a de mal à ça ? Bien sûr, un déménagement coûte toujours de l'argent. Mais si vous pouvez économiser 70 euros de loyer par mois en déménageant dans un nouvel appartement, et que le déménagement coûte 400 euros, alors vous aurez le retour après 6 mois. Après cela, vous économiserez de l'argent !

Quel est le montant de vos dépenses ? Il est souvent judicieux de changer régulièrement de fournisseur d'électricité ou de fournisseur téléphonique, car certains fournisseurs offrent des remises très intéressantes pour les nouveaux clients. Il n'y a pas de mal à changer tous les deux ans au plus tard. Quel chauffage utilisez-vous ? Avez-vous un radiateur à accumulation pour la nuit ou un autre système de chauffage très coûteux dans votre maison ? Quelle est l'efficacité énergétique disponible ? Bien sûr, ce sont toutes des choses que les gens n'aiment pas nécessairement traiter. Mais vos rêves ne valent-ils pas la peine d'investir les 10 minutes dans une courte recherche sur Internet ? Il n'a jamais été aussi facile pour nous, les humains, d'obtenir de l'information. Veuillez donc vous asseoir à votre PC et faire une comparaison tout de suite. Si tu ne le fais pas maintenant, tu ne le feras pas demain. Et certainement pas la semaine prochaine. Tu as acheté ce livre pour changer ta vie. Ça n'arrivera pas tout seul. Veuillez donc prendre 10 minutes pour lire le livre moins maintenant et faire une recherche correspondante sur Internet. Il existe d'énormes portails de comparaison qui vous facilitent la tâche.

Un autre point important est où se trouve votre appartement ? Elle est près de votre lieu de travail ? Si non : Est-il judicieux de chercher un appartement à proximité afin d'économiser les frais de déplacement, etc. Bien sûr, c'est super inconfortable. Mais si vous n'avez pas l'intention de quitter votre emploi à court terme, vous pouvez vraiment économiser beaucoup d'argent. Essence, billets, etc. Ils vous coûteront certainement un bon mois, aussi. Pensez-y au moins une fois.

Nourriture et boisson : Vous ne devriez pas avoir à économiser autant ici. La nourriture et les boissons sont importantes. Vous n'avez pas non plus besoin d'acheter des œufs de poulets torturés ou de la viande à l'eau pour 4 euros le kilo. Mais ce n'est pas forcément le coke de la station-service ou les fruits les plus exotiques. En Allemagne, vous vivez le luxe de pouvoir acheter de la nourriture fraîche et de haute qualité à des prix très raisonnables. Les produits saisonniers, les produits de la gamme, les produits sans nom des discounters, qui sont néanmoins très bons et imbattables dans le rapport qualité-prix, peuvent vous faire économiser beaucoup chaque mois. Il suffit de regarder brièvement où se trouve le potentiel d'économies. S'il vous plaît, allez dans votre réfrigérateur et voyez où vous auriez pu garder quelque chose. Vous avez maintenant une idée d'où et comment vous pouvez économiser régulièrement en remplaçant l'un ou l'autre produit par un autre moins cher. Pas toujours, mais certainement de temps en temps.

Qu'est-ce que ça veut dire d'être riche ?

Etre riche est toujours relatif, c'est pourquoi il est au moins souvent suggéré. Certains sont riches d'expérience, d'autres sont riches de connaissances, d'autres encore sont riches financièrement. Vous voyez, il n'y a pas de définition universelle de l'être empire. En Allemagne, cependant, cette structure financière est déjà en place : Les célibataires qui gagnent au moins 3 418 euros par mois sont considérés comme riches dans les statistiques. Dans le cas des sociétés de personnes, la limite de revenu est de 5 127 euros par mois. Ces valeurs correspondent au résultat net. Les chiffres sont obtenus parce qu'ils représentent le double du revenu mensuel moyen. Toutefois, seul l'"impôt sur la fortune" s'applique aux revenus supérieurs à 250.000 euros.

Dans la perception de beaucoup de gens, cependant, la richesse n'est pas aussi clairement définie. Ici, la personne qui conduit une voiture chère (achetée, financée ou louée), porte des bijoux chers, porte des vêtements de marque ou peut sortir régulièrement pour un repas décadent est considérée riche. Etre riche est donc clairement défini d'une part, mais d'autre part, c'est aussi une question d'interprétation.

Bien sûr, il faut aussi admettre qu'il existe plusieurs types de richesse, comme nous l'avons décrit plus haut. Cependant, si l'on veut maintenant se limiter à la richesse financière, le tableau diverge dans une certaine mesure entre la richesse réglementée par la loi et la richesse subjective.

J'ai vraiment à cœur que vous réfléchissiez maintenant à ce que cela signifie pour vous d'être riche. Cependant, ce livre traite de la richesse en termes financiers. Pour cette raison, vous devriez considérer quels sont vos objectifs financiers. Je sais que l'argent n'est pas tout, mais il est nécessaire de rendre presque tout possible. Alors, s'il vous plaît, n'entamons pas un débat de fond à ce stade-ci, mais poursuivons uniquement ce point.

Par où commence la prospérité financière pour vous ? Où la richesse ? De quoi as-tu besoin pour te sentir bien ? De quoi as-tu besoin pour devenir riche ? De quoi avez-vous besoin pour être financièrement libre ?

Notez au moins cinq choses que vous voulez posséder. Des choses matérielles qui sont importantes pour vous. Même si c'est un voyage aller-retour à travers l'Australie. Donc, tout ce que vous voulez faire, ce que vous voulez avoir, ce que vous voulez pouvoir faire, mais cela vous coûte habituellement un investissement. Veuillez les écrire ici et faire des recherches sur Internet dès maintenant pour savoir ce que chaque numéro vous coûterait (si vous ne savez pas exactement, essayez d'estimer de façon aussi réaliste que possible). Si les coûts varient considérablement au sein d'un groupe de produits, veuillez prendre une valeur moyenne ou moyenne) et calculer ces coûts d'investissement ensemble :

1

2

3

4

5

Un exemple pourrait ressembler à ceci :

1. voyage autour du monde 14 000 euros
2. Maison plus grande de 100m2 à Düsseldorf, Allemagne 700 000 euros
3. Construire une école en Afrique 17000000 Euro
4. voiture de sport 130 000 euros
5. Cuisine en granit 28 000 euros

Total : 1 042 000 Euro

C'est un exemple simple maintenant. Les exemples sont stupides ? C'est pas grave ! Ils devraient seulement vous montrer comment concevoir votre liste. Vous voyez maintenant une somme qu'il vous faudrait avoir en capital pour réaliser vos cinq plus grands vœux possibles en termes financiers. Ne financez pas, achetez. N'empruntez pas, possédez. Ne commence pas, finis. Certaines de ces choses nécessitent des dépenses récurrentes (taxes, assurances, etc.) en plus de l'achat. Ça veut dire que tu as besoin de beaucoup plus que cet argent. Si vous disposez d'un capital de 1.000.000 euros, vous êtes en bonne position pour atteindre vos objectifs financiers en grandes étapes. Si vous choisissez des montants inférieurs pour vos souhaits ou simplement des coûts inférieurs, vous pouvez déjà couvrir une partie de vos coûts récurrents à partir de ce 1 million d'euros. C'est d'autant mieux.

Vous avez plusieurs choix maintenant : Vous mettez immédiatement ce livre hors de vos mains et décidez de vivre votre vie telle qu'elle est, et de ne pas continuer à vous en occuper, car elle vous semble de toute façon inaccessible. Alors s'il vous plaît, rangez ce livre immédiatement et vendez-le par le biais d'annonces classées, de sorte que vous obteniez au moins un Euro en retour pour cela. Alors ce projet a échoué. Mais avant de le faire, posez-vous les questions suivantes :

1) Pourquoi ai-je acheté ce livre ?
2) Pourquoi voulais-je en savoir plus sur la façon de devenir financièrement libre et indépendant ?
3) Quels sont mes objectifs dans la vie ?
4) Comment puis-je les joindre et comment l'argent peut-il m'aider ?
5) Que valent mes objectifs pour moi ?
6) Est-ce que ça vaut la peine de donner tout ce que j'ai pour mes objectifs et cette vie ?

Si vous avez une réponse claire à chacune de ces questions, vous devriez vous demander s'il est logique de donner une chance à l'ensemble. Si vous pouvez clairement structurer et nommer vos objectifs, et que vous n'avez pas à hésiter longtemps pour trouver des réponses, pourquoi êtes-vous prêt à lâcher prise ? Pourquoi n'essayez-vous pas d'atteindre vos objectifs ? Si vous n'êtes vraiment pas capable de donner une chance à tout cela et de faire quelque chose de votre vie, pour vous-même, pour personne d'autre, alors vous devriez arrêter de lire maintenant. C'est tout pour vous. Alors même les quelques euros pour ce livre étaient faux et trop chers pour vous. Alors je vous souhaite tout le meilleur et beaucoup de succès sur votre chemin.

Mais si vous continuez à lire, soit vous avez un peu d'espoir en vous pour atteindre vos objectifs, vous avez certainement envie d'y travailler et d'acquérir une certaine confiance en vous, soit vous êtes sûr que vous pouvez le faire avec ce soutien. Plus ce phénomène est prononcé, plus il sera facile pour vous. Et si tu dis oui, j'ai faim de succès, je mérite cette vie. Je veux atteindre mes objectifs ! Puis, à l'aide de ce livre, vous trouverez et irez exactement de cette façon.

D'accord, allons-y....

Si la liste ci-dessus était trop superficielle pour vous, alors ce n'est pas grave. Je n'essaie pas de te montrer comment acheter une voiture de sport. Mon but est de vous montrer comment l'acheter ! Même si vous ne le souhaitez pas, ces mécanismes vous permettent d'obtenir les résultats qui vous permettront d'obtenir votre liberté financière. Et, comme nous l'avons déjà dit, ces objectifs sont individuels, mais ils valent toujours la peine d'être poursuivis.

Comment pouvez-vous gagner de l'argent ?

Trouver un emploi. Faites n'importe quel travail qui vous aide à gagner de l'argent. Si vous avez déjà une relation d'emploi, vous devriez vous demander si vous êtes en mesure d'épargner quelque chose avec votre revenu mensuel. Certains grands experts financiers vous conseillent de 10 ou 20 pour cent de votre revenu net, je vous conseille de plus. Non pas parce que je suis plus intelligent, mais simplement parce que je veux que vous atteigniez vos objectifs plus rapidement. Et c'est ce que tu feras si tu fais une grande percée. Et cette incision fait mal. Et au début, ça doit faire mal. Parce que cette douleur vous aide à vous concentrer encore plus sur vos objectifs et la soif de succès devient plus forte que la plus grande douleur.

Donc, facture courte, comme au début :

Combien gagnez-vous en filet par mois ? Quel montant est versé dans votre compte bancaire mois après mois ?

Revenu mensuel :   euro

Combien de dépenses fixes (seulement le loyer, éventuellement la voiture, la nourriture) sont déduites mensuellement ?

Frais mensuels fixes :   euro

Quelles autres dépenses mensuelles avez-vous ?

Autres dépenses mensuelles :   euro

Lequel d'entre eux est absurde ou vous pouvez vous en passer ?

Absurde : Euro

Que vous reste-t-il à faire dans un mois ?

Revenu mensuel

   -Fixe a Aushaben

   -Autres dépenses mensuelles

= Euro à épargner.

Je ne dis pas de bêtises, c'est délibéré. Nous en avons déjà parlé au début. Vous pouvez vous en passer ! Tu devrais abandonner ! Nous nous sommes demandé si vos objectifs n'en valaient pas la peine pour vous....

Donc : L'argent que vous avez chaque mois devrait être économisé. Prenez un maximum de 30% de cet argent pour l'utiliser pour des activités, pour l'investir dans d'autres moments de charité, ou pour quoi que ce soit. Cela devrait être votre capital pour faire des bêtises.

Commencez maintenant à mettre ce montant de côté au début de chaque mois. Comment exactement, nous en parlerons dans une minute. L'important, c'est d'épargner avant de dépenser.

Pourquoi est-ce important ? C'est très simple. Beaucoup de gens vivent, et à la fin ils voient ce qui reste. Et ils le garderont. Puisque le moment est l'embarras, vous ressentirez les embarras du mois entier qui vous coûtent de l'argent encore et encore et complètement couler votre potentiel d'économies mensuelles. Cependant, si vous commencez à mettre de côté vos montants mensuels dès le début, vous êtes obligé de calculer avec votre argent et vous avez déjà économisé votre montant une fois en toute sécurité. Vous pouvez vous offrir le reste.

L'ensemble n'est pas seulement important sur le plan financier, mais aussi sur le plan psychologique. La façon dont vous gérerez votre argent et, plus tard, la façon dont vous utiliserez votre capital pour faire des placements feront une différence énorme pour vous. Pour cette raison, cette propriété ou procédure a une valeur extraordinaire. Même si tu n'y crois pas encore. Ce sera le facteur le plus important de votre prospérité. Si vous ne le faites pas, alors il ne vous est pas impossible de devenir riche, mais vous allez mettre des obstacles inutiles sur votre chemin. Et vous voyez ce que je pense des choses inutiles : omettre.

 La décision de sortir de votre zone de confort peut être déjà assez difficile, alors pourquoi la rendre encore plus difficile qu'elle ne doit l'être ? Appliquez donc ce principe et utilisez cette technique au plus tard le mois prochain, car vous pouvez déjà calculer exactement combien vous économiserez chaque mois sur la base des mois précédents.

Il en va de même lorsque vous êtes dans une relation de travail ainsi que lorsque vous êtes travailleur indépendant. Fais-le, c'est tout.

Si votre emploi ne génère pas assez de revenus pour vous faire économiser au moins 50 à 100 euros par mois, alors il n'y a que les possibilités suivantes : Cherchez un emploi mieux rémunéré (oui, même avec exactement votre qualification, il existe des options mieux rémunérées) ou cherchez un deuxième emploi secondaire. Bien sûr, vous devrez passer beaucoup de temps sur cette alternative à nouveau et investir du temps libre précieux, mais comment était-ce encore avec la valeur personnelle de vos objectifs ? Eh bien... D'un point de vue fiscal, ce n'est bien sûr pas le jaune de l'œuf, surtout en Allemagne. Mais si vous n'avez pas l'intention d'émigrer, vous n'avez pas le choix. Même un revenu supplémentaire, qui est imposé à 40 pour cent, vous donne encore plus d'euros que si vous ne l'aviez pas fait en premier lieu. N'est-ce pas ? C'est vrai, c'est vrai.

Il y a beaucoup d'activités que vous pouvez faire le soir ou la fin de semaine. Tout ce que vous avez à faire, c'est de vous en occuper et de les informer. C'est une façon intéressante d'obtenir un petit bonus chaque mois. Vous ne le dépenserez certainement pas, car vous remarquerez clairement ici ce que vous dépensez pour cela ou ce que vous sacrifiez si nécessaire.

Prenez une petite entreprise.

Si vous gagnez de l'argent de manière indépendante, vous devez bien sûr enregistrer le tout de manière raisonnable. Une petite entreprise entrepreneuriale ne coûte pas cher. Toutefois, il vous permet d'exécuter des activités sur une base indépendante sur le côté. Maintenant, tu te dis : "D'accord, qu'est-ce que je suis censé faire ? Tu peux faire beaucoup de choses. Vous n'avez qu'à prendre en charge les tâches routinières des gens de votre environnement et à leur facturer des frais. Si vous allez quand même faire du shopping, pourquoi ne proposez-vous pas de faire de plus petits achats pour les gens autour de vous ? Pour vous presque le même effort, pour vos semblables une grande valeur ajoutée, pour vous un petit bonus financier. De nombreuses personnes sont prêtes à payer pour prendre en charge de plus petits services. Ou offrez de nettoyer la cage d'escalier pour ne pas avoir à faire appel à une entreprise extérieure. Ce n'est peut-être pas votre idéal, mais cela vous aidera à gagner un peu d'argent, à aller de l'avant et à mettre plus d'argent de côté. Bien sûr, ce sont parfois des emplois désagréables que vous ne vouliez pas nécessairement, mais l'effet est le même : ils font rentrer de l'argent dans vos coffres.

Créez votre propre entreprise, peut-être même une petite entreprise pour le moment.

Cette déclaration est maintenant presque discréditée. Parce qu'il est utilisé aussi inflationniste que presque rien d'autre dans ce monde. Tout le monde devrait toujours construire sa propre entreprise et juste commencer ici et là pour vraiment faire de l'argent. Pourquoi êtes-vous si souvent confronté à cela ? C'est très simple : Parce que c'est très efficace. Et je ne voulais pas le croire non plus. Oui, ça l'est. Parce que :

C'était toujours si facile pour elle dans ce monde de faire de l'argent.

Même si cela ne vous semble pas possible pour le moment, considérez le monde tel qu'il est. Sûrement vous êtes contrarié par l'une ou l'autre personne qui reçoit de l'argent pour ne rien faire parrainé sur Instagram parce qu'ils ont 3.000 adeptes ou faire des vidéos de divertissement youtube qui n'ajoutent guère de valeur. Mais le monde d'aujourd'hui est différent de ce qu'il était il y a quelques années. Nous vivons à l'ère de l'information, où Internet prend de plus en plus d'importance. Il nous est donc maintenant possible de gagner de l'argent grâce à de simples divertissements en ligne.

Voilà ce qui est tout simplement possible à l'heure actuelle. Vous gagnez de l'argent en tenant une caméra sur moi, en parlant quelque chose dans votre microphone et en le partageant avec d'autres personnes. Et les grandes entreprises paient de l'argent pour que vous fassiez la promotion de leurs produits à côté. C'est ainsi que fonctionne le marketing moderne. Et c'est incroyablement efficace parce qu'ils ont réalisé que c'est la meilleure publicité pour eux qui peut être faite. Et ils s'épargnent des coûts élevés pour les annonces et les publicités, ils ne paient qu'un petit taux de commission à leurs "vendeurs" sur l'Internet. C'est facile de faire de l'argent de nos jours. Il suffit de voir ces possibilités et de les utiliser.

Surtout dans le monde numérique, il est devenu si facile d'offrir et de commercialiser des produits ou des services. Vous pouvez maintenant rejoindre toutes les personnes qui, d'une façon ou d'une autre, ont accès à Internet par l'entremise d'un des médias sociaux.

Eh bien, il ne s'agit plus de la facilité avec laquelle d'autres personnes peuvent gagner de l'argent, mais de la façon dont vous pouvez gagner de l'argent maintenant. Assez simple : Choisissez une chose pour laquelle vous êtes très bon (par rapport à d'autres échantillons) ou que vous aimez faire. Avec ceux-ci, vous trouverez qu'il est plus facile d'obtenir vraiment quelque chose sur vos pieds et de s'y tenir. Et derrière tout ce que vous savez faire ou aimez faire, il y a un moyen de gagner de l'argent. Parfois, il faut juste être un peu plus créatif ou avoir une nouvelle impulsion de pensée. Tantôt une idée plus folle, tantôt plus logique, tantôt plus rentable, tantôt plus drôle. Toutes sortes d'idées peuvent vous faire gagner de l'argent. Le meilleur, c'est qu'on peut essayer presque n'importe quoi, parce qu'aujourd'hui, ça ne coûte plus grand-chose. Comme vous n'avez souvent pas besoin de dix employés, d'un hall de production ou d'un espace de bureau, vous ne payez que quelques euros pour votre idée. Peut-être une page web, une annonce sur Facebook, ou Instagram. C'est ça. C'est ça. C'est ça. Il est toujours possible d'en faire plus, mais au début, il suffit de tester comment les gens réagissent à vos idées et comment votre idée est reçue.

Ensuite, vous n'avez plus qu'à investir un peu de temps pour vous familiariser avec quelques éléments de base de la construction d'un site Web et ensuite les mettre en œuvre de manière significative. Mais voici quelques vidéos de l'internet ou quelques articles courts suffisent pour faire avancer les choses. Ensuite, vous pourrez affiner le tout, c'est sûr. Mais quelques petites choses suffisent pour commencer. Internet regorge de possibilités. Il est facile d'obtenir de l'information. Parfois, une information de haute qualité peut vous coûter quelque chose, aussi. Ce sont surtout, cependant, ceux dont vous n'avez besoin que lorsque vous passez au niveau suivant. Pour vos premiers pas efficaces, des offres gratuites sont généralement suffisantes, ou seulement quelques euros d'investissement nécessaires.

Alors, qu'est-ce que cela signifie que vous pouvez gagner de l'argent avec tout ce que vous aimez ?

Quelques exemples simples. Je vais maintenant énumérer quelques choses que vous aimeriez faire et vous dire ensuite quelques choses que vous pouvez faire de l'argent avec et qui sont liées à ces activités. Celles-ci sont en partie abstraites, mais elles vous montrent que la créativité peut ouvrir des perspectives complètement nouvelles.

Lire

-Rédiger des résumés de livres

-Ecrire des blogs

-Livres des tarifs

- Achat et vente de livres

courrier

-Écrire un livre

-écrire de la poésie

écrivain-ghostwriter

- Envoi de textes
- manuscrit
- Rédaction de scripts
- courts récits

Peinture

Offrir des cours de peinture

Organiser des réunions de peinture

vendre de l'art

Appliquer et vendre de l'art aux médias (tasses, assiettes, etc.)

Développez votre propre marque

Peinture pour bâtiments

Office Art

jouer à des jeux vidéo

Canal Twitch avec interrupteur publicitaire

Organiser une rencontre avec un joueur

Louer de l'espace pour ESports

organiser des tournois

Gagnez des réalisations pour d'autres contre paiement

Présenter des trucs et astuces en ligne

sports

Organiser des groupes sportifs

mentorat

entraînement personnel

Production d'équipement de formation

programmes de formation

Vous voyez... Certains de ces exemples ne sont pas tout à fait triviaux et plus ou moins faciles à réaliser. Certains ont besoin d'un investissement, d'autres non. Certaines idées ne sont pas mûres en affaires, mais elles offrent des indices sur lesquels s'appuyer. Mais vous voyez que vous pouvez vous familiariser avec presque toutes les idées et en tirer un profit. Cependant, il est important pour vous d'être rentable et d'en tirer un revenu durable. Une chose, cependant, vous ne devriez jamais oublier :

Votre profit devrait toujours passer en second.

Pour la simple raison que vos idées ne vous feront pas gagner de l'argent si personne ne voit de valeur ajoutée dans les produits ou services que vous offrez. Les gens doivent d'abord être convaincus qu'ils ont besoin ou veulent votre produit, qu'ils ont besoin ou veulent votre service pour que vous puissiez "vendre" quelque chose. Cela signifie simplement que vos idées et vos plans d'affaires devraient toujours être axés sur la valeur pour le client. Sans cet avantage, vous ne pourrez rien vendre. Est-ce que cela contredit ce dont nous avons parlé plus tôt ? Pas du tout ! Vous n'avez qu'à ajouter une deuxième perspective à l'orientation de vos activités. C'est donc un complément à votre perspective actuelle.

Moyens : Si vous avez une passion pour quelque chose et que vous pouvez produire ou créer quelque chose avec cette passion, vous trouverez sûrement des gens qui apprécient ce que vous produisez. Néanmoins, d'autres personnes ont des besoins différents. Cela signifie donc que si vous voulez donner, vous devez offrir une valeur ajoutée aux personnes que vous voulez atteindre. Vous commencez quelque chose parce que c'est votre motivation ou votre passion. Mais dès que vous commencez à vendre quelque chose, vous devriez écouter les gens qui en bénéficient. Si vous produisez des haltères et que vous trouvez que les plaques de poids noires sont belles, mais que vous voulez vendre vos haltères à l'échelle internationale et que vos clients préfèrent les plaques de poids bleues, il est plus rentable pour vous de les produire. La motivation et l'idée de base restent les mêmes, mais l'orientation est ajustée.

En résumé, cela signifie que si vous voulez offrir quelque chose, faites-le parce que vous l'aimez. Cependant, votre offre doit apporter une valeur ajoutée à vos clients potentiels. Pas de valeur ajoutée, pas d'affaires. Vous pouvez maintenant construire tout le reste sur cette construction.

Pourquoi tout le monde aime ce revenu passif

Je suis sûr que vous en avez entendu parler aussi. Et vous avez probablement été un peu plus impliqué là-dedans aussi. Il semble que c'est le Saint-Graal que d'atteindre la prospérité. En gros, ça l'est ! Je ne vais pas vous expliquer pourquoi c'est si important ici, mais je vais vous donner un bref aperçu des points les plus importants afin que si vous n'en avez pas encore beaucoup entendu parler (ce qui est presque impossible si vous avez traité de sujets financiers), vous puissiez vous faire une idée de pourquoi c'est si bon et pourquoi ça peut vraiment vous libérer un peu.

Un revenu passif est un revenu récurrent que vous recevez sans échanger votre temps comme équivalent direct. Au travail, vous échangez votre temps et vos activités contre un salaire mensuel. Avec un revenu passif, vous recevriez ce salaire sans avoir à aller travailler tous les jours. Ça m'a l'air bien. Par exemple, une propriété vous procure un revenu passif si vous en possédez et en louez un et que vous recevez ainsi le revenu locatif des résidents chaque mois.

Pour un revenu passif, vous n'avez généralement besoin que d'un objet, d'un article, d'un produit ou de quelque chose que vous possédez ou avez créé, avec lequel vous pouvez générer un revenu récurrent par la suite, sans avoir à faire beaucoup pour lui. Surtout à l'ère de l'information, Internet offre de nombreuses possibilités de générer de telles sources passives de revenus. Parce qu'ici, vous pouvez offrir des produits ou des services en ligne et les rendre disponibles n'importe quand, n'importe où.

Un avantage supplémentaire d'une source de revenus passive est lorsque votre produit évolue à l'infini, de sorte que vous pouvez le vendre infiniment souvent et qu'il n'est pas consommé ou limité à certaines ressources. En théorie, seul un nombre limité de personnes peut vivre dans une propriété. Une vidéo de coaching sur le thème "mieux vendre", par exemple, peut être achetée et téléchargée à l'infini. C'est pourquoi les programmes en ligne et la formation en ligne sont devenus si populaires. Ils combinent encore plus d'avantages, de sorte que l'apprenant peut y accéder de n'importe où avec une connexion Internet. Le confort et la commodité sont ici des facteurs décisifs. De tels produits en ligne sont très bénéfiques tant pour le vendeur que pour l'acheteur.

Le revenu passif dépend donc de son caractère évolutif ou non (c'est-à-dire limité d'une manière ou d'une autre - sauf par le nombre de personnes sur cette planète).

Cela ne veut pas dire que les revenus passifs qui ne sont pas extensibles ne sont pas bons. Cela signifie simplement que les produits évolutifs ont encore plus de potentiel. Vous pouvez inclure cela dans vos considérations. Cependant, il est important d'y faire face, car ces sources de revenus vous apportent vraiment de l'argent de manière passive, c'est-à-dire incidente. Théoriquement, même quand tu dors. Qu'est-ce qui pourrait être mieux ?

C'est génial quand votre produit fait passivement de l'argent, est évolutif et rapporte sur une longue période de temps, ce qui vous permet de considérer une source de revenus particulière comme "sécurisée". Ainsi, pendant que vous générez passivement des revenus, vous pouvez utiliser votre temps libre d'une manière significative, soit pour développer davantage cette source de revenus, soit pour commencer une nouvelle activité, qui peut ensuite générer à nouveau des revenus passifs. Bien entendu, vous pouvez également utiliser ce temps pour gagner un revenu actif. Déjà cette combinaison vous fera avancer énormément. Donc, si vous êtes actuellement dans une relation d'emploi, vous pouvez construire quelque chose sur le côté avec lequel vous pouvez gagner de l'argent passivement. C'est très efficace.

Quelles sont les sources de revenus passives appropriées ?

Les possibilités sont multiples et donc très différentes, qu'elles soient faciles ou difficiles à construire, peuvent être créées avec beaucoup ou peu d'investissement, quels sont les coûts d'exploitation et ainsi de suite. La meilleure option pour vous est certainement de découvrir vos forces, vos passions et vos talents lors d'un coaching ou d'un entretien personnel afin que vous puissiez développer le produit idéal à partir de ceux-ci. Et je vous assure, comme je l'ai déjà écrit plus haut, que vous trouverez quelque chose qui plaira aussi à d'autres personnes. Si vous prenez vous-même en charge ce coaching, vous devriez utiliser les sujets précédents pour réfléchir aux idées et aux possibilités qui s'offrent à vous pour générer des revenus passifs.

Voici quelques exemples typiques de sources passives de revenus et de l'effort et de l'investissement qu'elles impliquent :

marketing affilié

écrire des livres

cours en ligne

plans en ligne

coachings en ligne

biens immobiliers

Il ne s'agit que de termes génériques pour tout type de produits et services. Pensez aux activités qui pourraient correspondre à tel ou tel supertopique.

L'argent, c'est le mal

Soit vous avez déjà entendu cette déclaration, soit vous y avez été confronté, soit vous avez même une opinion similaire. Il y a beaucoup de préjugés associés à l'argent. D'une part, parce que vous pensez que l'argent rend les gens avides, et d'autre part, parce qu'il révèle les mauvais traits de caractère d'une personne. Qu'est-ce que t'en penses, mec ? Ces préjugés sont-ils justifiés ? C'est juste comme ça ?

En outre deux questions, au sujet desquelles vous pouvez vous faire volontiers directement quelques réflexions : Quelle personne a fait une telle déclaration, c'est-à-dire vous a confronté à cette déclaration ? Ces personnes ont-elles elles-mêmes beaucoup d'argent pour réclamer cela de leur propre expérience ou ont-elles beaucoup de contacts avec des gens qui ont beaucoup d'argent pour faire cette déclaration en toute confiance ?

Maintenant c'est comme ça : Nous n'aimons pas tous les gens qui répandent beaucoup de contrevérités. Ils nous donnent toujours un coup de pouce dans la vie et nous coûtent de la force, du temps et de la crédibilité, ce que nous aimerions donner, mais nous tombons ensuite dans un grand bassin vide. Un bassin plein de contrevérités.

Nous trouvons très souvent qu'il n'y a pas de réserve lorsque des déclarations qui ne sont ni fondées sur une solide expérience personnelle ni suffisamment documentées sont faites. C'est parce qu'il y a généralement un manque de plausibilité. Si nous voyons les choses de cette façon, nous devons nous demander ce qui rend cette affirmation "l'argent est mal" si différente, parce que nous en sommes convaincus ou même nos prédicateurs en sont convaincus. Par conséquent, cela signifie-t-il que nous pouvons donner à cette déclaration une crédibilité réelle si les mêmes facteurs prévalent ici qu'avec toute autre déclaration dénuée de sens ? Probablement pas....

Il s'agit d'une déclaration extrêmement provocante, qui ne repose ni sur l'expérience (personnelle ou de la part de personnes de confiance) ni sur des informations solides. L'argent en soi n'est ni bon ni mauvais. L'argent est complètement neutre. L'argent donne seulement la possibilité d'utiliser des produits ou des services pour lesquels nous offrons de l'argent à échanger. L'argent lui-même est donc totalement neutre. Ce sont les gens qui en sont à l'origine qui font avancer les choses et qui décident comment l'argent doit fonctionner.

Avec de l'argent, on peut répondre à de grands besoins, faire beaucoup de bien et donner beaucoup de salut. Mais l'argent peut aussi servir à faire beaucoup de mal en exploitant le pouvoir associé à l'argent dans notre société. Il y a donc deux questions principales : Qui a de l'argent et que fait-on de cet argent ?

Je suis convaincu que l'argent ne change pas le caractère. Je suis convaincu que l'argent ne fait pas de toi une personne meilleure ou pire. Je suis convaincu, cependant, que l'argent met l'accent sur vos traits de caractère, qui sommeillent en vous dès le départ, et qui sont maintenant renforcés par ce pouvoir "supposé". Si vous êtes une personne utile et bienveillante, l'argent vous aidera à faire des choses plus grandes, meilleures et plus utiles. Vous avez la possibilité d'en faire beaucoup plus, de sorte que vous pouvez vous passer d'argent. Vous avez plus de ressources à votre disposition, car vous pouvez maintenant utiliser des leviers beaucoup plus grands. L'argent c'est bien, l'argent c'est de l'aide !

L'argent est également considéré comme un instrument de pouvoir dans notre société. Cela donne aux riches un statut qui leur permet d'en faire plus que les autres personnes qui n'ont pas autant d'argent. Puisque nous sommes tous dépendants de l'argent dans notre vie (plus ou moins), nous sommes bien sûr aussi dépendants des gens qui ont de l'argent. Cela peut rapidement nous amener à nous sentir mal à l'aise dans cette situation et à nous sentir impuissants, à devoir nous subordonner et à devoir travailler pour de l'argent pour obtenir l'argent nécessaire pour assurer notre existence. En fin de compte, nous l'associons à la malice que nous attribuons à l'argent. La position que nous adoptons en raison de notre dépendance à l'égard de l'argent donne à l'argent ce statut, c'est le mal.

Est-il donc logique de considérer l'argent comme un élément positif ou négatif ? Vous décidez toujours vous-même de l'importance que vous accordez à l'argent, de votre dépendance à l'égard de l'argent ou des personnes qui en sont propriétaires. Vous décidez également de ce que l'argent vous donne pour les opportunités. L'argent ne décide jamais de ton caractère. Votre personnage décide de ce que vous faites avec l'argent. L'argent ne donne que des opportunités. Ni plus, ni moins.

Apprendre à gérer l'argent

Un exemple simple : les gens qui gagnent de l'argent très rapidement (athlètes de haut niveau, gagnants de loterie, etc.) perdent souvent leur argent très rapidement. Nous connaissons tous les exemples négatifs des nouvelles, où les athlètes sont vantés comme étant insolvables et ont dilapidé toute leur fortune. Ou des gagnants de loterie qui ont perdu tous leurs gains après 3 ans et qui sont maintenant dans une situation pire qu'avant. Pourquoi est-ce que c'est comme ça ?

Parce qu'ils n'ont pas appris à gérer l'argent. Parce qu'ils n'ont pas appris comment l'argent fonctionne et comment l'argent fonctionne ou comment travailler avec l'argent. Les gens qui le savent transformeront quelques millions d'ici quelques années en millions, peut-être même des milliards. Les gens qui ne le savent pas et qui ne l'ont pas appris ont tout perdu après quelques années et peuvent même être dans une situation pire qu'avant la grande victoire.

Que faire de l'argent économisé ?

Vous avez une promesse à me faire, s'il vous plaît : Peu importe combien d'argent vous économisez ou peut-être déjà économisé : Ne laissez jamais cet argent sur votre compte chèque ou ne l'investissez jamais n'importe où pour un pour cent d'intérêt par an. Même si tu penses :"C'est mieux que rien et c'est sûr là-bas." Alors, malheureusement, vous vivez toujours derrière la lune.

Ce sont des mots durs, mais permettez-moi de vous expliquer brièvement pourquoi il en est ainsi et pourquoi je pense (c'est mon opinion). Tu devrais t'en occuper et prendre une décision logique. Je ne veux pas être condescendant ici ou nier quoi que ce soit) que votre argent y est incroyablement mal entreposé.

1 % d'intérêt, c'est mal. Parce que si nous supposons un taux d'inflation moyen de 3 % par année, cela ne signifie rien de plus que le fait que votre argent vaut 3 % de moins d'une année à l'autre. Le tout n'est pas aussi trivial qu'il n'y paraît ici, et a sa pertinence économique, mais cela signifie qu'il est efficace pour vous. Donc, si vous avez économisé 10 000 euros, si vous ne l'investissez qu'à hauteur de 1 %, il atteint le chiffre stupéfiant de 10 100 euros. Maintenant vient l'inflation et rend votre argent moins cher. Les choses deviennent de plus en plus chères, vous avez donc besoin de plus d'argent pour faire la même chose. C'est de l'inflation en termes simples. Une inflation de trois pour cent signifie que votre argent de 10 100 euros ne vaut que trois pour cent de moins, c'est-à-dire 303 euros de moins. Ainsi, à la fin de l'année, il ne vous reste effectivement plus que 9 797 euros sur les 10 000 euros que vous avez versés. Vous avez donc effectivement, même après votre rendement de 1%, fait 203 euros de perte. Bien que tu l'aies mis et c'était censé être plus que ça. L'inflation joue toujours un rôle important à cet égard. Bien sûr, il frappe toujours partout, mais cela devrait signifier pour vous que vous investissez votre argent là où vous obtenez au moins ces trois pour cent. Tout cela est alors vraiment efficace pour votre capital, afin que vous puissiez progresser.

Comment gérer l'argent de façon sensée ?

Investir au lieu de consommer

Investissez votre argent dans des placements qui vous procureront un rendement régulier et vous procureront un revenu passif. Cela peut vous enlever le plaisir au début, mais vous apportera beaucoup plus de plaisir à long terme. Si vous avez 500.000 euros à votre disposition, vous pouvez acheter une belle maison et une belle voiture dans certaines régions d'Allemagne. Ou partir en vacances, commander du matériel technique coûteux ou le consommer d'une autre manière. Rien de tout cela ne vous procurera effectivement un flux de trésorerie positif, c'est-à-dire des ressources financières liquides, chaque mois. Ils mangent dans le pire des cas encore mensuellement de l'argent supplémentaire (ici je fais allusion au sophisme d'un investissement avec un bien immobilier auto-occupé). Il est vrai que la valeur de votre maison et de votre voiture peut augmenter au fil des ans. Mais vous devrez d'abord continuer à y investir du capital (entretien, taxes, etc.) et ensuite le revendre après un certain temps. Vous pouvez peut-être augmenter un peu la valeur de vos articles vendus, mais cette augmentation n'est probablement pas certaine car ils sont toujours fortement influencés par la politique et l'économie (pensez à la valeur du cirque des métaux précieux, à la réglementation des prix de l'immobilier et du diesel pour les voitures, aux normes d'émissions, etc. En outre, le bénéfice tiré de l'augmentation de la valeur au fil des ans est proportionnel aux coûts d'entretien ultérieurs de ces derniers. Si vous achetez une maison pour 200.000 euros et la vendez dans 10 ans pour 250.000 euros, vous aurez réalisé un bénéfice de 50.000 euros après 10 ans. Ça me semble raisonnable. Mais vous ne pouvez pas obtenir ces 50 000 euros tant que vous n'avez pas vraiment vendu la maison (et ce processus peut être très énervant, long et coûteux) et il ne vous donne aucun revenu mensuel régulier. En outre, ils sont en relation avec ce que vous avez dû investir dans les 10 années de capital pour l'entretien, la réparation, etc. Si la façade s'effrite, si les tuyaux éclatent, si le chauffe-eau brûle ou si le tuyau est obstrué, vous devez le payer. De plus, vous payez des taxes et d'autres dépenses récurrentes telles que les frais d'ordures, les frais d'eau, etc. Tout peut s'accumuler. Et ces coûts sont compensés par un bénéfice de 50.000 euros sur 10 ans. C'est donc un plus si vous dépensez moins de 5 000 euros par an pour l'entretien, les taxes ou d'autres dépenses. Si vous êtes au-dessus, vous perdez de l'argent sur votre propriété.

Bien sûr, ce n'est pas aussi facile que décrit ici, parce que vous économisez le loyer parce que vous vivez dans votre propre maison, vous pouvez économiser des impôts si nécessaire et l'augmentation de la valeur peut être plus grande. Vous voyez, cependant, que vous devriez au moins considérer l'ensemble relativement et l'investissement de valeur n'est pas égal à l'investissement de valeur. En fin de compte, cela dépend toujours de ce qui reste à la fin.

Un investissement solide peut ne pas vous permettre d'avoir une super voiture de sport au début, mais plus tard et plus longtemps. Parce que si vous laissez votre argent travailler pour vous, il vous rapportera mensuellement ou plutôt régulièrement de l'argent que vous pourrez continuer à investir ou même utiliser selon vos souhaits.

Vu sur 10 ans, vous pouvez sûrement faire à partir de 200 00 euros par le rendement et la plante intelligente beaucoup plus de 400 00 euros. Cela signifie pour vous qu'en plus des nombreuses possibilités il y a aussi 200 00 Euro de plus, que vous pouvez maintenant investir pour une voiture ou une maison. Voyez comment l'argent peut fonctionner ?

Ainsi, vous pourrez également vous offrir tout ce que vous voulez. Seulement pas aujourd'hui, mais seulement jusqu'à la semaine prochaine, mais jusqu'au mois prochain, et pour une période infiniment longue, parce que d'abord vous obtenez votre capital, ensuite vous pouvez même l'augmenter et enfin vous pouvez réaliser vos rêves. Et, même au-delà, investissez davantage.

Que pouvez-vous faire avec votre argent ?

Vous avez plusieurs choix ici. D'une part, vous pouvez utiliser votre capital épargné et gagné pour investir dans les choses qui vous soutiennent, votre idée ou votre entreprise potentielle (ou commerce en ligne). Cela inclut, par exemple, le marketing en ligne ou les prestataires de services externes qui peuvent s'en charger pour vous, afin que vous puissiez tourner d'autres vis. Si vous souhaitez envoyer des courriels autogénérés par des professionnels, utiliser une solution de diffusion en ligne, faire appel à un partenaire de distribution ou autre, vous pouvez généralement y parvenir avec un investissement minime et générer une valeur ajoutée significative pour votre entreprise. Ici, vous pouvez tirer de quelques centaines d'euros une valeur ajoutée de plusieurs milliers d'euros. La publicité Facebook ou la publicité Instagram vous coûte aussi un peu cher, mais c'est sans aucun doute l'une des méthodes publicitaires actuelles les plus efficaces. Et les investissements que vous y investissez vous seront rentabilisés assez rapidement en attirant des clients potentiels pour acheter votre produit par le biais de votre publicité. En fonction du chiffre d'affaires que vous générez, vous serez déjà en mesure de récupérer les coûts publicitaires après quelques jours, semaines ou mois. Bien entendu, le produit ou le service que vous offrez, le prix élevé, la valeur ajoutée que vous apportez, la manière dont vous pénétrez le marché et bien plus encore sont également déterminants.

Des instruments de marketing significatifs sont toujours des distributeurs de courriels et, bien sûr, tous les outils autorisés tels que les bulletins d'information, les tirages au sort, les conseils gratuits et les offres de coaching, les promotions, etc. sont associés à ces outils. La variété des possibilités est très grande ! Soyez créatifs ! C'est une bouffée d'air frais ! Et surtout : Est-ce que la maîtrise de soi : Si vous receviez ce message (sous quelque forme que ce soit), seriez-vous prêt à le faire ? Ou juste parce que vous êtes l'écrivain vous-même ?

De plus, ces courriels devraient être générés automatiquement afin que vous n'ayez pas à vous soucier d'écrire des milliers de courriels chaque jour. Bien sûr, vous ne pouvez envoyer des courriels que si vous disposez également d'adresses électroniques auxquelles vos messages doivent être envoyés. Cela signifie que vous devez d'abord obtenir le consentement de vos clients potentiels et ensuite leur adresse e-mail. Ce sont les soi-disant pistes. Parce qu'ils mènent à un contact avec cette personne. Vous pouvez générer des prospects de plusieurs façons. D'abord, en affichant sur votre page d'accueil (vous devriez certainement avoir une page d'accueil si vous démarrez une entreprise). Habituellement, de nos jours, les gens vérifient d'abord si vous êtes également présent en ligne. Sinon, l'intérêt et la confiance chutent dramatiquement). Sur votre site Web, vous pouvez distribuer des conseils gratuits ou donner un coaching gratuit, un produit ou similaire, si la personne s'inscrit dans la zone demandée. Cela vous donnera les données que vous pouvez utiliser avec le consentement de la personne inscrite.

Une autre façon de générer des leads est de vous abonner à notre newsletter afin que les gens sachent quels types de projets vous avez actuellement. Le contenu de votre newsletter peut être des offres gratuites, des vidéos, des podcasts ou plus encore. Un pourboire ici aussi

: Rédigez quelques pages sur votre sujet, apportez une valeur ajoutée et présentez votre produit. Le tout sous la forme d'une brochure ou d'un eBook en l'offrant gratuitement (soit en ligne sous forme de fichier pdf, soit hors ligne sous forme imprimée). Pour commander ce produit, le client n'a qu'à entrer son adresse e-mail et dans la version hors ligne ne paie que les frais de port. Ce sont des méthodes efficaces pour convaincre les gens de votre valeur ajoutée, générer des leads et maintenir des coûts gérables.

En outre, vous ne devriez pas être dégoûté de placer de la publicité en ligne. Surtout sur les médias sociaux, ces publicités ont beaucoup de valeur, même si vous pensez que personne ne les clique. Croyez-moi, il y a beaucoup de gens qui le font, sciemment ou accidentellement, mais ils sont de votre côté et acceptent votre offre. Et c'est mieux pour une personne sur 1000 d'en acheter qu'aucune, n'est-ce pas ? Plus le taux de conversion du visiteur du site en acheteur (aussi appelé conversion) est élevé, plus votre chiffre d'affaires est élevé. Tentatives de faire du marketing en ligne, mais avec des coûts gérables. Et les dépenses seront certainement payantes. Votre site Web doit être conçu pour être attrayant. Il devrait être évident à première vue quel type de produit ou de service vous offrez, et, il devrait servir tous les sens stimulés par la visualisation de votre site. Ne vous effrayez pas avec trop de texte, mais commencez une vidéo qui attire l'attention directement par un discours provocateur ou une promesse, mais certainement par un accroche-regard et une oreille.

Je ne suis certainement pas un expert en marketing en ligne. Cependant, il y a quelques réflexions de base simples et des choses que vous pouvez considérer dès le départ sans avoir beaucoup de connaissances sur le sujet. A un niveau avancé, l'ensemble devrait être plus professionnel. Par conséquent, je voudrais simplement vous informer que si vous décidez de ce que je recommanderais dans ce cas, vous devriez lire la documentation spécialisée pertinente ou consulter des experts. Il est très facile de trouver des experts dans ce domaine : demandez à quelques grandes personnes qui sont déjà connues sur les médias sociaux quelles sont leurs personnes de contact. Quelqu'un va te donner les contacts. Et si vous connaissez cette personne et dans le meilleur des cas sont convaincus de leur apparence, alors le département marketing semble avoir fait quelque chose de bien. Mais vous trouverez aussi suffisamment de bons contacts sur Internet. Il suffit de prêter attention ici à de bonnes critiques ou de faire vos propres expériences. Vous n'avez pas besoin de trouver l'associé de votre vie. Si vous ne réussissez pas avec lui, essayez le suivant. Entre-temps, il existe de nombreux spécialistes du marketing en ligne.

Plus votre entreprise s'agrandit et s'améliore, plus il est logique de la rendre plus professionnelle et d'avoir plus d'experts à bord. Pour commencer, cependant, vous pouvez aussi faire la plupart du travail vous-même. Tout ce que vous avez à faire, c'est de prendre le temps de vous impliquer. Et je préfère faire quelque chose plutôt que de ne rien faire. Contrairement à beaucoup d'opinions, je suis convaincu que votre première apparition n'a pas besoin d'être exceptionnelle, il vous suffit d'être présent et ensuite de vous améliorer constamment. Cela vous rend également sympathique et tangible et vous aide à construire quelque chose étape par étape et à créer ainsi plus de confiance et de transparence pour vos clients à l'avenir.

L'important, c'est de faire bouger les choses, d'attirer l'attention et de générer des revenus. C'est la première et la plus importante des choses. En fin de compte, vous devriez bien sûr aller plus loin. Le présent ouvrage n'a pas pour objet d'aborder cette question en détail. Mais nous pouvons plutôt parler personnellement pour des conseils professionnels et d'une grande portée ou vous nous laissez vous conseiller. Quoi qu'il en soit, c'est l'étape suivante où vous devez examiner les détails.

Investir dans des actifs risqués

Bien sûr, cette affirmation semble très opaque au premier abord. Mais je ne veux rien dire d'autre que d'investir votre argent dans des sociétés, des actions, des options ou des obligations.

Pourquoi est-ce que je vous recommande ceci ? Parce que si vous le faites de front, c'est un refuge sûr pour votre capitale. Même si ce sont des actifs risqués. Ce sont des actifs de placement, aussi sûrs qu'ils peuvent l'être.

La règle empirique est la suivante : "plus le risque est élevé, plus le bénéfice est élevé". C'est toujours comme ça, pas seulement dans la finance. Si vous considérez quelque chose de risqué, vous éprouverez toujours une composante psychologique en plus du côté rationnel. Lorsque vous prenez un risque élevé, votre quête du succès est incroyablement élevée. Vous êtes prêt à risquer quelque chose, mais seulement parce que le rendement est beaucoup plus élevé que ce qui pourrait vous donner un résultat habituel ou dépasser votre investissement plusieurs fois. Sinon, vous ne voudriez prendre aucun risque. Ce serait stuplde. Ainsi, votre soif de rendement maximal est d'autant plus grande. Cela signifie que vous aspirez à un résultat positif et que vous espérez que le résultat sera donc exubérant. Néanmoins, le risque comporte bien sûr aussi des dangers, dont vous êtes idéalement conscient. Pour cette raison, vous attacherez probablement plus d'importance au résultat d'un processus à risque qu'au résultat d'un processus de routine sans risque majeur.

Revenons au sujet des finances. C'est également vrai ici : plus votre investissement est risqué, plus il peut être rentable. Bien sûr, seulement parce qu'il y a toujours le danger que le capital soit perdu. Cependant, ce risque et ce danger sont encore bien réels si vous investissez votre capital judicieusement. Votre argent est lié au rendement d'un tiers. D'une part, cela entraîne une dépendance et donc une perte relative de contrôle, mais aussi des opportunités. Parce que vous avez la possibilité de gérer ou de diversifier votre capital et de répartir ainsi le risque. De cette façon, vous pouvez limiter vos risques et obtenir vos chances. Et ce processus d'investissement n'est pas plus risqué que les autres. Parce que même l'argent que vous avez dans votre poche, l'argent sur votre compte, tout cela est risqué. Des risques que nous ne connaissons pas, qui existent toujours et qui peuvent vous priver de tous vos biens.

Pour cette raison, le mot "risque" doit toujours être considéré comme relatif et jamais absolu. Parce qu'il y a toujours un rapport coût/bénéfice qu'il faut prendre en compte. Quels sont les coûts maximaux que je peux engager et quels seraient les avantages maximaux que je pourrais obtenir ? Dans le trading, on parle concrètement de ratio risque/rendement. Quelles sont mes chances et quels risques dois-je prendre ? Plus le risque est élevé, plus vous êtes prêt à prendre un risque. Si ce n'est pas le cas, vous devriez d'abord réfléchir à nouveau au cheval sur lequel vous pariez et aux risques potentiels qui pourraient exister, dont vous ne savez peut-être rien du tout ou dont vous n'êtes pas du tout conscient. Ce rapport risque-rendement est omniprésent dans nos vies, pas seulement dans votre investissement !

Mais c'est aussi le cas de vos investissements. Vous pouvez investir dans des sociétés ou des actions qui fonctionnent avec succès depuis des années et qui, en raison de la situation économique et de la gestion, continueront probablement à très bien fonctionner dans les années à venir. Il s'agit de placements à faible risque si vous choisissez d'investir dans des sociétés sous forme d'actions. Cependant, en règle générale, ils ne vous fournissent pas d'augmentation de valeur surdimensionnée. Moins de risques, moins de chances. Les exceptions confirment la règle. Plus quelque chose est volatil, c'est-à-dire moins l'avenir d'une entreprise est clair, plus le risque associé est grand, mais bien sûr aussi le bénéfice potentiel.

Que pouvez-vous faire d'autre avec vos économies ?

ETF, les fonds négociés en bourse sont toujours des placements recommandés. Un FNB est un fonds indiciel négocié en bourse qui suit le rendement d'un actif sous-jacent. Cela ne signifie donc rien d'autre que d'investir dans un fonds dont la valeur évolue de la même façon que la valeur sous-jacente à laquelle le placement se rapporte. Un ETF sur le DAX effectue donc des mouvements similaires à ceux du DAX. Si le DAX se déplace de 100 points plus haut, alors l'ETF se déplace de 100 points plus haut et vice versa.

Un FNB offre des possibilités semblables à celles d'un fonds, mais il peut aussi être négocié comme des actions. Il combine donc plus ou moins les deux.
L'avantage des FNB est qu'ils suivent l'évolution d'un actif sous-jacent, mais sont beaucoup moins chers. Cela vous permet d'investir de façon plus rentable dans de grands indices que si vous investissiez directement dans l'indice. Vous pouvez également investir dans de nombreuses autres catégories d'actifs par l'entremise du FNB.

Les FNB peuvent être achetés à partir d'un petit régime d'épargne mensuel. Les investissements bon marché actuels offrent un investissement mensuel à partir de 25 euros.

Cela signifie que vous investissez effectivement 300 euros par an. Bien sûr, vous pouvez agrandir le tout comme vous le souhaitez.

Il est judicieux d'investir dans un ETF si vous êtes convaincu qu'un indice comme le DAX, qui se compose des 30 plus grandes sociétés allemandes cotées en bourse, va continuer à augmenter. La probabilité est très élevée, car elle s'est considérablement accrue ces dernières années. Bien sûr, ici et là, il y a des back-sets plus grands, qui ne sont pas dramatiques, mais plutôt sains pour le marché, afin qu'il ne surchauffe pas (comme les devises crypto par exemple). Tout ce qui monte doit retomber. C'est comme ça que ça va être pour toi. Vous continuerez à vous élever et à progresser, à un moment donné, vous ferez aussi un nouveau revers, dont vous sortirez encore plus fort. C'est ce que fait la bourse.
En ces temps de marchés fortement interconnectés et mondialisés, il est presque certain qu'il y aura une bourse de valeurs et que certains produits et services seront contrôlés et négociés par elle. Nous sommes toujours dans une tendance haussière intacte, car les grandes puissances économiques se portent très bien, même si des troubles politiques ou économiques provoquent de temps à autre la panique. Il y a aussi des gens au travail à côté de toutes les machines. Et les gens paniquent souvent plus vite qu'ils ne le font dans l'euphorie.

Les FNB sont donc toujours considérés comme des banques très sûres, qui ne vous permettront certainement pas de devenir millionnaire dans quelques années, mais qui maintiendront ou augmenteront votre capital avec un bon rendement annuel. Si vous êtes plus intéressé, vous pouvez certainement choisir quelques articles sur Internet. Si vous avez des questions spécifiques ou si vous avez besoin d'opinions ou d'expériences, je vous offre toujours mes informations.

Il est important que vous vous occupiez des placements avant de les conclure. Parce que rien n'est pire que l'ignorance sur les marchés. Tout ce que tu peux faire, c'est perdre de l'argent. Et si vous devez gagner quelque chose, alors vous ne savez généralement pas comment vous y prendre avec sagesse. Donc, au moins une petite analyse ou l'acquisition de connaissances de base a un sens extraordinaire. Bien sûr, vous n'avez pas besoin de devenir analyste et de passer des mois à traiter de ces sujets si vous n'êtes pas particulièrement intéressé. Dans ce cas, vous pouvez toujours demander l'aide d'experts. Le seul problème avec cette histoire, c'est encore une fois qu'ils veulent gagner de l'argent, alors vous les payez avant de toucher des prestations, et encore moins de voir des résultats. Un mélange sain est certainement très bon ici. En règle générale, vous pouvez toutefois commencer à investir de petites sommes d'argent et approfondir vos connaissances au fil du temps afin d'être en mesure de faire des investissements de plus grande envergure. Parce que grâce à l'effet d'intérêt composé et aux rendements, vous pouvez rapidement générer un montant important de capital grâce à des investissements judicieux et judicieux.

métaux précieux

Les métaux précieux offrent un investissement de très longue durée, les prix de l'or, de l'argent et du platine étant également soumis à d'importantes fluctuations. En général, les métaux précieux sont naturellement moins influencés par les décisions politiques ou économiques. Cela les rend particulièrement intéressants en période de crise ou de turbulences sur les marchés. Bien sûr, les prix sont aussi régulés par l'offre et la demande. Cela signifie également qu'une offre excédentaire d'or par le biais d'activités d'exploration à grande échelle et d'autres incidents peut exercer une pression extrême sur le prix. Néanmoins, il y a des moments où les métaux précieux sont en forte demande.

Les placements en métaux précieux protègent assez bien votre capital contre l'inflation des devises. Mais vous avez aussi toujours besoin de savoir où et où se trouvent les coffres-forts appropriés pour acheter et détenir des métaux précieux. Intéressant pour vous de savoir : Tous les produits Gold sont exonérés de la taxe de vente en Allemagne. Les gains spéculatifs dont la durée de détention est d'au moins un an sont également exonérés d'impôt. Si vous êtes intéressé à investir dans les métaux précieux, vous devriez certainement être un peu dans les nouvelles et savoir brièvement si les prix sont actuellement à un niveau élevé ou inférieur. Cela vous aidera à mieux chronométrer le départ et à le faire plus intelligemment.

Faites-vous un plan d'un an.

Répondez aux questions suivantes et créez un plan sur un an !

Combien d'argent économisez-vous en un an si vous mettez votre argent de côté chaque mois ?

Calcul : total enregistrable (moins 30% des dépenses absurdes) x 12 = Résultat

De combien d'argent avez-vous besoin pour réaliser tous vos rêves et vos objectifs ?

Quelle fraction de la valeur de votre épargne annuelle ?

Calcul : somme des coûts des rêves divisée par la somme économisée annuellement.

Ensuite, vous pouvez décider de la façon dont vous voulez investir votre argent. Je me ferai un plaisir de vous soutenir et de vous conseiller à cet égard, mais je ne vous aiderai que si vous y avez vraiment déjà réfléchi en détail.

Qu'attendez-vous de retour dans un an ?

Dans quoi voulez-vous investir ?

D'autres questions pour vous sensibiliser à l'investissement :

Pourquoi voulez-vous y investir ?

Combien de temps allez-vous investir là-dedans ?

Combien d'argent pouvez-vous investir chaque mois ?

Dans quelle mesure dois-je investir dans des actifs risqués et lesquels dois-je investir à taux d'intérêt fixe ?

Si vous atteignez un objectif de rendement réaliste (8 à 12 % par an sont tout à fait réalisables), combien pourriez-vous économiser chaque année en argent supplémentaire ?

Quel excédent pouvez-vous dégager de votre espérance de rendement annuel par rapport à la simple "épargne" ?

Calcul : capital après investissement annuel - capital après épargne pure annuel = résultat

A quoi ressemble le résultat après dix ans ? Placements par opposition à l'épargne pure

Remarque : Calculez l'effet des intérêts composés de votre déclaration (utilisez une calculatrice sur Internet pour vous aider).

Calcul : capital après investissement (10 ans) - capital après épargne pure (10 ans) = résultat

Vous pouvez voir ici ce qu'un investissement significatif apporte à votre compte chaque année. Pour l'instant, nous pouvons ne pas tenir compte des impôts, car ils s'amortissent avec de meilleures perspectives de rendement.

Qu'est-ce que tu aimes faire ?

Qu'est-ce que tu sais très bien faire ?

À quoi veux-tu être bon ?

Comment pouvez-vous gagner de l'argent avec ça ?

Quelles sont les étapes nécessaires pour gagner de l'argent avec elle ?

Quelles sont les conditions à remplir pour gagner de l'argent ?

Quelles sont vos chances de gagner plus d'argent demain ?

Quelles sont les possibilités qui s'offrent à vous pour gagner plus d'argent dans votre travail ?

Comment pouvez-vous profiter de ces opportunités ?

Que voulez-vous changer aujourd'hui ?

Qu'est-ce qui sera différent la semaine prochaine ?

Qu'est-ce qui sera différent dans un an ?

Qu'est-ce qui sera différent dans dix ans ?

Calcul : Que devez-vous changer aujourd'hui pour que cela se produise ?

Maintenant, allez-y ! Allez-y, posez la première pierre !

Qu'est-ce que j'essaie de te dire ? C'est quoi tous ces tours de passe-passe ?

Concrètement, je voudrais vous recommander ici de vous préoccuper fondamentalement de l'investissement et du capital investissement. C'est un point inévitable si vous voulez que le capital travaille pour vous. La forme des investissements peut être très différente. L'un d'entre eux est le stock. Les actions sont un excellent moyen pour vous d'investir votre capital. Et ici, vous pouvez commencer avec les plus petites sommes. Et je vous encourage vivement à faire de même. Aussi 50 euros en actions valent mieux que 0 euros en actions. Ici aussi, l'effet d'intérêt composé souvent cité est reflété. Vous touchez des intérêts sur vos intérêts, vous obtenez un rendement sur votre rendement. Si vous extrapolez ceci à quelques années, alors vous pouvez même faire plusieurs centaines ou même des milliers d'euros sur 50 euros. Plus de risques signifie potentiellement plus d'argent en moins de temps. Le capital dont vous disposez doit donc être bien pensé et réparti. Optez pour une position plus petite pour les investissements plus risqués, tels que les petites entreprises, les secteurs en plein essor, les start-ups. Les exemples actuels sont les stocks de biotechnologie, les stocks de fabrication (explorateurs ou producteurs de lithium, de cobalt), les constructeurs de voitures électriques, les stocks de cannabis, les stocks de biocarburants, etc. Réfléchissez à ce qui pourrait être important à l'avenir, comment et où notre société et notre humanité se développent, et quel pourrait être le sujet de demain. Les constructeurs automobiles ont tout simplement un problème lorsque les moteurs à essence et les moteurs diesel sont leurs principales technologies de moteur : Les voitures électriques ou à hydrogène sont actuellement en progression. Le cannabis, encore en discussion il y a quelques mois, attire de plus en plus l'attention pharmaceutique et sociale : ces stocks explosent et doublent actuellement dans un temps très court. Les fabricants de cartes graphiques sont très en demande, car l'industrie du jeu n'est plus une petite niche sombre pour les nerds d'à côté, mais eSports est en plein essor. Les chaînes de télévision privées connaissent des difficultés économiques, car les gens regardent de moins en moins la télévision, mais ont de plus en plus recours à la vidéo à la demande. Cela a déjà été annoncé hier et est vécu aujourd'hui. Que se passe-t-il demain ?

Y aura-t-il bientôt des appareils photo numériques pour les photographes amateurs ? Ou sont-ils déplacés par les caméras professionnelles et les téléphones portables ? Y aura-t-il toujours une connexion téléphonique analogique ? Serons-nous encore capables d'écrire avec le clavier à l'avenir ou peut-être des hologrammes, peut-être même une simple commande vocale ? Y aura-t-il encore du plastique à l'avenir ou une autre solution biodégradable entrera-t-elle sur le marché ? Avons-nous encore besoin d'avions dans 20 ans ?

Certaines questions peuvent sembler assez abstraites, parce qu'elles remettent en question des choses qui sont encore quotidiennes pour nous aujourd'hui. Mais avez-vous une idée de ce que sera la vie quotidienne de demain ? Si vous reconnaissez une tendance, remarquez tôt ce qui intéresse, motive ou inspire les gens, vous pouvez la transformer en argent comptant. Mais comment reconnaître ces nouvelles tendances ? En gardant les yeux ouverts et en ne se fermant pas aux innovations, en communiquant et en interagissant avec les gens. Il en résulte des opportunités et des perspectives qui sont complètement nouvelles pour vous, mais qui offrent d'énormes opportunités.

Si vous êtes à la recherche de sujets passionnants qui peuvent jouer un rôle important dans l'avenir, soyez attentif à ce qui se passe autour de vous. Approfondissez la matière et interrogez certaines choses, allez plus en détail ! Quand les voitures électriques sont apparues sur le marché, qui en a profité ? Bien sûr, les fabricants qui les ont produits. Mais aussi les producteurs de lithium, puisque les technologies de batteries sont basées entre autres sur cette matière première. Quand les Bitcoin ont grandi, qui en a profité ? Les fabricants de GPU, les fabricants de cartes graphiques avec lesquels vous pouvez générer efficacement ces pièces, c'est-à-dire les mines. Regardez les arrière-plans, souciez-vous de savoir qui d'autre en profite par la porte de derrière. Il s'agit pour la plupart de petites entreprises ou d'acteurs qui n'ont pas encore fait leur apparition à l'écran. Mais ce sont ces entreprises qui étaient auparavant risquées en termes d'investissement, car elles n'étaient utilisées que par quelques employeurs et l'avenir de ces entreprises n'était pas clair. Maintenant que la demande est extrêmement élevée, le potentiel est énorme.

Si le tabagisme est interdit partout et de plus en plus, qu'en est-il des fabricants d'e-cigarettes ? De quoi ont-ils besoin pour les composants, qui les fournit, qui d'entre eux est un profiteur et qui est le perdant ? Comme partout dans la vie, une décision d'investissement doit aussi être ouverte aux opportunités et se concentrer sur le potentiel qui se présente. C'est tout ce que vous faites dans votre travail, dans votre relation, dans votre vie. Vous regardez ce qui peut avoir du sens pour vous, ce qui peut vous faire avancer. Et vos placements ne devraient pas être différents.

Toutes tes décisions sont risquées. Plus grand ou plus petit. Mais même si vous avez économisé de l'argent et que vous voulez l'investir judicieusement, il y a des risques de plus en plus grands qui y sont associés. Les deux sont très bien et vous pouvez bénéficier des deux. Une fois maximum, une fois minimum. Plus de risque signifie plus de risque, mais en règle générale aussi plus de profit en cas de profit. Répartissez votre risque et investissez 50 euros que vous avez, 20 euros dans des placements plus risqués qui peuvent exploser, mais qui sont aussi supportables s'ils ne fonctionnent pas. Et investir les 30 euros restants dans des investissements moins risqués. Ils sont plus susceptibles de vous donner un plus petit profit, mais c'est plus sûr. Le mot clé est diversification ou diversification des risques.

Je ne veux pas vous donner ici des recommandations claires en matière de placement parce que je ne sais pas à quelle heure vous lisez ce livre. Et comme tout dans le monde est en train de changer, il est possible que les conseils d'aujourd'hui ne soient plus aussi à jour la semaine prochaine. Si vous êtes intéressé par des recommandations d'investissement concrètes, nous devrions en parler en personne. Vous pouvez trouver des investissements très utiles à tout moment. Il suffit de réfléchir plus en profondeur et de régler la question. Alors, vous le ferez

toujours trouver quelque chose qui a un grand potentiel en termes de valeur. Réfléchissez à ce que peut être la tendance de demain et décidez aujourd'hui d'en faire partie. Vous ne pouvez donc pas faire les mauvais choix. Vous faites les bons choix et vous faites les bons choix. Vous ne ratez aucune chance.

Qu'est-ce qu'on fait maintenant ?

Quel est l'intérêt de tout ça ?

Tout simplement, vous voulez probablement par nature être bien plutôt que mal. Cela signifie que d'une certaine façon, vous voulez être plus satisfait que mécontent. Donc tu préfères être heureux plutôt que malheureux. Bien sûr, il y a aussi des gens qui sont heureux quand ils ressentent de la douleur. Mais c'est probablement moins de gens que la majorité.

Pour ces raisons, vous cherchez donc des moyens d'aller mieux plutôt que pire. Si vous avez maintenant programmé votre subconscient pour qu'il cherche des opportunités et, à partir de là, décide inconsciemment des choses qui vous font avancer, alors vous vous conditionnez pour être capable de satisfaire pleinement votre besoin de bonheur avec ces décisions et les résultats qui en résultent, de sorte que chaque fois que vous avez pris une décision productive pour vous-même, vous recevez une récompense. Cette récompense est un état de bonheur absolu dans lequel vous vous trouvez. Et c'est exactement à ce moment-là que ces choses se conditionneront et s'attireront mutuellement : Vous décidez inconsciemment de ce qui vous fait avancer, puis vous êtes finalement déclenché positivement par elle, de sorte que vous êtes accro à reproduire ces événements positifs parce qu'elle vous rend heureux. Ainsi, vous chercherez et trouverez des décisions encore meilleures et plus heureuses dans la conclusion inverse, ce qui vous fera toujours progresser. Le fait que vous vous sentiez mal à l'aise dans votre situation actuelle et que vous puissiez même y associer la douleur vous pousse encore plus à rechercher des opportunités et des possibilités. Et cette interaction se multipliera jusqu'à ce que vous soyez là où vous voulez être.

Et quand serez-vous où vous voulez être ? Si vous vivez la vie que vous avez visualisée et écrite très concrètement et si vous pouvez faire un petit crochet vert derrière chaque VRAI objectif, alors vous êtes arrivé. Alors, oui, alors tu l'as fait, alors tu vivras la vie dont tu as toujours rêvé. Et puis tu l'as fait tout seul. Et à ce moment-là, plus rien ne peut te secouer. Parce qu'à partir de ce moment-là, tu pourras le faire encore et encore et encore ! Parce que tu sais comment ça marche ! Enlevez ses millions à un millionnaire, et peu de temps après, il redeviendra millionnaire. Qu'est-ce qui t'arrive ? Parce qu'il sait comment ça marche ! Et pourquoi aurez-vous toujours du succès une fois que vous serez prêt et que vous aurez fait tous ces efforts ? Parce que tu sais comment ça marche. Et quoi qu'il arrive, maintenant tu sais comment le faire encore et encore.

Peu importe où vous êtes, peu importe ce que vous avez vécu et peu importe où vous voulez aller. Votre histoire est votre expérience. Tu as déjà beaucoup appris. Cela dépend maintenant de ce que vous en avez appris et de la façon dont vous continuez maintenant. Personne n'a les conditions parfaites, personne ne sait tout, et personne n'obtient rien gratuitement. Et s'ils le font, alors seulement de la part de ceux qui ont été diligents et qui se sont battus pour pouvoir donner quelque chose aux autres.

Aucun homme n'est soumis à un destin qui détermine chaque seconde de sa vie. Je ne veux rien dire aux personnes les plus sévèrement restreintes ici. Mais ce sont surtout eux qui nous apprennent à ne jamais abandonner. Tu peux gagner si tu te bats. Mais tu as déjà perdu si tu ne te bats pas.

Le plus important est de rester soi-même et de poursuivre ses objectifs. Soyez honnête avec vous-même et battez-vous pour ce qui vous motive vraiment. Soyez loyal envers les personnes qui vous accompagnent dans votre voyage. Dites au revoir à ceux qui ne vous apportent que des échecs et qui vous tirent vers le bas. Cette vie est magnifique. Ce monde est magnifique. Tout dépend de ce que vous en pensez. Après le chapitre dans lequel je voudrais vous donner quelques informations sur moi, j'ai un message très personnel pour vous !

A propos de moi personnellement

Qui je suis et pourquoi je veux te dire quelque chose

Qui suis-je pour vous donner des conseils ? Qu'est-ce qui me donne le droit d'en faire toute une
histoire et de penser que j'ai un indice ?

Je peux répondre à tout cela très rapidement : Parce que j'ai vécu toutes ces conneries moi-même, je ne peux pas être payé par qui que ce soit et donc décider par moi-même si je veux aider les gens ou non. J'ai décidé de le faire parce que je me rends compte à quel point notre société est pessimiste et sans condescendance. Je ne changerai pas le monde par ce livre, mais peut-être la façon de penser d'une ou deux personnes. Et si je peux aider ces gens, beaucoup plus tôt, si je peux vous aider exactement, alors j'ai accompli ma mission. Car comme le dit le proverbe : le bonheur est la seule chose qui double quand on le partage...

Alors....
J'ai grandi dans une petite ville de Düsseldorf, plus précisément à Vennhausen. Mon enfance a été parsemée de tout ce dont j'avais besoin, même si je dois dire que je n'étais probablement pas le prototype d'une éducation sans faille sur le plan pédagogique. J'ai toujours été très bien et j'étais heureux, du moins dans une certaine mesure.

Mes parents se sont séparés très tôt. À l'époque, c'était un choc énorme, aujourd'hui, je trouve que la décision était attendue depuis longtemps.
J'aimais m'amuser, j'avais une surcharge pondérale importante et j'étais pourtant très populaire. Ce n'est donc pas une victime de mobbing typique, mais plutôt la petite grosse, meilleure amie d'à côté. L'école n'a pas été difficile pour moi, mais je n'ai pas non plus obtenu de résultats exceptionnels. Tellement moyen. J'étais heureux, je pensais avoir tout ce dont j'avais besoin, mais je regardais toujours les autres d'un œil et ce qui était possible avec eux. Le problème pour nous, c'était simplement l'argent. Nous avions assez à manger et à boire, nous avions un toit au-dessus de nos têtes. Alors pourquoi se plaindre ? Je ne veux pas le faire. C'était génial, j'étais vraiment heureuse. actuel
Tu comprends ce qui se passe autour de toi. Vous pouvez voir ce que vos camarades de classe ont de nouveau, ce qu'ils ont été capables de faire et ce que nous n'avons pas été capables de faire. C'était vraiment bien, j'étais si heureuse. Mais je suppose qu'il ne m'a pas échappé complètement sans laisser de traces.

J'étais juste très à l'aise, très en surpoids, et relativement peu exigeante. Donc tout s'est bien passé. Au fil des ans, j'étais censée aller à l'école primaire, mais ma mère m'a dit que je devrais essayer l'école secondaire, parce que mes cousins et mon frère sont là aussi.
Ça a commencé là, et ça a couru. J'étais dans la moyenne là-bas aussi. Plus je vieillissais, plus mon poids augmentait. Quand j'ai eu 14 ans, j'avais finalement 140 kg. C'était vraiment mauvais. À l'exception de quelques dictons stupides et de leçons de sport désagréables, qui portaient sur la gymnastique ou la gymnastique, tout allait vraiment bien. La paresse et toute l'inertie ont alors également affecté mes performances scolaires. J'ai failli être coincé en quatrième. Après quelques appels de mes professeurs à la maison, un processus s'est lentement mis en place, car je savais que quelque chose devait changer.
Le point de départ du changement était alors un pari hanebüchene avec mon meilleur ami d'alors. Je ne sais pas si je devrais lui être reconnaissant pour cette idée. Mais nous avons fait le pari suivant : il était très étroit, j'étais très gros. Il doit donc essayer de prendre du poids le plus possible, je dois essayer de perdre le plus de poids possible. Dit, fait : J'ai gagné le pari de loin : 60kg perdus en 3 mois. Aujourd'hui, tous les experts de la santé crient et disent que c'est une catastrophe de faire quelque chose comme cela. En fin de compte, je suis d'accord avec eux. C'était beaucoup trop grossier, beaucoup trop rapide, beaucoup trop absurde, mais cela m'a probablement donné un coup de fouet de vouloir vraiment faire avancer les choses. C'est si dégoûtant qu'il a déjà fait de l'anorexie. J'ai dû aller chez le médecin et faire régulièrement le suivi de mon poids. Tous les membres de ma famille m'ont conseillé d'aller dans une clinique parce qu'ils pensaient qu'on ne pouvait pas faire quelque chose comme ça tout seul. Je me suis dit : Si je peux aller dans cet état, alors je sortirai seul.

C'était une période très sombre de ma vie, mais cela m'a aussi appris beaucoup de bonnes choses. La santé moins bonne, psychologiquement probablement le chapitre le plus instructif de ma vie.

J'ai appris ce que signifie brûler pour quelque chose, tout donner, et ensuite réussir. L'encouragement des gens autour de moi était incroyable. Bien sûr, il y avait aussi beaucoup de critiques destructrices qui voulaient me dire que je ne pouvais pas le faire de toute façon, que je ne devais pas le faire, que tout ne fonctionne pas et ainsi de suite. Je ne l'ai toujours pas laissé m'arrêter. Et puis, après les vacances d'été, après 6 semaines, j'avais déjà les 30 premiers kilos en moins. J'aurai certainement perdu beaucoup d'eau, mais cela a grandement contribué au fait que j'ai tellement changé que mes camarades de classe ne me reconnaissent plus. Même ma tante ne m'a pas reconnu dans la cuisine de l'appartement de mon père jusqu'à ce qu'elle se présente par son nom, et je lui ai répondu que je savais qui elle était. C'était une situation insensée.

Mais avec tout ce qui s'est passé là-bas, positif et négatif, j'ai appris ce que c'est que de réussir. J'ai appris qu'il y a des gens qui vous motivent à continuer, et j'ai remarqué qu'il y a des gens qui non seulement ne vous soutiennent pas, mais qui veulent aussi vous dissuader de tout courage et succès. De plus, j'ai appris que l'homme est capable de bien plus que ce que l'on pourrait s'attendre à ce qu'il soit capable au départ. Par-dessus tout, vous pouvez faire beaucoup de choses par vous-même. Un Wolfspack est toujours beau et dans de nombreuses situations aussi très utile et utile. Mais au bout du compte, vous devez être prêt à vous livrer vous-même. S'en remettre aux autres peut être un sentiment agréable, mais se contrôler soi-même peut être encore meilleur.

Grâce à cette expérience, qu'elle ait été perçue de façon plus positive ou plus négative dans l'ensemble, j'ai pu emporter beaucoup de choses avec moi pour ma vie. Il fallait donc que ce soit cette discipline et cette volonté. On le dit toujours magnifiquement : le succès vient quand la soif de succès est plus grande que la plus grande excuse. Je suppose que c'était le cas ici. Et ce qui devrait fonctionner là-bas pourrait aussi fonctionner dans d'autres domaines.

Cette discipline et cette ambition que j'y ai développées, je pourrais vraiment les emporter avec moi toute ma vie. Je suis devenue plus disciplinée à l'école, j'ai pu éviter le redoublement en 8e année et j'ai commencé à devenir vraiment bonne. Je n'ai pas eu de bonnes notes et j'ai dû travailler très dur pour eux. Mais j'avais déjà eu cette expérience : si je travaille vraiment dur pour quelque chose, alors le succès semble venir. C'était pareil à l'école. Je n'avais pas de capacités cognitives particulièrement extraordinaires. Je viens d'une famille ouvrière où étudier était un mot étranger. Non pas parce que personne n'avait réussi à mordre, mais parce qu'il ne s'intégrait tout simplement pas dans notre monde, ne correspondait pas à notre horizon.
J'ai ensuite très bien complété l'Abitur. À ce moment-là, je savais qu'il se passait quelque chose.

Parce que j'étais plus discipliné et aussi plus engagé, mes idées et mes souhaits pour l'avenir se sont également adaptés. Si j'avais voulu faire un apprentissage auparavant et si je m'étais vu dans un travail de tous les jours, j'étais maintenant en train de dessiner une vision dans laquelle j'étudierais, gagnerais un salaire supérieur à la moyenne et obtiendrais des choses complètement différentes rendues possibles. Pas par d'autres, mais par des choses que je rends possibles pour moi-même, par ma diligence et mon travail.

Après avoir obtenu mon diplôme d'études secondaires, j'ai complété une année sociale bénévole. Avant de me lancer dans le monde du travail, je voulais faire du bénévolat. Redonner quelque chose au monde. Je ne sais pas quoi. Je n'en avais pas encore pris autant, mais j'étais reconnaissante d'avoir pu profiter d'une éducation même si nous n'avions pas beaucoup d'argent et que j'ai simplement eu l'occasion de décider de ma vie par moi-même.

Financièrement, nous n'allions vraiment pas bien. Nous vivions des allocations de chômage et nous avions besoin des allocations familiales que nous recevions pour les choses les plus nécessaires. Nous vivions avec ma mère. Elle a tout fait pour nous. Et je lui en suis reconnaissante jusqu'à ce jour. Je pense qu'il n'y a pas de personne plus dévouée qu'elle dans ce monde. Notre père a aussi contribué. Je lui en suis reconnaissant aussi. Nous étions en très mauvaise posture financière. Nous avons dû vendre notre seul bijou hérité, une pièce d'or, afin d'avoir de l'argent pour la nourriture et les boissons. D'autres sont sûrement bien plus mal lotis dans ce monde. Et ce n'est pas à comparer ici ou à susciter la pitié. Je veux simplement vous raconter la situation telle que je l'ai vécue et perçue. Voilà donc ma situation. C'est pire, mais c'est mieux. D'une façon ou d'une autre, on s'en est sortis. Notre mère a fait de nous, mon frère et moi, des grands avec le moins de moyens à notre disposition, avec tout ce qu'elle avait. Aujourd'hui encore, j'enlève mon chapeau. Ce que cela signifie en termes de fardeau, d'humanité et d'amour peut difficilement s'exprimer en mots.

Ainsi, l'année sociale volontaire a commencé. Là-bas, j'ai un peu d'argent de poche chaque mois. 300 euros par mois. Ce n'était pas grand-chose, mais plus que rien. J'y ai acheté ma nourriture et j'ai sauvé tout ce qui s'y trouvait. J'ai aussi vendu quelques jeux Playstation parce que je me suis dit : avant qu'ils ne perdent de la valeur, je préfère avoir les quelques euros. Comme vous pouvez le voir, nous avions une Playstation. On n'avait pas l'air de si mal s'en sortir. Et encore une fois, nous avons survécu, mais pas bien. J'ai acheté la Playstation moi-même. C'est pourquoi je suis allé travailler le week-end, pendant les vacances, le soir après l'école et en partie le matin avant l'école. Tout ce que j'avais, je l'ai acheté et j'ai travaillé pour moi-même. Pas de mon argent de poche. Ça n'a pas été fait depuis que j'ai 10 ans. Après ça, ils ont juste travaillé. Mais ça allait aussi. Il était important de faire cette expérience si tôt. Parce qu'elle m'a montré qu'il faut travailler dur pour de l'argent. Et elle m'a montré qu'il faut trouver des moyens d'aller de l'avant.

J'ai passé par la vente, le travail et l'épargne d'un montant considérable de 2700 euros. Après 11 mois. Ce sont des sommes. A cette époque, j'avais plus d'argent que ma mère n'en avait à sa disposition ces derniers mois !

Maintenant je savais : j'en veux plus. C'était probablement la première fois que j'avais vraiment faim après avoir suivi ce régime dément (appelons-le ainsi). Je n'ai donc pas seulement regardé autour de moi pour un programme d'études ou un apprentissage, mais j'ai même voulu faire un double programme d'études. Étudier et s'entraîner en même temps, gagner de l'argent et faire les deux en même temps, là où d'autres pourraient ne faire qu'un des deux. C'était une bonne idée, me suis-je dit. Quelques annulations directes, quelques interviews. Et puis vint l'e-mail qui a changé ma vie : Ça me va, sa formation en ... (groupe chimique international, société DAX). J'ai pleuré de joie parce que je l'ai fait. J'ai réussi à m'échapper. Pour sortir du cercle dans lequel j'étais piégé. Sortir de la cage qui m'entoure. Je l'ai fait : j'ai eu la chance de faire quelque chose dont beaucoup de gens rêvaient et dont je n'osais même pas rêver il y a quelques années. C'est à ce moment-là que j'ai su que c'était à moi de décider. Maintenant, je dois prouver de quoi je suis fait. Le moment est venu d'agir aussi.

J'ai travaillé encore plus dur, économisé encore plus et loué un appartement avec mon meilleur ami à Monheim, une banlieue de Düsseldorf. L'appartement était un immeuble social, très bon marché. Mais peu importe. C'était mon premier appartement. Et l'environnement était également bon. Monheim n'est pas connue pour ses beaux coins, mais c'était mieux que prévu. J'ai aussi acheté ma première voiture avec mon argent durement gagné et économisé. Une Renault Mégane Cabriolet avec moteur 2L. Une voiture incroyable pour vous à l'époque. Tout est payé par vous-même. Du prix d'achat (2900 Euro) à l'assurance, en passant par les taxes, l'essence et l'usure. J'ai calculé dur comme des clous, même avec le salaire de formation que je gagnerais, et je l'ai calculé exactement. Il s'adapte. Je pourrais vivre. Pas de grands sauts, mais je pouvais à peine financer ma vie à l'époque. C'est incroyable. Jusqu'à ce que j'aie un accident dans un parking de Rewe. Un accident impliquant seulement moi et personne d'autre. J'ai arraché tout le dessous de caisse de ma voiture grâce à un bord métallique d'un volet roulant dans le parking du supermarché.

Montant des dégâts : 2200 Euro. Quasi perte économique totale. À ce moment-là, je devais m'assurer que mes calculs étaient toujours couronnés de succès, mais que je n'étais pas dans la meilleure position pour de telles éventualités. J'ai dû payer les réparations par versements. Mais ça a marché à l'époque. Mais c'était de l'argent, ce qui était très important pour moi. Parce que l'utilisation quotidienne de la voiture était très chère. Puis j'ai décidé de n'utiliser la voiture que rarement et d'aller plus souvent en train, et bien sûr en train. Temps effectif de la maison au travail ou à l'université : 1h 40min chacun. C'était vraiment trop à mon goût. D'autres ont certainement vécu cela pendant des années. Pour moi, tout cela, en plus de l'effort d'apprentissage, de l'effort de travail et du ménage, aboutit à une trop grande tension. J'ai été malade, j'en ai peur. Psychologiquement très malade. Rien qui puisse être comparé à des maladies vraiment flagrantes. Tellement malade qu'il m'a fallu quelques mois pour y arriver. Dans la mode, on appellerait ça "burnout" aujourd'hui. J'ai eu beaucoup plus de plaintes psychosomatiques. J'ai eu tout le temps des crises de panique, ce qui m'a amené à devoir quitter l'université en ambulance parce que je pensais que j'allais mourir. Des choses semblables se produisent au travail, à la maison, partout où je suis allé. Je ne voulais plus vivre parce que j'avais toujours peur de mourir. J'étais toujours paniqué à l'idée d'avoir une crise cardiaque, d'arrêter ma respiration, d'avoir une appendicectomie, une méningite, etc. Je n'étais pas sûr d'avoir eu une crise cardiaque.

Les visites chez le cardiologue, le gastro-entérologue et le médecin généraliste étaient, si possible, à l'ordre du jour. J'ai toujours pensé : "Il ne peut pas être que les maladies les plus rares se trouvent chez tout le monde, et personne ne trouve que j'ai une inflammation du muscle cardiaque. J'ai vu ma mort certaine". Je me méfiais donc de tous les médecins et j'ai pris d'autres rendez-vous avec d'autres médecins. Je voulais tout faire jusqu'à ce que quelqu'un trouve enfin quelque chose. Au moins, j'aurais une certitude. Ce que j'aurais fait avec cette certitude, je ne peux pas le dire non plus. Mais je comptais juste sur un diagnostic sérieux. J'étais toujours réconforté, je devais toujours attendre, après tout, aucun médecin ne pouvait me confirmer que j'étais malade. Du moins, pas organiquement. Mais ils n'ont pas pu m'enlever ma peur non plus.

Alors j'ai continué encore et encore. Aujourd'hui, je sais qu'une seule forme de médecin aurait pu m'aider plus rapidement. Mais il aurait été psychologue. Ça aurait été le meilleur endroit pour moi. Mon psychosomatique a continué à s'étendre, il a déterminé ma vie sur 2 ans. C'était une période cruelle. Je ne sais pas exactement ce qui s'est passé. J'ai cru que je ne m'en remettrais jamais. J'ai fait mon année sociale bénévole dans un service de gérontologie psychiatrique. À l'avenir, si je devais vivre plus longtemps que prévu, je ne me voyais pas comme un employé, mais comme un colocataire. J'étais sûr que j'allais mourir d'une crise cardiaque un soir d'agonie. Tout cela semble certainement exagéré et parfois même drôle, mais ce n'était certainement pas le cas. Pour moi, un autre chapitre très sombre de ma vie, à côté de la première expérience de l'anorexie. Je me suis sorti de l'anorexie tout seul, au fait. En me forçant, même si c'était incroyablement inconfortable, à faire des choses que je regrettais quelques secondes plus tard. Mais tout ne fonctionne pas du jour au lendemain. Il est beaucoup plus important de mettre le processus en marche et d'atteindre le succès étape par étape. Aujourd'hui, j'ai encore une relation quelque peu perturbée avec la nourriture, mais je pense d'une manière positive. Depuis l'incident, je me passe de malbouffe, de sucreries, d'alcool, etc. et je suis content de la nourriture que je mange. Tout ne va pas du jour au lendemain. Mais le chemin est le but. C'est comme ça que ça s'appelle.

Le chapitre sur l'anorexie et l'histoire de la psychose pourrait remplir des livres. Le fait est que, pour ne pas dire ici inutilement que j'ai réussi à m'en sortir d'une manière ou d'une autre. D'une façon ou d'une autre, lancer le processus que je veux faire évoluer dans une autre direction. Comment j'ai fait ça ? D'abord, j'ai noté ma situation actuelle et je l'ai comparée à ma situation cible. Par écrit, pour que je puisse le relire encore et encore. Et deuxièmement, j'ai reprogrammé mon subconscient. Et ce que cela signifie et comment cela fonctionne, c'est ce dont nous avons parlé.

Il y avait deux choses que je pouvais apprendre, en plus des expériences que ces deux-là, appelons ça des événements, m'ont données : Je me suis beaucoup occupé de moi-même et j'ai remarqué que je dois changer quelque chose moi-même pour que quelque chose change. Rien ne se passe tout seul, sauf que le temps passe. Je n'étais pas en bonne santé du jour au lendemain, pas même la semaine prochaine, si je n'avais pas vraiment changé quelque chose moi-même. Une des expériences les plus importantes de ma vie. Bien sûr, cela ne fait pas de moi un héros, mais je pense avoir appris quelque chose d'important de ces expériences limites. Quelque chose que tout le monde n'avait peut-être pas besoin de connaître était permis, pourrait l'être (peu importe comment on veut le dire).

Si vous voulez que quelque chose change demain, vous devez être prêt à changer quelque chose aujourd'hui. Ça a l'air plus facile que ça ne l'est. Mais regardez-vous mettre en œuvre les mêmes habitudes tous les jours au lieu de changer un peu et de voir quel effet cela aura sur demain. Quitter ses habitudes est toujours très inconfortable. C'est pourquoi la plupart des gens ne le font pas. Cependant, c'est la seule façon d'apporter un changement. La situation ne fera qu'empirer si ce changement ne se manifeste pas demain. Alors ça n'a pas l'air d'être bon de toute façon. Si le changement n'est visible que dans un mois, ou dans un an, ou dans 10 ans sur votre compte bancaire, alors le moment est certainement plus important pour tous que le moment dans 10 ans. La seule différence vraiment sérieuse, cependant, est la suivante : Votre vie, même si elle ne change que dans 10 ans, sera différente à partir de ce jour pour toujours. Dans le pire des cas, encore mieux. Alors, voulez-vous vivre 10 ans comme vous vivez aujourd'hui, puis, après ces 10 ans, encore 10 ans, et ensuite vivre 10 ans de nouveau comme ça ? Ou bien voulez-vous maintenant envisager un changement qui peut vous sembler inconfortable pendant 2 ou 4 semaines tout au plus, puis devient routinier et à partir de ce moment, c'est même facile pour vous ? A peut-être un impact positif direct sur vous et votre vie ? Et vous permet de vivre dans 10 ans et à partir de là pour le reste de votre vie une vie dont vous n'avez jamais osé rêver ?

Est-ce que ça a un sens pour toi ce que j'écris ici ? Si c'est le cas, alors vous devriez maintenant, en ce moment même, penser à ce que vous voulez changer aujourd'hui, pas demain, aujourd'hui, demain, la semaine prochaine, le mois prochain ou l'année prochaine, ce qui vous rendra vraiment plus heureux et plus satisfait. Cette page reste vide en bas de page. Parce que c'est pour que vous écriviez exactement ce que vous allez changer ici aujourd'hui. Je n'en suis pas fan non plus, je pense que ça défigure le livre, mais s'il vous plaît, écrivez-le quand même. Et s'il vous plaît envoyez-moi une photo à mon email (d.toelen92@gmail.com). Je veux voir que tu es prêt à affronter ton bonheur, prêt à changer cela aujourd'hui pour être heureux demain. Ça en vaudra la peine pour vous. Dans cinq ans, tu pourras m'écrire à nouveau. Et remerciez-moi. Et nous regarderons à nouveau votre photo. Et vous verrez : C'est à partir de là que tout a changé.

Un petit exemple de ma vie, parce qu'il a fait la même chose avec moi. J'ai changé ma vie parce que je devais participer à un jeu qui me paraissait à l'époque absurde : lors d'un voyage du groupe avec lequel j'ai commencé l'année sociale, nous avons dû écrire sur une feuille de papier trois objectifs à atteindre dans les 5 prochaines années, poser cette feuille sur le sol au milieu et retourner à notre cercle. Ensuite, nous devrions atteindre notre feuille de papier le plus rapidement possible après un signal de départ. Certains étaient très lents, se moquaient d'elle. D'autres étaient modérément rapides. D'autres encore marchaient. C'était embarrassant. Quelle était la morale de ce jeu ? C'est très simple. Les chefs de groupe voulaient voir à quel point nous sommes prêts à nous battre pour nos objectifs. Combien nous essayons de nous en tenir aux objectifs que nous avons écrits et combien nous sommes prêts à surmonter les obstacles (des chaises et des tables ont été placées sur notre chemin) pour obtenir ce morceau de papier. Je suis en train de me dissoudre : J'étais, pour une raison ou pour une autre (c'est ce que je pensais à l'époque), l'une des personnes drôles qui ont couru à sa note. Je ne le pensais pas non plus, en fait. Normalement, je me compte parmi les gens qui essaient de se moquer de jeux comme celui-ci, parce qu'ils n'ont rien à voir avec la réalité. Des histoires spirituelles comme ça n'ont jamais été mon truc avant. Mais quelque chose m'a quand même poussé à le faire. Pour courir. Le but du jeu, la motivation et l'expressivité qu'il devrait contenir, nous, les joueurs, n'étions pas au courant avant. Nous devrions simplement répéter ces notes. C'est ça. C'est ça. C'est ça. Drôle d'histoire, si tu vois les choses comme ça.

C'est la note :

Vous savez déjà ce qu'il est advenu de ces objectifs.

J'aimerais aussi vous montrer la voie à suivre. Simplement pour que vous puissiez voir à partir de quelles expériences je peux parler et écrire beaucoup plus tôt.

Finalement, j'ai commencé mes études. Et mon entraînement. Après avoir joué quelque temps pour un club de football bien connu. On n'a pas besoin de parler de ce moment. C'était un chapitre de folie. Ça n'a rien à voir ici. J'ai vite compris que la chimie et la biotechnologie n'étaient pas ce que j'avais toujours voulu faire toute ma vie. En conséquence, les premiers semestres ont été assez difficiles pour moi. Ce n'était pas que le matériel était trop élevé pour moi, c'était beaucoup plus la didactique des études. Certains sujets étaient très difficiles, pour d'autres je n'ai jamais eu à être présent et l'examen était une blague. Le labo a failli me tuer. Là-bas, les demandes étaient assez élevées, bien que nous n'ayons pas vraiment eu les meilleures conditions. Entre-temps, je ne sais même pas comment j'ai réussi à faire tout cela à l'époque, mais je me suis poussé à le faire. Le Bachelor of Science n'était donc pas un cadeau, mais ce n'était pas non plus de la sorcellerie. Pour moi, une chose était certaine tout au long de mes études : quand je commence quelque chose, je le termine. J'ai passé d'innombrables nuits à me demander si ce que je fais ici est la bonne chose à faire. J'étais sûr que non. Mais je me suis promis d'aller jusqu'au bout. Ce n'était pas si facile après tout. Aujourd'hui, je sais que j'aurais dû mieux choisir mon attitude au lieu de douter encore et encore et de perdre un temps précieux. J'aurais dû soit, en cas de doute, changer vraiment l'industrie, soit me dire clairement que j'allais le faire maintenant, mais alors je n'aurais plus à y penser inutilement et à le faire. Oui, j'ai finalement réussi, mais cela m'a toujours amené à un point que j'aurais pu éviter et qui m'aurait permis d'économiser beaucoup de temps et de nerfs. Eh bien, ça m'a amené là où je suis maintenant. C'est pourquoi j'aimerais vous donner le conseil suivant :

Pensez à ce que vous voulez faire et comment vous voulez le faire. Prenez votre temps avant de prendre une décision qui changera votre vie. Mais si vous la rencontrez, vous allez jusqu'au bout. Ne doutez pas si vous avez eu un bon pressentiment au moment où vous l'avez commencé. Ne regrettez rien si vous pensiez que c'était la bonne chose à faire à ce moment-là. Vous deviez avoir vos raisons. Et c'est pour ça que tu devrais le faire maintenant. Le doute ne vous mènera nulle part, le regret ne vous mènera nulle part. Vous pouvez aussi faire les mauvais choix. Mais ne le regrettez pas si vous pensiez vraiment qu'il était bon, et vous l'avez déjà fait à fond. Parce qu'alors, peu importe comment cette chose finit, vous ne pouvez que l'expérimenter. Et ces expériences vous aideront à faire de meilleurs choix la prochaine fois.

Dès le début de mes études, ma société de formation m'a toujours dit qu'il ne suffisait pas d'avoir un baccalauréat dans l'industrie chimique, car l'industrie n'est pas encore prête à fournir les professions correspondantes pour ces diplômes. Pour être quelque chose, il faudrait faire au moins le maître. C'était donc clair pour moi : je dois maintenant aussi ajouter le maître. En fin de compte, le baccalauréat et la maîtrise m'ont coûté cinq ans. À mon avis, c'était un temps bien investi, même si je savais que je ne voulais vraiment pas rester dans l'industrie chimique. Elle est bien payée et présente d'autres avantages non négligeables pour le futur monde professionnel, mais il était clair pour moi que ce n'est pas la vie que je veux vivre. Estampillez vos heures de travail tous les jours, exactement après les heures de travail, après le travail, les vacances, les pauses. J'ai vite réalisé que je ne voulais pas de cette vie. La vie, où apparemment tout le monde vit, et où tout le monde se plaint, du moins en Allemagne. J'ai vite pensé que la vie devrait me donner plus. Je ne savais pas exactement ce que c'était, mais j'en savais plus.

Si vous êtes actuellement ou à tout moment confronté à une décision : L'éducation ou la fac.... Eh bien, je ne peux pas prendre cette décision pour toi. Je ne suis pas quelqu'un qui dit qu'il faut étudier parce que cela peut être une période très difficile pour vous si cela ne vous intéresse pas vraiment et que vous préférez gagner de l'argent pendant vos études. Une éducation solide peut parfois vous fournir une base très stable pour votre emploi. Cependant, je suis également convaincue qu'au cours de vos études, vous pouvez apprendre beaucoup de choses sur vous-même et sur d'autres choses qui vous permettront d'aller plus loin. En plus de la chimie et de la biotechnologie, j'ai aussi beaucoup appris sur la structure, l'organisation et la coopération à partir de et dans les tâches. J'ai appris un haut degré d'initiative, ma limite de stress a été augmentée davantage, j'ai établi des contacts importants. Cette période d'études est généralement plus qu'une simple période de spécialisation dans votre domaine. On apprend beaucoup plus qu'un simple apprentissage. D'habitude, vous l'apprenez très subtilement de sorte que vous ne le reconnaissez pas avant d'avoir terminé.

J'ai continué à me battre tout au long du cours, j'ai travaillé pour un grand fabricant de pneus pour automobiles, en tant que tuteur, répétiteur et directeur de stage, puis j'ai obtenu mon diplôme de maîtrise. J'étais titulaire d'une maîtrise ès sciences et d'un diplôme très respectable sur le plan académique. Affamé de succès, bien éduqué, mais pas de désir pour cette vie. Pendant longtemps, j'ai lutté avec moi-même pour obtenir un doctorat. Docteur Toelen. Ça m'a l'air d'être un très joli nom. Je voulais ce titre, pensai-je. Juste pour prouver quelque chose à moi et à ma famille. Je le voulais vraiment. Mais à un moment donné, la raison est aussi entrée en jeu. Pourquoi voulez-vous faire un doctorat maintenant alors que vous essayez de vous retirer de ce business par tous les moyens ?!! Le faites-vous parce qu'il vous donne de l'avance ou parce que vous voulez prouver quelque chose aux autres ? En fin de compte, j'ai pris conscience que je voulais vraiment avoir le titre pour cette dernière raison. Et quand j'en ai pris conscience, j'ai décidé de ne pas le faire. C'est probablement l'un de ces points dont les gens sages parlent toujours : Soyez honnête avec vous-même. La décision a été assez difficile pour moi, parce que j'avais l'impression d'avoir échoué. Surtout, j'ai pensé à ce que d'autres personnes pourraient en penser maintenant. Ils me connaissaient comme le Dominick déterminé et travailleur, pas comme quelqu'un qui n'arrive pas à s'en sortir, après tout. Mais il faut aussi être honnête avec soi-même.

À l'époque, c'était moi, c'est pourquoi il m'est apparu clairement que je n'en voulais pas du tout. Et certainement pas, pour rester où j'étais. Et aussi ne pas prendre le chemin qui s'est maintenant offert à moi, comme beaucoup d'autres le font. Même en tant que médecin. Vous avez un solide salaire mensuel dans votre compte (du moins certains médecins le font), mais vous avez toujours votre roue de hamster, ce qui vous permet de continuer sans relâche. Et c'est exactement ce qui m'a dérangé très tôt. Cela ne veut pas dire que tous les médecins sont coincés dans une roue de hamster et y restent inévitablement. Cependant, à mon avis, ce doctorat ne m'aurait pas aidé d'une façon ou d'une autre. D'où la décision.

En plus de mes études, j'ai essayé de trouver d'autres choses pour obtenir de l'argent d'une façon ou d'une autre. J'ai essayé l'un ou l'autre sport, l'un aussi un peu plus réussi, ce qui m'a permis de gagner un peu d'argent. De plus, j'ai commencé par le daytrading, et finalement, comme beaucoup d'autres débutants, j'ai perdu plusieurs milliers d'euros sans cervelle et inexpérimentés. La cupidité était parfois trop grande, le cerveau trop petit. C'était une idée assez stupide, mais c'était des expériences qui étaient peut-être aussi importantes pour être où je suis maintenant. A l'époque, quelques milliers d'euros étaient à peu près mon épargne totale, si vous vous demandez d'où venait tout cet argent si soudainement. Grâce à mon éducation, le travail de tuteur et de répétiteur, les petites tâches et mon mode de vie très modeste m'ont permis d'économiser un peu d'argent. Et cette épargne a été brûlée par moi-même à la bourse, de sorte qu'elle est parfois redevenue très serrée pour moi financièrement. Les milliers d'euros que j'ai économisés ont été décimés à 600 euros. Avec tous les autres frais de fonctionnement. C'était encore une fois une expérience qui m'a polarisé. Ce n'était apparemment pas non plus le Saint-Graal. Alors je me suis tenu informé, j'ai commencé à faire diverses choses. Affiliate marketing, j'ai commencé à écrire deux livres, mis en place un site web et je voulais devenir un entraîneur de fitness et de nutrition. Certains ont essayé, mais ne s'en sont jamais vraiment sortis. C'est toujours à moitié fini. La roue du hamster m'a rattrapé encore et encore. Je ne suis pas vraiment arrivé à l'avant. Et puis je me suis dit : À un moment donné, l'idée brillante viendra. Puis j'ai pris quelques après-midi supplémentaires pour réfléchir consciemment à ces idées "enflammantes". Je n'ai jamais eu une si bonne idée. Mais je n'ai pas abandonné. Mais rien n'a vraiment réussi à s'en sortir. Rien n'a vraiment commencé. Un cercle vicieux.

Dans le cadre d'un concours universitaire, j'étais sur le point de lancer une entreprise avec deux amis. Nous voulions produire des bioplastiques à partir de cellules organiques. Aurait aussi fonctionné jusqu'ici, seulement que, quand cela est devenu sérieux, les opinions et les opinions ont finalement divergé à tel point que j'y ai aussi tiré la corde raide. Mais jusque-là, j'ai eu des expériences incroyables. J'ai parlé avec des multimillionnaires, nous avons été invités par des coachs d'affaires de haut niveau, nous avons présenté notre idée lors de nombreux congrès. C'était vraiment un très bon moment. C'est incroyable. Beaucoup appris, beaucoup investi, beaucoup de temps, mais en partie aussi de l'argent. J'ai passé les nuits, annulé des conférences et des sports parce que je pensais avoir trouvé quelque chose où le travail et l'effort allaient enfin payer à all´. Mais à la fin, il y avait trop d'obstacles qui m'ont fait extrêmement peur et qui ont fait trembler tout l'échafaudage. Tout semblait aller bien, mais même là, des problèmes sont apparus, ce qui m'a finalement coûté beaucoup de temps et d'argent. Mais ce n'était qu'une autre expérience.

Mais à la fin, j'en ai beaucoup appris. Travailler avec les gens, la confiance, mais aussi beaucoup d'autres choses comme présenter, convaincre, vendre, équilibrer... Si vous essayez de fonder une entreprise à partir d'une idée, vous aurez affaire à tant de choses que vous pouvez simplement apprendre. Vous pouvez bénéficier de toutes ces choses et elles peuvent vraiment vous faire avancer dans toute votre vie.

Ai-je déjà mentionné que ma thèse de maîtrise a failli être retirée un mois avant sa soumission ? Pas par mon erreur, mais par une action incroyablement mauvaise de mon professeur. Ce n'est pas une excuse, c'est un fait. Et l'échec de l'idée d'entreprise va aussi de pair avec l'histoire du professeur. Vous pouvez vraiment parler de sabotage et de chantage ici. Je ne pensais pas que c'était possible jusque-là, mais c'est devenu une réalité amère. Ce n'était pas aussi facile que vous auriez pu l'imaginer ou le souhaiter.

Pourquoi est-ce que je vous dis tout cela en détail ? Non pas parce que je veux m'aduler, mais pour vous montrer que personne dans ce monde ne fonctionne bien. Personne. Personne. Je le jure devant Dieu. Il est vrai qu'il semble très souvent qu'avec les gens qui réussissent, tout se passe toujours si bien, si parfaitement, si facilement et sans problème. Mais combien de ces gens connaissez-vous mieux ? Jusqu'à quel point savez-vous vraiment que ces gens n'ont pas de problèmes ? Je ne pense pas que vous en connaissiez beaucoup. Il est humain de penser que vous êtes toujours dans une situation pire que celle des autres, et que les autres l'ont toujours plus facilement et mieux. C'est humain, mais ce n'est pas une bonne qualité. Ne prenez donc pas cela comme une excuse pour dire que c'est humain, mais habituez-vous au plus vite à cette qualité négative, destructrice et insensée. Les seules choses que vous en retirez sont le doute de soi, le pessimisme et la perte de temps dans lequel vous auriez pu être productif et heureux.

Je n'ai pas bien réussi non plus. Bien au contraire. Beaucoup de choses ont mal tourné avec moi. Extrêmement beaucoup. D'une part, le volet santé, d'autre part, l'histoire de l'université, la tromperie des amis, le mécontentement et le manque de soutien. Ça peut sembler très dramatique. C'était définitivement la même chose pour moi parfois. Je ne veux jamais comparer ici. Comme c'est écrit avant : À mon avis, la souffrance n'est pas comparable. Mais j'étais aussi sûr que ça aurait pu être plus facile, plus rapide, moins cher et meilleur. Tout, mais ce n'est pas ce qu'il a. Alors, que pouvez-vous faire ? Ayez pitié de vous et peignez le monde en noir, acceptez tout comme Dieu vous l'a donné et pleurez devant vous ? Ça ne change rien à tout ça. S'il y a une chose que j'ai apprise dans ma vie jusqu'ici, c'est que rien ne se passe du jour au lendemain comme ça. J'aurais donc pu attendre jusqu'à ce que je me réveille demain et que tous mes problèmes soient résolus, j'étais multimillionnaire et la personne la plus heureuse du monde. Quelles sont les chances que ça arrive ? Formulation positive : Même pas à zéro. Plus négatif. Tu ne peux pas faire ça. Donc tu sais à quel point cette pensée était mauvaise. Quelle est votre situation maintenant ? Attendez-vous que quelque chose se produise demain, la semaine prochaine ou peut-être l'année prochaine qui vous rendra plus heureux ? Vous vivez comme ça et pensez : un jour, quelque chose viendra ? Pensez-vous que demain sera différent d'aujourd'hui si vous n'êtes pas prêt à changer quelque chose aujourd'hui ? J'en doute. J'en doute. Mon histoire me l'a prouvé de façon impressionnante. Encore et encore, encore et encore.

Je ne peux certainement pas te dire comment vivre ta vie. Mais je peux vous dire comment j'ai vécu ma vie jusqu'ici. Et comme vous pouvez le constater, je viens d'un milieu modeste et j'ai certainement eu de très mauvaises expériences. Néanmoins, j'ai réussi à réussir et surtout à être heureux. Alors qu'est-ce que j'avais de si génial que tu pourrais dire : Oui, tu l'as fait.... STOP ! BULLSHIT ! Arrête de chercher encore des excuses. Tu es responsable de ta propre vie. Personne ne s'en sort parfaitement. Pour beaucoup d'entre eux, c'est même le contraire qui se produit : il fonctionne très mal. Mais alors quel est le déclencheur qui vous fait réussir ? Ce n'est pas tes parents riches, ce n'est pas tes coïncidences heureuses, c'est ton attitude envers toi-même.

Si vous vous demandez ce que je fais maintenant et comment j'ai fait ce que je vous dis : Actuellement, je vis à Dubaï et je travaille avec l'un des traders les plus prospères au monde. Je suis retourné dans le commerce parce que cela m'a tout simplement montré des avantages incroyables. J'ai pris un risque il y a quelques mois qui a changé ma vie. C'était la chance de ma vie de travailler avec l'une des personnes les plus importantes de ma vie. Et, ensemble, nous avons fait de cette opportunité une réalité. Nous travaillons actuellement sur un vaste projet pour aider de nombreuses personnes. En tant que commerçant, en tant que coach, en tant que mentor. La bourse m'a beaucoup appris et j'en ai déjà emballé une partie dans ce livre pour vous. "Le commerce, c'est comme la vraie vie, comme dirait mon mentor et partenaire commercial, Koko Petkov. Et il a tout à fait raison à ce sujet. C'est pour cette raison que je suis maintenant moi-même trader, coach et mentor. Je veux t'aider à prendre cette voie maintenant. Pas nécessairement au commerçant et à Dubaï. Mais pour les gens heureux et qui réussissent. C'est mon souhait de vous aider à le faire. Parce que je suis parti par là. Avec mes propres jambes. De haut en bas. Parce que je devais savoir ce qui marchait et ce qui ne marchait pas.

Ce monde est magnifique. Ce monde est merveilleux. N'abandonnez pas. C'est tes objectifs, c'est ta vie. Ne vous arrêtez pas quand vous êtes fatigué. Arrête quand tu auras fini. En gardant cela à l'esprit :

Ils existent. Il y a deux moments parfaits dans la vie. L'un était hier, l'autre est aujourd'hui !

Votre Dominick

Mon message très personnel :

<font color="#ffff00">-=https://drive.google.com/file/d/11PANqxmPlpsXkpLzMxHgeBvHI4BXO7Ph/view?usp=-proudly presents

La musique de fond a été aimablement fournie par :

www.EverMusic.de

combattre_pour_l'amour/libre_de_permis/privé/evermusique

rétrospection/licence-libre/privé/evermusique

Mon adresse e-mail :

d.toelen92@gmail.com

www.ingramcontent.com/pod-product-compliance
Lightning Source LLC
Chambersburg PA
CBHW030638220526
45463CB00004B/1568